천만 원에서
20억 부자가 된 채 부장

천만 원에서 20억 부자가 된 채 부장

초판 1쇄 인쇄 · 2022년 4월 25일
초판 1쇄 발행 · 2022년 5월 6일

지은이 · 채희용
기 획 · (주)엔터스코리아 책쓰기브랜딩스쿨
펴낸이 · 이종문(李從聞)
펴낸곳 · (주)국일미디어

등 록 · 제406-2005-000029호
주 소 · 경기도 파주시 광인사길 121 파주출판문화정보산업단지(문발동)
영업부 · Tel 031)955-6050 ㅣ Fax 031)955-6051
편집부 · Tel 031)955-6070 ㅣ Fax 031)955-6071

평생전화번호 · 0502-237-9101~3

홈페이지 · www.ekugil.com
블 로 그 · blog.naver.com/kugilmedia
페이스북 · www.facebook.com/kugilmedia
E-mail · kugil@ekugil.com

• 값은 표지 뒷면에 표기되어 있습니다.
• 잘못된 책은 구입하신 서점에서 바꿔드립니다.

ISBN 978-89-5782-204-3(03320)

월급쟁이도 부자 될 수 있다!

천만 원에서
20억
부자가 된
 ## 채 부장

채희용 지음

국일증권경제연구소

목차

1부

리치 워커의 최소 조건,
20억에 도전하라

동기부여편

4부

경제 독립을 원한다면
현명하게 주식투자하라

주식편

RICH V

ORKER

1,000만 원에서 20억까지,
평범한 직장인 채 부장이 리치 워커가 된 비결

TV 드라마에서나 자주 등장하는 '금수저'는 사실상 우리 주변에서 흔히 보기는 힘들다. 나를 포함해 대부분이 평범한 가정에서 태어나 취업 후 '제로'의 자산을 가지고 사회생활을 시작한다. 그런 직장인에게 '근로소득'만큼 중요한 것은 없다. 나 역시 등록금 대출까지 안고 빈털터리인 취준생으로 회사에 입사했다. 그리고 매달 말이면 통장에 꽂히는 급여를 보면서 생각했다.

'이렇게 해서 언제 부자가 되지? 자기 사업을 안 하면 다 가난하게 사는 건가?'

그러나 그로부터 15년이 지난 지금, 나는 연봉 2억과 순자산 20

억을 가진 소위 부자 직장인으로 성장했다. 이 책에서는 그 부자 직장인을 '리치 워커'라 명명하고, 평범한 직장인이 어떻게 리치 워커가 될 수 있는지 이야기해 볼 것이다. 어쨌든 현재 나의 자산은 단지 숫자로서의 의미보다는, 그동안 직장생활과 투자 경험을 통해 앞으로 더 나은 성장을 하게 되리라는 기대와 자신감을 안겨 주었다.

이 책은 그야말로 '부자'가 되기 위한 여러 방법을 제시하겠지만, 다른 책들과 가장 다른 점은 오롯이 '직장인'에 그 초점이 맞춰져 있다는 사실이다. 내 성장의 기반이 된 것 역시 근로소득이다. 매달 받는 급여는 큰 금액은 아니어도 분명 의미 있는 성장 동력이 되어 주었다. 15년 이상 한 번도 쉬지 않고 들어온 급여는 리스크가 없는 기반에서 투자할 수 있게 해 주었다. 아마 나뿐만 아니라 이 글을 읽는 독자 역시 직장인이라면 충분히 공감할 것이다.

주식이나 부동산 등의 자산투자는 잘될 때는 많이 벌고 안 될 때 손실을 적게 보는 것이 핵심이다. 그러나 누가 그것을 정확히 짚어낼 수 있겠는가? 타이밍을 알기도 힘들 뿐더러 기본적으로 종잣돈이 없는 상태에선 시작 자체가 불가능하다. 최근 몇 년간 저금리와 코로나 19를 이겨내기 위한 유동성 증가로 인해 자산시장이 폭등했다. 그리고 근로소득에만 집중했던 직장인들을 가리켜 자조적인 표현으로 '벼락거지'라는 신조어가 유행하게 되었다. 하지만 2022년 연초부터 유동성 축소의 금리 인상 기조가 이어지며 자산시장의 폭등세는 멈추고, 당분간 쉽지 않은 시기가 이어질 가능성이 크다. 그러나 이렇게 자산시장이 주춤하거나 고전해도 멈추지 않는 것이 있다. 바로 근로소득이다. 근로소득은 속도에 차이가 있을 뿐 계속 '전진해 나간다'는 특별한 장점이 있다. 직장인인 우리에게 이런 장점이 있다는 것을 반드시 기억해야 한다. 즉 투자에 있어 '직장인'이라는 타이틀은 결코 페널티가 아니라 개런티가 될 수 있다는 의미다.

그러나 평생 직장을 다니는 사람은 없기 때문에 우리는 퇴직 이후를 대비하기 위해 미리 준비를 해야 한다. 그것이 바로 이 책에서 강조하여 이야기하게 될 '리치 워커 20억 프로젝트'다. 이는 말 그대로 직장에 다니면서 은퇴 전까지 순자산 20억을 만들기 위한 프로젝트다. 20억이라는 액수는 어떤 사람에게는 굉장히 큰 금액으로 느껴질 수도 있고, 어떤 사람에게는 그다지 크지 않은 금액일 수도 있다. 그러나 내가 20억이라는 금액을 설정한 것은 부자 직장인이 은퇴 전에 충분히 달성 가능한 최소한의 금액이며, 이것은 곧 우리가 100억 혹은 그 이상을 넘어서는 진짜 부자의 대열에 들어서기 위한 입장권이기도 하기 때문이다.

그게 언제가 되었든, 20억을 달성한 후에는 이후의 삶을 다시 설계할 수 있는 특권이 주어진다. 20억의 리치 워커가 된 우리는 계속 직장인 부자로 살거나 아니면 직장을 그만두고 유유자적하며 자유롭게 살거나 새로운 일을 벌이고 도전할 수도 있다. 직장 안에서 더 크게 성공해 임원 또는 사장이 되는 꿈을 꾸는 것도 가능하다. 이 기회는 직장인이라면 누구에게나 주어진다. 특히 리치 워커에게는 훨씬 더 쉽게, 당당하게 자신이 원하는 길을 선택할 여유가 많아진다.

나는 이 책을 통해 나의 지난 15년간을 이야기해 볼 것이다. 신입사원으로 들어가 만 40세에 부장이 된 이야기, 투자과정에서의 시행착오와 성공 경험, 그리고 결국 어떻게 순자산 20억을 만들게 되었는지 가감 없이 풀어놓을 것이다. 무엇보다 직장인이 20억을 버는 방법은 그리 복잡하거나 어렵지 않다는 사실을 기억하길 바란다. 특별한 재능이나 엄청난 노력이 필요한 것도 아니다. 재테크에 대한 지속적인 관심과 행동력, 그리고 올바른 방향성을 지닌다면 누구나 가능하며, 나보다 훨씬 더 나은 결과를 이루어낼 수 있다.

내 이야기를 포함해 다른 리치 워커들의 이야기까지 함께 살펴보면서 이 책의 모든 독자가 리치 워커의 대열에 서기를 기대한다. 비현실적인 투자 이야기가 아닌, 가장 현실적이고 생생한 직장인을 위한 재테크 정보를 통해 '리치 워커 20억 프로젝트'에 성공하기를 바란다.

-2022년 상암동에서 채 부장이-

RICH WORKER

리치 워커의 최소 조건,
20억에 도전하라

동기부여편

노력이 적으면 얻는 것도 적다.
인간의 재산은 그의 노고에 달렸다.

- R. 헤리크

1장

왜 하필이면 20억인가?

최근 직장인들 사이에서 경제적 자립을 목표로 조기 은퇴를 하여 자유를 만끽하는 파이어족(Financial Independence, Retire Early)이 인기다. 그들은 회사에 다니면서 월급을 받으면 그중 최소한의 생활비를 남겨둔 채 나머지는 모두 저축을 한다. 그리고 남은 생활비를 가지고 극도로 검소하게 살아간다. 요즘 젊은 사람들이 좋아하는 맛집 투어나 해외여행도 하지 않는다. 차도 없고 고정 지출이 일어나는 어떤 소비도 하지 않는다. 명품은 물론 자신을 위해 사치를 부리는 일도 결코 없다. 왜? 빨리 은퇴하고 싶어서다. 조기 은퇴를 한 후 회사에 얽매이지 않고 나은 인생을 자유롭게 누리겠다는 것이다. 한때는 나도 조기 은퇴에 대해서 진지하게 생각해 보았다. 새벽에 울리는 알람을 끄고, 늦잠을 자며, 하고 싶은 일을 마음껏 하는 생활. 진정한 자유가 그리웠다.

그러나 나는 파이어족이 될 수 없다. 맛있는 것도 사 먹고 싶고, 젊을 때 좋은 차도 타 보고 싶고, 아이들 학원비도 내야 하는 대한민국의 평범한 40대 가장이기 때문이다. 아이 둘을 키우는 외벌이 가장으로서 파이어족을 선언한다는 것은, 내 가족의 삶의 질을 희생한다는 것을 의미한다. 먹고 싶은 것을 못 먹고, 하고 싶은 것을 못 하면서 극도로 절제하는 삶. 그런 삶은 내가 추구하는 삶도 아니고 행복하다고 생각하지도 않는다.

파이어족에 대해 알게 되면서 나의 관심이 확 끌렸던 부분은 '조기 은퇴'가 아니라 '경제적 자유'라는 단어였다. 좀 더 정확하게 말하자면, 생활비에 시달리지 않는 부유한 직장인, 즉 '리치 워커Rich Worker'로 살고 싶고, 설령 예상치 못한 정리해고, 구조조정 등으로 일자리를 잃는다 해도 삶의 질을 유지할 수 있을 정도의 자유를 누리고 싶은 것이다. 결국 돈 문제다. 그렇다면 우리 평범한 직장인들이 경제적 자유를 얻기 위해서는 얼마의 금액이 필요할까?

리치 워커의 현실적인 1차 목표액, 20억

먼저, 한번 생각해 보자. 당신에게 '20억'이라는 돈은 얼만큼의 가치로 느껴지는가? 어떤 사람은 '20억? 직장인이 어떻게 20억을 벌어. 말도 안 돼'라고 생각할 수 있다. 또 어떤 사람은 '20억? 서울 중심에 아파트 한 채 사면 끝나는 돈 아니야?'라고 생각할 수도 있다. 내가 생각하는 '경제적 자유'가 가능한 20억이라는 돈의 구성은 다음과 같다.

1. 실거주 1채(2021년 12월 수도권 아파트 평균 시세 7억 7천만 원[1]) 아파트

2. 5억 원의 수익형 부동산(연 5% 임대수익: 2,500만 원)

3. 7억 원의 배당주식(연 6% 배당수익: 4,200만 원)

4. 현금자산 3천만 원(예비자금)

이렇게 정리해 놓고 보니 20억이 막연한 금액이 아니라는 것을 확인할 수 있다.

15년 전 대학생이었던 나에게 20억은 매우 큰돈이었고 아주 멀게만 느껴지는 돈이었다. 그러나 지금 40대 초반의 직장인인 나에게 20억은 매우 현실적이며 미래를 위한 최소한의 자금이 되었다. 그리고 직장인들이 충분히 이 돈을 벌 수 있다는 사실도 알게 되었다. 20억이 부자가 되기에 충분한 돈이라는 뜻은 아니다. 말 그대로 경제적

---

[1] 출처: KB부동산 통계.

자유를 누리기 위한 최소한의 금액이라는 것이다.

20억은 경제적 자유를 위한 최소한의 금액이다

20억은 하나은행에서 조사한 5대 광역시 직장인의 월평균 세후 소득인 468만 원을 근로소득 없이 만들어 낼 수 있는 금액이다. 실제로 위에 표시한 20억의 구성자산을 살펴보면 임대소득과 배당소득만으로도 세금을 제하고 약 470만 원 정도의 자본소득이 매월 들어온다. 즉 20억은 3~4인 가구의 가족이 최소한의 생계를 위협당하지 않는 금액으로 갑작스러운 실직이나 사고를 당해도 내 가족의 안전을 지킬 수 있는 돈 또는 경제적 자유로 조기 은퇴를 추진할 수 있는 돈의 크기인 것이다.

가족 수와 소비성향 등 상황에 따라서 경제적 자유를 위한 돈의 크기는 20억이 아닐 수도 있다. 예를 들어 독신이라면 약 10억 원, 아이가 없는 부부라면 15억 원 정도가 될 수도 있다. 실제로 조기 은퇴의 원조인 미국의 파이어족은 1인 기준 40세까지 100만 달러(약 11억원)를 S&P500지수 또는 배당주, 월세가 나오는 부동산을 보유하는 것을 목표로 한다. 그리고 나서 약 4%의 금액인 4,400만 원 정도를 소비하는 것으로 평생 경제적 자유를 만들어 낸다.

20억은 직장인이 40~50대에
현실적인 목표로 삼을 수 있는 금액이다

월급을 모아서 막연하게 큰돈을 만들라고 하는 것은 직장인들에게 현실적이지 못하다. 매월 들어오는 월급을 아끼고 저축하고 투자해서 은퇴 전까지 만들어 낼 수 있는 현실적인 돈의 크기가 20억이다. 만약 20억이 아닌 100억 또는 그 이상의 돈이 목표라면 직장생활이 아닌 사업가가 되거나 전업투자자가 되어야 할 것이다. 그러나 사업이나 전업투자는 가족이 있고 직장을 다니는 사람이 도전하기에는 리스크가 너무 크다. 또한 회사에 다니면서 충분한 경험을 쌓고 자산을 모은 다음에 도전해도 결코 늦지 않다.

내가 신입사원일 때 월급을 받고 나서 느꼈던 감정은 '대체 언제 등록금 대출 다 갚고 집 사고 차 사고 결혼하지?'였다. 그러나 지금은 그게 현실로 이루어졌다. 어려울 것 같아도 수도권 또는 5대 광역시의 50대 초반의 직장인 중 재테크에 성공한 사람들은 20억 정도의 순자산을 이미 보유한 경우가 많다. 즉 20억은 절대 불가능한 목표가 아닌, 손에 닿는 현실이란 뜻이다. 쉽진 않겠지만 열심히 노력한다면 얻을 수 있는, 좀 더 많은 열정과 운이 따른다면 그 이상도 가능한 액수가 바로 20억이다.

20억은 부자의 단계로 들어가는 금액이다

사람마다 느끼는 20억에 대한 체감은 다르겠지만, 내 생각으로는 중산층의 끝자락, 부자의 시작 정도로 볼 수 있는 돈의 크기다. 물론 20억이 있다고 해서 근로소득 없이 사치스러운 삶을 사는 것은 어렵다. 머니투데이의 '2021 당당한부자 대국민 설문조사'에 의하면 2021년 부자의 기준을 10억 원 이상을 28.4%, 20억 원 이상을 19.4%, 30억 원 이상을 17%로 응답했다. 50억, 100억은 있어야 부자라고 하는 사람도 있지만, 사업가나 전업투자자가 아닌 40대 직장인이라면 20~50억 정도가 달성 가능한 목표다. 엄청난 부자가 아닌, 작은 부자는 가구 기준 순자산 30억 정도만 되어도 상위 1% 내외라는 것을 잊지 말자. 20억이라는 돈은 부자의 리그에 첫발을 디딜 수 있는 입장권 정도로 생각하면 된다.

맨손으로 20억을 만들어 낸 사람이라면, 30억, 50억까지도 충분히 가능하다. 나 역시 가능하다고 확신하고 있고, 이 책에서 그 방법을 함께 공유할 것이다.

20억을 언제 만드는 게 가장 좋을까?

처음 증권사에 취업했던 20대 신입사원 때는 직장생활에 적응

하느라 정신이 없었고 돈을 쓰면서 젊음을 만끽하기에 바빴다. 사실 그때는 돈을 모을 생각도 별로 없었고 돈을 합리적으로 쓰는 방법도 몰랐다. 부끄러운 과거지만 카드값이 밀려서 리볼빙 서비스(일부결제 금액이월약정, 카드 결제금액 중 최소결제비율만큼은 해당 월에 결제가 되고 나머지 금액은 다음 달에 청구되도록 약정하는 서비스)를 쓴 적도 몇 번 있다. 가장 돈을 잘 모을 수 있는 시기가 결혼 전이라고 하는데, 젊은 시절의 경제적 어려움에 대한 보복 소비였던지 사고 싶은 것을 다 사고, 하고 싶은 것을 다 했다.

30대가 되었을 때는 돈의 흐름이 조금씩 보이기 시작했고, 결혼하면서 현실적으로 자산을 모아야 하는 필요성을 절실히 느꼈다. 허리띠도 졸라매 보고 신용카드를 가위로 잘라 보기도 했지만 생각만큼 자산이 늘지는 않았다. 30대는 인생에서 가장 바쁜 시기다. 나의 경우, 너무 자본 없이 시작하기도 했고, 집 장만, 결혼, 출산 등 30대에 생기는 통과의례를 챙기느라 정신이 없었다. 나름대로 여러 노력을 했지만, 제자리 걷는 느낌으로 늘 초조했다. 빈손으로 시작한 나와 같은 사람들이라면 내 마음을 충분히 이해할 것이다. 그러나 노력의 결실은 30대 중반 이후에 서서히 나타났고, 40대 초반이 되자 의미 있는 성과를 만들어 낼 수 있었다.

결론적으로 20억을 벌기에 적합한 시기는 바로 40대다. 근로소득도 오르고 있고, 재테크 노하우도 쌓여서 폭발적으로 부를 늘려나갈 수 있는 절호의 타이밍이다. 50대가 되면 재테크에 전념하기에는 벌써 은퇴준비가 코앞이다. 자산을 늘려나가기보다는 안정적으로 지키기에 들어가야 할 시기인 것이다. 게다가 자녀교육비도 그렇고 가장 생활비가 많이 들 시기라 적극적인 재테크를 하기에는 불안해질 수밖에 없다.

내가 만난 50대들은 크게 두 부류로 나뉜다. 이미 충분한 자산을 축적하며 부자의 대열에 서기 시작했거나 아니면 아무것도 준비되지 않아 무척 초조해하거나. 따라서 바쁜 30대를 보내고 나서 다가오는 미래를 준비하기에 가장 적합한 때는 40대가 아닐까 한다. 경우에 따라 좀 일찍 혹은 좀 더 늦게 20억을 만들 수도 있다. 실제로 40대까지도 20억이 아니라 10억, 아니 5억도 못 모으는 사람이 대부분이다. 40대가 20억을 만들기 가장 좋은 시기지만 50대, 혹은 은퇴 전까지라도 방향만 잘 잡는다면 충분히 기회를 잡을 수 있다. 그렇다. 진짜 중요한 것은 속도나 시기보다는 '방향'이다.

경제적 자유의 핵심 가치는 '지금 통장에 얼마나 있는가'가 아니다. '나의 자산이 지속적으로 우상향하고 있는가'다. 따라서 나는 이 책을 통해 '어떻게 지속적으로 우상향하는 자산을 만들 것인가'를 알려 줄 것이다. 20억을 만들 방법을 포함하는 것은 물론이다.

수많은 구독자를 보유한 경제 유튜버 신사임당은 이런 말을 했다. "지금이 단군 이래로 부자가 되기에 가장 좋은 시기"라고. 눈을 뜨면 세상은 어제와 완전히 다른 오늘이 되어 있다. 세상의 변화가 빨라진다는 것은 부자가 될 기회도 그만큼 많아진다는 것을 의미한다. 종종 "당신도 부자가 될 수 있다"라고 말하면 "나는 직장인인데요?"라고 대답하는 사람을 보게 된다.

절대 직장인이라는 틀에 자신의 가능성을 한정하지 말자. 직장을 퇴사하라는 것이 아니다. 직장생활을 열심히 하면서 자기 자신에 대한 투자, 사람에 대한 투자, 재테크를 병행하면서 작은 부자가 되라는 뜻이다. 지금 이 책을 읽는 당신에게 필요한 것은 단 하나, '그렇게 될 수 있다'는 믿음이다. 직장생활하면서 안정적으로 부를 추구하는 방법은 얼마든지 있다. 이미 주변에서 직장인이 작은 부자가 되는 것을 많이 보아 왔고, 나 역시 작은 부자가 되어 가고 있다. 전문직이 아니라서, 사업가가 아니라서, 월급이 적어서 등은 더 이상 핑계가 되지 못한다. 월급을 자본으로 시작해서 어떻게 20억을 벌고, 또 부자의 대열에 설 수 있는지 그 방법을 찾아가 보자. 아무것도 없었던 나도 해냈으니 당신도 할 수 있다.

2장

1,000만 원으로 시작하나 1억으로 시작하나, 결국 고지에서 만난다

　부자들을 자주 접한다는 것은 부자가 될 수 있는 매우 중요한 기회를 얻는 것이다. 예전에만 해도 '부자는 부자'고 '나는 나'였다. 부자는 나와 상관이 없는 사람이라고 생각했기에 관심조차 보이지 않았다. 하지만 지금은 그들에게 적극적으로 다가간다. 당연한 이야기지만 부자들은 내게 먼저 다가오지 않는다. 그렇다면 그들에게 무엇을 얻어야 할까? 부자들에게는 돈을 버는 노하우 자체를 배운다기보다는 그들의 부자 마인드를 배우는 것만으로도 큰 도움이 된다.

　나는 운이 좋게도 직장생활하면서 주식, 부동산으로 성공한 젊은 부자들을 많이 만날 수 있었다. 트레이딩으로 특화된 중소형 증권회사에 근무하면서 일반적인 개념의 전통부자(사업가, 대기업 임원, 상속형 부자)보다는 자수성가한 젊은 부자들, 소위 '주식선수'들을 만나서 이야기할 기회가 많았다. 물론 최근에는 부동산 투자를 하게 되면서 부동산으로 큰돈을 번 '젊은 부자'들도 많이 만나고 있다.

30대 초반까지만 해도 내가 생각하는 부자라는 것은 요즘 말로 금수저로 부를 상속받은 사람이었다. 또는 사업을 일으켜서 큰돈을 번 배 나온 아저씨 같은 이미지의 사람이었다. 그러나 내가 30대 초반 무렵이었던 2012년, 우수고객과 함께하는 지점 송년회에 나간 자리에서 깜짝 놀랄 수밖에 없었다. 수십억에서 수백억 이상을 보유한 대부분의 고객이 내 또래 또는 형뻘이었던 것이다! 부자라는 개념 자체는 나에게 최소 50대, 흰머리가 희끗희끗한 정도의 사장님 사모님이었는데, 나보다 젊은 주식 트레이더들도 생각보다 많은 것이었다. 옷차림도 정장에 넥타이, 명품시계를 찬 중후한 모습이 아닌 고급 스포츠카를 타고 편안한 운동화에 후드티를 걸친, 마치 부유한 대학생 같은 모습이었다. 그야말로 문화 충격이었다.

나는 그중 한 유명한 전업투자자에게 이런 질문을 했다.

"저도 주식으로 돈을 많이 벌어보고 싶은데요, 얼마로 시작해야 100억을 벌 수 있는 거예요? 얼마로 시작하셨어요?"

내 질문에 전업투자자는 이렇게 답했다.

"얼마로 시작하는 것은 중요한 게 아니에요. 1,000만 원으로 시작하나 1억 원으로 시작하나 실력이 똑같다면 위에서 같이 만나게 되어 있어요. 다만 적은 자금으로 시작한 사람이 시간이 좀 더 걸릴 뿐이죠. 돈을 버는 것은 마치 소나무가 자라는 것과 같아요. 날씨가 좋고 좋은 기회가 있다면 쑥쑥 자라고, 비바람이 불고 눈이 오면 잠시 성장을 멈추고…. 사람들은 돈의 크기가 중요하다고 생각하지만 사실 투자금액은 그렇게 중요하지 않아요. 실력이 중요한 거죠."

요즘 유행하는 말로 팩폭(팩트 폭행의 줄임말로 다른 사람에게 반박 못할 사실로 타격을 주는 것)을 당한 느낌이었다. 그렇다면 내가 부자가 되지 못한 이유는 돈이 없어서가 아니라 실력이 없어서라는 이야기인 걸까? 그 당시 지금보다 훨씬 여유가 없었지만 1,000만 원 정도는 나도 가지고 있었다. 그때부터 뭔가 다른 생각을 하게 된 것 같다. '투자 실력만 갖춘다면 나도 부자가 될 수 있다는 얘기네. 그럼 한번 해볼까?'라고.

물론 내가 당장 실전투자대회에서 우승하고 수십억을 번 그 사람들처럼 될 수 있다고 믿지는 않았지만, 인생을 보는 시각 자체가 달라진 계기가 되었다. 사람은 어지간해서는 쉽게 바뀌지 않는다. 직장인은 월급이 마약이라고 하지 않는가. 특별히 노력하지 않아도 적지 않은 돈이 매월 꼬박꼬박 통장에 입금되는데, 힘들게 더 노력하려면 상당한 동기부여가 필요했다.

또 다른 전업투자자는 나보다 나이가 한 살 어렸는데 270만 원으로 20대에 70억을 벌고 지금은 쉬고 있다고 했다. 몇 번을 부탁해서 강남의 청담동 어느 카페에서 그를 다시 만났고, 그는 다음과 같이 말했다.

"대리님, 트레이딩은 스포츠입니다. 나는 별로 재능이 없는 편인데도, 정말 열심히 하니까 결국 되더라고요. 물론 열정과 절제력이 있어야 해요. 정말 열심히 하면 벌 수 있어요. '정말 열심히'의 기준이 일반인들과 다를 수도 있지만, 가장 중요한 건 멘탈(정신력)이죠. 멘탈이 강해야 합니다."

나는 그와의 대화를 하나하나 받아 적어 읽고 또 읽었다. 나도 부자가 되고 싶었고, 될 수 있다고 진심으로 믿었기 때문이다. 지금 생각해 보면, 큰돈을 번 전업투자자가 내 또래였다는 것. 나이 차가 얼마 나지 않아서 그런지 나도 할 수 있다는 생각이 들었다. 그리고 당시 부자가 되고자 하는 나의 바람은 그 어느 때보다 간절했다.

결국 나는 결심했다.
나도 부자가 되어 보겠다고.

그 당시 다른 동료 직원은 "저 사람들은 특별해. 저런 실력은 타고나는 거야. 우리는 그냥 직장인으로 만족해야 해. 뱁새가 황새 쫓아가다가 가랑이 찢어진다는 말도 있잖아"라고 했다. 만약 그 말을 곧이곧대로 들었다면 나는 지금도 그때 그 자리에서 맴돌고 있을 것이다. 그러나 나는 달라지고 싶었다. '270만 원으로 부자가 되었다는데 내가 왜 못해?'라는 생각이 들었다. "1,000만 원으로 시작하나 1억으로 시작하나 실력이 같다면 결국 같은 곳에서 만난다!"는 주식고수의 말처럼, 시간이 걸리더라도 열심히 노력한다면 부자가 될 수 있다고 생각했다.

당시 내 연봉은 30대 초반의 일반 직장인에 비해서는 약간 많은 편이었고, 맞벌이를 하고 있지 않았지만 그다지 생활에 불편함을 느끼지는 않은 상황이었다. 그러나 결혼 당시 1,000만 원으로 시작했던 순자산은 고작 3,000만 원 정도에 불과했다. 자산은 쉽게 늘어나지 않았고, 월급은 버는 족족 생활비로 나가고 있었기 때문에 언제 돈이 모일지 기약이 없었다. 더 이상 다람쥐 쳇바퀴 돌듯 제자리걸음하는 삶을 살고 싶지 않았다. 결국 내가 부자가 아니었던 이유는 돈이 없어서가 아니라 실력이 없었기 때문이었다. 그렇다면 실력을 먼저 갖추는 게 중요했다. 물론 그 실력을 갖추기 위해서는 엄청난 노력이 필요할 터였다. 그래도 그 당시 젊어서인지 아니면 겁 없는 오기 때문이었는지 나는 과감하게 도전을 결심했다.

　그때 이후로 몇 년간 트레이딩에 대해서 하루도 빠짐없이 공부하고, 매매일지를 썼다. 또 2017년에는 유명 재테크 고수의 부동산 강의를 들은 후 부동산 투자에 관련된 책을 많이 사서 읽고, 재테크 블로그를 운영했다. 소득을 올리기 위해 주말부부를 하면서 다시 맞벌이를 시작하기도 했다. 물론 일도 게을리하지 않았다. 내 일 자체를 열심히 하는 것도 재테크의 일부분이었다. 그래서 나는 영업직원으로서 좋은 성과를 내기 위해 열심히 노력했다. 고객을 유치하기 위해 페이스북, 블로그를 연구해 온라인 영업을 했고, 서울경제TV와 한국경제TV 등의 주식 방송에 나가기도 했다. 한편으로는 주식 대화방을 운영하면서 재테크와 관련한 다양한 공부를 할 수 있었다. 실력을 쌓기 위해 최선을 다한 것이다.

실력은 의지에서 비롯되고, 노력은 간절함에서 비롯된다

　부자가 되기 위해 나는 첫 번째로 내 '의식'을 변화시켰고, 두 번째로 내 '행동'을 변화시켰다. 이러한 변화를 추구하면서 정체 상태에 있던 나의 상황이 의미 있게 바뀌기 시작했다. 연봉은 네 번의 승진과 성과급을 포함해 10년 전보다 4배 이상 오른 2억을 달성할 수 있었다. 순자산은 3천만 원에서 20억까지 60배 이상 늘었다. 이러한 수치적인 소득과 자산의 변화도 중요했지만, 무엇보다 중요한 것은 '나도 할 수 있을까?'라는 의구심에서 '나도 할 수 있다!'라는 자신감을 얻은 것이다.

물론 노력한다고 해서 하루아침에 실력이 늘지는 않는다. 그러나 "낙숫물이 바위를 뚫는다"는 속담이 있듯이 지속적인 노력은 분명히 달라진 결과를 만들어 낸다. 부자를 만드는 것은 통장에 있는 잔고가 아니라 부자가 되고자 하는 의지와 간절함이다. 실력을 갖추기 위해서는 분명 진정한 노력이 필요하고, 그 노력은 강력한 동기부여, 즉 굳은 의지인 '그릿(계속해서 노력하여 결국에는 성공해 내도록 하는 투지)'에서 비롯된다. 잘되면 좋고 안 되면 말고 하는 마음가짐으로는 절대 상황을 바꿀 수 없다.

직장인도 20억이 아닌 30억, 50억 그 이상의 자산도 만들 수 있다. 그런데 아이러니하게도 직장인에게는 페널티가 있다. 바로 매월 꼬박꼬박 '안정적으로 들어오는' 월급이다. 당연히 초기 시드머니(초기 투자자본)로서의 월급은 반드시 필요하지만, 대부분의 직장인에게 월급은 부자가 되는 길에 있어 방해요소로 작용한다. 매달 받는 돈과 안정적인 생활이 그만큼 상황의 변화를 위한 간절함을 떨어뜨리기 때문이다. 전업투자자가 마지막으로 했던 말이 생각난다.

"100원으로 끝판을 깨야 한다는 마음으로 오락실 게임을 한다면 들이는 노력이 달라질 겁니다. 전업투자자들은 그 정도로 절실하고 간절하게 노력합니다. 내가 보기에 직장인들은 매월 월급을 받으니까 절실함이 없는 거예요."

안정적인 월급을 받는 직장인인 우리에게는 부자가 되겠다는 절실함과 간절함이 무엇보다 필요하다. 의식의 변화가 생겼다면 그 다음은 전력을 다해 노력하는 것이다. 내 상황을 바꿀 수 있는 것은 오로지 나만이 할 수 있다는 것을 잊지 말자. 반대로 말하면 내가 노력하면 나 하나 정도는 확실하게 성공시킬 수 있다.

3장

리치 워커는 20억을 벌어도 직장을 그만두지 않는다

많은 직장인이 아침에 출근하면서 이런 고민을 할 것이다.

"당장 사표 내던지고 퇴사할까?"

각자 처한 상황에 따라 그 결론은 다르게 나기 마련이다. 그러나 이 글을 쓰고 있는 나는 이렇게 말하고 싶다. "지금 섣불리 그만두지 말고, 돈 벌어 부자 직장인으로 살자."

우리가 매일 퇴사를 고민하는 이유는 크게 두 가지일 것이다. 첫째로는 지금 받는 월급으로는 죽을 때까지 부자가 될 수 없으리란 불신 때문에. 즉 여기에는 자신이 일하는 만큼의 대가를 충분히 받지 못한다는 불만도 포함된다. 둘째로는 자신의 꿈, 비전과는 거리가 너무 먼 일을 하고 있기 때문이다. 매일 쳇바퀴 돌듯 돌아가는 직장생활에 전혀 재미를 느끼지 못하고, 자신이 꿈꾸던 인생과 다르다는 생각에 스트레스로 일관되는 삶을 살고 있는 경우일 것이다.

진짜 자신이 원하는 삶이 무엇인지는 자신만이 안다. 따라서 어딘가에 귀속되어 공동체를 위한 일을 하는 삶에서 자유롭고 싶다면, 그 선택은 존중될 수밖에 없다. 또 자신만의 새로운 일을 시작하고 도전하는 삶도 축하한다. 그러나 내가 가장 경계하는 것은 '아무런 준비가 돼 있지 않은 상태에서 감정에만 의존한 선택'을 하는 것이다. 나 역시 이루고 싶은 꿈이 있고, 또 경제적 자유를 얻고 싶다. 지금은 많이 나아졌지만 처음엔 나의 일도 녹록지 않았다. 하지만 나는 당장 그만두기 이전에 당당하게 원하는 삶을 선택할 수 있는 토대를 만들고 싶었다. 그것이 바로 '부자 직장인'이 되는 것이었다.

부자 직장인이 되고 나면 자신의 삶을 새로 디자인할 수 있다. 지금 부자 직장인이 되고 보니 최소 세 가지의 선택지가 생겼는데 다음과 같다.

1. 완전한 경제적 자유를 이루고 하고 싶은 일만 하고 살기
2. 모은 자본을 통해 스스로 새로운 사업이나 자영업에 도전하기
3. 리치 워커 그대로 워라밸을 유지하면서 쭉 다니기

일반 직장인은 이 선택 앞에서 늘 갈등하고 또 주저하고 포기할 수밖에 없지만, 리치 워커는 다르다. 리치 워커는 위 세 가지 중 어떤 선택을 해도 좋다. 그리고 나 역시 소득을 올리고 자산을 축적하고 나니 일에 대한 불만이나 어려움도 줄어들게 되고, 마음에 여유가 생기면서 내 삶이나 상황에 대한 객관적인 시각도 자연스레 갖게 되었다. 적어도 무엇에 쫓기는 듯한 직장생활은 하지 않아도 된 것이다.

리치 워커는 주도적으로 자기 삶을 살 수 있다

자산소득이 근로소득보다 커진 순간부터 직장을 다닐 것인지 아닌지는 나의 선택지가 된다. 한번 생각해 보자. 회사는 나에게 어떤 가치인가? 최소한의 생계비만 확보되어도 조직을 뛰쳐나가 자유를 얻으려는 사람의 경우, 회사는 그에게 '월급을 주는' 이상의 의미는 없다. 그러나 평생 놀고먹을 돈이 있는데도 더더욱 회사생활에 집중하는 사람도 있다. 이 사람에게 회사는 자신의 한계, 자신의 능력을 시험하고 또 그 능력으로 성과를 내고 회사에 기여하고 싶은 가치를 지닌 곳이다. 이미 투자로 큰돈을 번 선배는 나에게 이런 말을 했다.

"내가 이 조직에서 어디까지 올라갈 수 있는지 한번 경험해 보고 싶어. 한 번 사는 인생, 내 한계를 확인해 보고 싶거든."

물론 나는 선배처럼 내 능력의 한계를 경험해 보고 싶어서 회사에 남아 있는 건 아니다. 내가 직장생활을 유지하는 데는 여러 이유가 있는데, 그중 가장 큰 것은 직장생활이라는 것이 내 삶의 '최적화'에 있어 상당한 부분을 차지하기 때문이다. 즉 내 에너지를 집중하고 일에 투자하는 시간에 대한 충분한 보상을 받고 있다고 생각한다. 이 보상은 내 삶에 안정감을 주고 일에 대한 집중도를 높이는 데 큰 역할을 한다. 직장을 유지하고자 하는 이유 한 가지가 더 있다면, 이 일 자체가 나의 전공을 살린 일이기 때문이다. 나는 경제학을 전공했는데 영업을 위해, 또 커리어의 성장을 위해 하는 공부가 실제로 내가 좋아하는 공부이며 나의 비전, 나의 흥미와 80% 이상 일치한다. 그래서 다른 사람들에 비해 지금 하는 일에 대한 만족도가 높을 수밖에 없다.

그렇다고 마냥 일이 재밌기만 했던 것은 아니다. 가난한 사회초년생이었을 때는 돈만 생기면 회사를 그만두고 싶다는 생각을 자주 했다. 하지만 신기하게도 막상 여유 있는 직장인이 되고 보니 회사를 그만둘 이유가 점점 사라지는 것을 느꼈다. 치열하게 회사에 헌신한 대가로, 높은 직급과 높은 연봉으로 대우받고 인정받으며 각종 복지와 수당, 성과급이 나오는데 그것들을 쉽게 내던질 이유가 있을까? 커리어가 쌓이면 자연스럽게 인정을 받게 되고, 어떤 조직에 소속되어 안정감을 느끼길 원하는 본능적 욕구도 채워진다. 나 역시 직장의 만족도가 30대 때보다 40대에 접어들어서 더 커졌다. 40대 후반이면 회사를 나가야 한다느니, 60대 정년까지 채울 수 있는 철밥통이니 하는 것은 개인차가 크므로 각자의 상황을 스스로 통찰해 보길 바란다.

　나는 이 글을 읽는 모든 직장인이 재테크는 물론, 직장생활에서도 성공하길 바란다. 집을 제외한 곳에서 가장 오랜 시간을 보내는 곳이 회사고, 살면서 가장 긴 시간 동안 해야 하는 것이 회사에서의 일인데, 언제 그만둘지 매일 갈등하며 시간을 보내는 것은 무척 아깝다. 오늘도 수고한 모든 독자에게 응원을 보낸다. 당장 그만두고 싶은 마음, 매일 스트레스로 다가오는 회사 내의 관계들, 그럼에도 불구하고 집에 오면 다시 가장 역할을 해야만 하는 모든 직장인에게 '절대 회사 그만두지 말라'는 말은 너무 가혹하게 들릴지 모른다. 그래서 나는 '무조건 그만두지 말라'가 아니라 '부자 직장인이 되고 난 후에 진지하게 갈등하라'라고 말해 주고 싶다. 부자 직장인이 되면 훨씬 자신의 상황을 객관적으로 볼 수 있고, 좀 더 현명한 선택을 할 수 있게 된다. 그때 당당하게 사표를 던지고 나와도 아무도 우리에게 뭐라고 하지 않는다. 그것이 '부자 직장인'만이 가진 특권이다.

4장

차곡차곡 쌓는 게 아니라
타워크레인으로 들어올리는 것이다

이집트 쿠푸왕의 피라미드는 세계 7대 불가사의 중 하나다. 기원전 약 2500년에 2.5톤 무게의 사각돌 230만 개를 이용해서 쌓아올린 거대한 규모는, 문명이 급속도로 발달한 지금 보기에도 입이 떡 벌어질 만큼 놀랍다. 이 피라미드의 건설은 20년이 넘게 걸리는 엄청난 대공사였고, 수많은 사람이 돌을 깎고, 나르고, 쌓느라 굉장한 고생을 했을 것이다. 분명 과거의 이집트 사람들은 인력으로 위험을 무릅쓰고 돌을 한 칸씩 위로 운반했을 것이다. 그러나 건축기술이 발달한 지금은, 고층건물을 지을 때 타워크레인을 이용하여 무거운 짐을 쉽게 들어올린다.

나는 20여 년 전 아파트 공사장에서 막노동을 해 본 적이 있어 조금이나마 건물 건축의 과정을 피부로 느낄 수 있었다. 현대의 건축 역시 사람의 노동력을 필요로 하지만 기초공사를 튼튼하게 하는 데 시간이 오래 걸릴 뿐, 실제로 건물을 올리는 데는 긴 시간이 필요치 않다. 기계의 힘을 빌리기 때문이다. 고대의 피라미드 건축과는 속도 면에서 비교할 수 없을 정도로 빠르다.

타워크레인은 도르래와 지렛대의 원리가 사용되는데, 내가 이야기하는 자산 레버리지 역시 지렛대의 원리를 쓸 때 훨씬 빨리 쌓아 올릴 수 있다.

직장인이 자신의 자산 피라미드를 쌓는다고 생각해 보자. 초저금리 시대에 예금과 적금으로 20억까지 한 칸 한 칸 쌓아올리려면, 이자를 무시했을 경우 매년 4천만 원씩 50년을 저축해야 가능하다. 실제로 사회초년생이 매년 4천만 원씩 저축하는 것도 거의 불가능하고, 50년을 쉬지 않고 저축을 지속하는 것 역시 쉽지 않다. 직장인의 재테크는 가정을 꾸리고 아이를 양육하며, 의식주를 해결하면서 병행해야 하기 때문이다. 한정된 월급을 아끼고 생활비도 줄여서 목돈을 만들어 내야 하는데, 50년이나 직장생활을 하는 것은 실질적으로 불가능하다.

반드시 절약을 통해서 종잣돈을 만드는 과정은 필요하지만, 큰 자산을 저축과 적금만으로 만들어 내려는 것은 무거운 돌을 어깨에

이고 피라미드에 오르려는 것과 같다. 만약 힘들게 저축을 한다고 해도 요즘처럼 돈을 막 풀어서 주식과 부동산 등 자산가치가 폭등해 버리면 저축은 열심히 했는데 실질적으로는 자산가치가 제자리 또는 줄어드는 결과가 생길 수도 있다. 즉 저축으로 종잣돈을 만든 후에는 성장하는 자산에 올라타야 한다.

항상 정석처럼 회자되는 말이지만, "내 집 한 채 마련"부터 재테크는 시작된다. 이제는 저축으로 서울에서 집을 사는 것은 너무나도 어려워졌고, 집을 팔아서 집을 사는 시대가 되었다. 무리해서라도 일단 가진 돈으로 집을 한 채 마련했다면, 자산의 열차에 끄트머리에라도 올라타는 셈이 된다. 그렇게 되면 이제 '직장인의 20억 만들기' 공사장에 무거운 건설장비를 쉽게 올려 주는 타워크레인이 세워진 것과 같다. 타워크레인을 이용해서 20억 탑을 만드는 것은 기초만 튼튼하면 시간문제다.

1,000만 원에서 20억까지의 거리는 얼마일까?

《돈의 속성》(김승호 지음/스노우폭스북스)에서 김승호 저자가 이야기했듯이 돈은 중력과도 같아서 처음 1억을 모으는 게 가장 어렵다. 그런데 1억을 모으고 나면 2억까지 가는 게 좀 더 수월해진다. 1억까지는 온전하게 나의 노동력만으로 돈을 벌어야 하지만, 1억에서 2억이 되는 과정은 돈이 돈을 벌면서 도와주기 때문이다. 건축물로 비유를 하자면, 힘들어도 돌덩이를 내 몸으로 직접 날라야 하는 것이 1억까지고, 1억으로 주춧돌을 쌓고 나면 그것이 타워크레인이 되어서 내가 돌을 운반하는 것을 도와준다.

실제로 나의 경험을 돌이켜봐도 순자산이 −1,000만 원에서 1억까지 가는 데 5년이라는 긴 시간이 걸렸다. 그런데 5억에서 10억까지 가는 데는 부동산호황이라는 바람을 타고 2년 만에 달성했다. 더 놀라운 사실은 10억에서 20억까지 가는데도 2년밖에 걸리지 않았다는 것이다. 물론 투자한 것들이 기대 이상으로 많이 올라 준 이유도 있고 운이 좀 따랐던 것도 사실이지만, 이런 사례는 나에게만 해당하는 것이 아니고 최근 몇 년간 주식, 부동산에 열심히 투자했던 많은 사람에게 돌아간 성과다.

2014년 우리나라에도 대유행했던 프랑스의 경제학자 토마 피케티의 저서 《21세기 자본》에 대해 잠깐 이야기해 보자. 이 책은 시대 간 불평등의 역사와 향후 더욱 심해질 빈부격차에 대한 것이 주요 내용이다. 빈부격차가 심해진다는 이야기야 너무 뻔하게 들리겠지만, 여기서 핵심은 "r(자본수익률) > g(경제성장률)"이다. 이 책은 국가 간 거시적인 경제에 대해서 다루고 있지만, 아이디어를 조금 차용하면 직장인 역시 자본수익률이 임금상승률보다 크다는 것이 중요한 포인트다. 즉 r(자본수익률) > g(임금성장률)의 공식이 적용된다는 뜻이다.

쉽게 설명하면, 서울 아파트의 가격이 오르는 속도가 내 연봉이 오르는 속도보다 빠르고, 구글, 애플, 테슬라의 주가가 오르는 속도가 나의 연봉성장률보다 빠르다는 것이다. 실제로 한국경제원 자료에 의하면 2015년부터 2020년까지 근로자 임금총액은 2015년 약 299만 원에서 2020년 약 353만 원으로 연평균 3.4%가 올랐다. 그런데 같은 기간 서울 아파트 중위가격은 5억 282만 원에서 9억 2,365만 원으로 연평균 12.9%가 올랐다. 더 놀라운 사실은 KB국민은행의 월간 주택가격동향에 따르면 2021년 10월 기준 서울 아파트의 평균 가격은 벌써 12억 원을 넘는다는 것이다. 물론 서울 아파트의 급등기가 항상 이어지지는 않고, 조정기와 침체기도 언젠가는 올 수 있으며, 이 시기에도 근로자의 임금은 아주 조금씩 오를 것이다. 하지만 장기적인 관점에서 볼 때 월급은 자산의 상승률을 이길 수 없다.

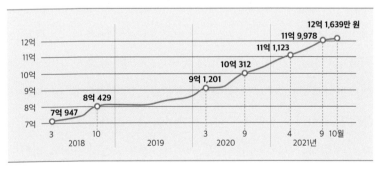

서울 평균 아파트값 추이

출처: 연합뉴스

위에서 보았듯이, 직장인의 재테크 승리법은 근로소득은 근로소득대로 늘려가면서 최대한 빨리 자산 열차에 올라타는 것이다. 월급을 모아 적금을 들어서 지속적으로 자산을 늘리기보다는, 월급을 모아 최대한 빨리 종잣돈을 마련한 다음 레버리지를 이용해 좋은 자산을 사고, 월급은 모으는 대신 생활비와 이자를 내는 용도로 사용해야 한다는 것이다. "당연한 거 아닌가요?"라고 물을 수도 있겠지만, 아직도 자산에 올라타기보다는 자신의 노동생산성을 과신하는 사람들이 많기 때문에 다시 한번 강조하는 것이다.

나는 내 연봉성장률보다 내 재건축 아파트가 장기적으로 더 많이 오르리라는 것을 믿어 의심치 않는다. 또한 내 연봉성장률보다 미국 S&P500지수를 추종하는 ETF가 장기적으로 더 많이 오르리라는 것 역시 믿어 의심치 않는다. 물론 예외적으로 연봉성장률이 자본수익률보다 높은 사람들도 있다. 수십억 연봉을 받는 영업전문가나 연예인, 운동선수, 사모펀드 대표, 전문직 등이 이에 해당한다. 물론 소득을 늘리는 것도 좋은 전략이고, 특히 노동자가 아닌 사업가라면 재테크보다도 사업의 규모와 이익을 키우는 게 더 중요할 수 있다. 그러나 일반적인 직장인의 기준으로 볼 때, 근로소득의 성장률이 자본수익의 성장률보다 높기는 정말 어렵다. 굳이 노동의 가치를 폄하한다기보다는, 노동으로 인한 임금소득은 임금소득대로 탄탄히 키우고, 자본투자는 최대한 성장성이 있는 자산에 한정 지어서 효율적으로 투자해야 한다는 뜻이다. 꼭 투자라고 해서 거창하게 생각할 필요는 전혀 없다. 주식투자가 아니라 현금을 들고 있든, 집 한 채가 있든 자본주의 시대에 자신이 소유한 모든 것이 투자의 대상이다.

5억짜리 대출 없는 집 한 채가 전부인 사람도, 집 한 채라는 자본에 투자하고 있다는 사실을 인식해야 하고, 3억 전세에 거주하는 사람도 3억이라는 현금자산에 투자하고 있다는 것을 명심해야 한다. 자신의 자산보유현황을 체크해서 성장성이 있는 자산 위주인지, 안전성 위주의 자산인지 확인해 보자. 저축을 열심히 하는 것도 좋지만, "속도보다는 방향"이라는 말처럼 성장성 있는 자산을 담는 게 더 중요하다.

실패를 두려워하지 말라는 말이 있지만 누구에게나 실패는 두렵고 아프다. 나 역시 주식을 바닥에 팔고 나서 10배 이상 오르는 주가를 보고 후회한 적도 있고, 최적의 부동산 투자 시기에는 정작 부동산 투자에 관심이 전혀 없었고, 근로소득을 올리기 위해서 고군분투했던 기억이 난다. 처음부터 투자를 잘하는 사람이 어디 있겠는가. 피아노, 골프, 스키처럼 어느 정도 숙달되는 시간과 시행착오가 필요하다. 또한 어딘가에 투자한다는 것은 항상 위험성을 수반한다. 투자는 말 그대로 돈을 던진다는 의미고, 원금보장이 되지 않는다. 그렇기에 큰 수익이 가능한 것이 또 투자의 매력이기도 하다.

나는 그렇게 배짱이 있는 성격이라기보다는 어찌 보면 조금은 소심한 성격이다. 구역지정도 안 된 재개발 빌라를 살 때도, 무리해서 상계주공을 살 때도, 10배 레버리지(분양권은 분양가의 10%만 있으면 계약이 가능하다)로 분양권을 살 때도 걱정이 이만저만이 아니었다. 온라인 영업을 할 때도 여러 규제와 장벽이 많았다. 그렇지만 실패의 두려움보다는 성장의 욕구가 더 강했고, 비교적 짧은 시간에 소득과 자산의 성장을 이뤄낼 수 있었다.

부자 직장인으로 거듭나기 위해서는 시행착오를 과감하게 받아들이자. 인생은 그렇게 짧지 않기 때문에 잘못된 투자를 했다고 해도 그 결과를 겸허하게 인정하고, 받아들이고 다시 털고 일어나면 된다. 재테크 책을 읽고, 공부하고, 실천하며 한 걸음 두 걸음씩 나아가는 것이다. 내가 그랬던 것처럼 부끄러워하지 말고 그 길을 걸어간 선배들에게 계속 질문하고 물어보는 것도 좋다. 장기적으로는 단기적인 등락에 신경 쓰지 않아도 될, 성장성 있는 자산만 골라서 쌓아나가는 것이 직장인 재테크의 핵심이다.

나는 직장에서 성공할 스타일인지, 파이어족에 걸맞는 스타일인지 테스트해 보자.

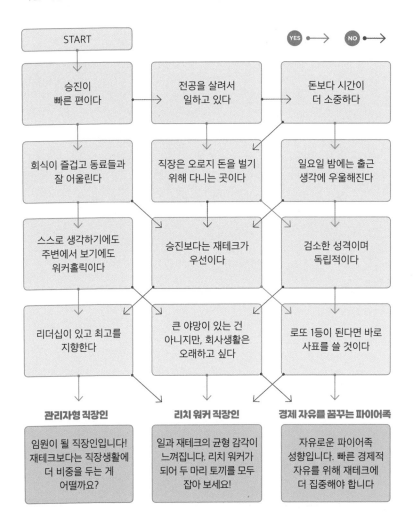

RICH WORKER

2
부

나에게 리치 워커의
자질이 있는가

준비편

준비에 실패하는 것은
실패를 준비하는 것과 다름없다.

- 벤저민 프랭클린

1장

직장은 당신에게 어떤 가치인가?

"느그 아부지 뭐 하시노?"

곽경택 감독의 히트작, 영화 <친구> 중에 나오는 대사다. 직장인에게 직업이란 생계의 수단이기도 하지만, 그 자체로 그 사람의 정체성을 의미하기도 한다. 그렇지만 자신의 직업에 자부심이 있는 직장인은 그리 많지 않다. 게다가 직장인은 유리지갑이라 세금을 고스란히 납부해야 하고, 자신을 위해서가 아닌 회사를 위해서 일해야 하는 숙명을 가진 사람들이다. 그러다 보니 직업이 무엇이냐고 물었을 때 '직장인'이라고 말하기를 꺼리는 사람들을 보게 된다. 자기 일이 아닌 남의 일을 하는 사람, 그 직업이 마음에 들지 않는 것이다.

그런데 직장인이라는 직업이 정말 그렇게 나쁘기만 한 걸까? 사업은 자기자본에 타인자본(부채)을 빌려서 하는 진검승부다. 잘되면 대박이고, 안 되면 말 그대로 망한다. IMF 외환위기 때는 대기업의 부도와 구조조정으로 늦은 가을의 낙엽처럼 직장인들이 우수수 떨어졌지만, 지금 직장인들은 쉽게 해고당하지 않는다. 오히려 20년 전의 IMF 외환위기 때와는 정반대의 상황이다. 코로나19 대유행 이후에도 직장인들은 대부분 안정적인 월급을 받고 있지만, 자영업자들은 그야말로 아비규환의 생지옥을 겪고 있다.

세간의 생각과는 달리, 직장인의 고용안정성은 점점 더 높아지고 있다. 물론 정년이 보장된 공무원에 비하면 덜 안정적일 수는 있다. 하지만 임원과 계약직이 아닌 정규직이라면 어지간한 큰 잘못을 하지 않는 이상 쉽게 해고당하지 않는다. 정년이 보장된 공기업부터 아무것도 예측할 수 없는 벤처 기업까지… 직장에 따라 다소 차이는 있겠지만, 직장인들은 자영업자에 비해서는 더 안정적이다. 직장인들은 자신의 노동력만 고용되었기에, 해고된다고 해도 자신의 재산을 잃는 것은 아니다. 근로소득을 잃는 것뿐이다. 그러나 사업가나 자영업자들은 일이 잘못되면 자신의 인건비뿐만 아니라 전 재산을 날리게 된다.

나의 부모님도 내가 어릴 적 사업을 하셨다. 사업이 잘될 때는 매일 집에서 만 원짜리 돈다발을 밤마다 세는 걸 지켜보았다. 그러나 사업이 힘들어지자 생활비 불안에 시달렸던 아픈 기억이 있다. 나는 그때 월급이 꼬박꼬박 나오는 월급쟁이 친구 아빠가 부러웠다. 직장인은 직장인의 장점을 잘 활용해야 한다. 남의 떡이 커 보인다는 말이 있듯이, 자영업자들의 눈에 직장인은 장점이 가득한 직업일 수 있다. 다음과 같이 직장이 가지는 다섯 가지 가치를 알아보자.

고정소득

고정소득이라는 단어는 아주 중요하다. 주식시장이 안 좋다고, 금리가 올랐다고, 세계 경기가 안 좋다고 해서 직장의 월급이 줄어드는가? 주가가 폭락하든, 부동산이 내리든, 과일값이 오르든 직장인의 월급은 항상 일정하다. 일부 영업직과 성과연봉제를 제외하고는 정규직 기준으로 월급이 줄어드는 일은 없다. 만약 날씨가 좋은 달은 1,000만 원의 월급이 들어오는데, 비가 오는 달은 100만 원의 월급이 들어온다면 어떨까? 제대로 된 생활을 하기 힘들 것이다. 카드값을 갚기도 힘들고 아이 학원을 보내야 할지 끊어야 할지도 매월 고민해야 할 것이다. 《돈의 속성》에서 김승호 회장이 강조했듯이, 안정적인 소득은 안정적이지 않은 소득보다 훨씬 강한 힘을 가지고 있다. 자신이 얼마를 벌든 고정소득이 퇴사하기 전까지 나온다는 것에 먼저 감사해야 한다.

또한 월급은 하방경직성이 있어서 오르기만 할 뿐 내려가지 않는다. 임금피크제나 성과연동제가 아닌 곳에서는 굳건하게 연봉이 유지된다. 안정적인 고정소득이야말로 직장인들의 가장 큰 가치라는 것을 잊지 말자. 최근에는 주식, 부동산, 가상화폐의 급등으로 인해서 근로소득의 가치를 폄하하는 사람들이 늘어났다. 2016년부터 5년간 미국S&P지수는 약 100% 올랐고, 나스닥지수는 180%가량 올랐다. 서울 아파트는 체감상 2배 이상 올랐고 비트코인도 10배 가까이 올랐다. 그런데 연봉은 5년 동안 대략 20%밖에 안 올라서 회사에 충성하고 열심히 일하느니 재테크에 신경 쓰는 게 더 낫다고 이구동성으로 이야기한다. 그건 하나만 알고 둘은 모르는 이야기다. 나는 이렇게 이야기한다.

"그럼 주식시장이 폭락하고 가상화폐가 휴지조각이 되고 부동산 대폭락이 온다면 월급이 반토막이 나나요?"

아니다. 월급은 위에서도 강조했듯이 해고당하기 전까지는 매월 동일한 금액이 나온다. 월급은 똑같이 돈으로 표현되고 있을 뿐 투자자산과 전혀 다르다. 월급은 고정소득이므로 시세 차익형 주식, 아파트, 가상화폐 같은 자산이 아닌 고정소득을 제공하는 자산과 비교해야 한다. 부동산이라면 수익형 부동산과 비교하는 게 합당하다.

가령 10억짜리 상가가 있으면 월세 400만 원의 임대료가 나온다. 월급 400만 원의 고정소득을 받는 직장인이라면 10억짜리 상가를 보유한 것과 같은 가치가 있다. 정기예금 2%와 비교한다면 24억을 가지고 있어야 400만 원의 이자가 나온다(세금은 제외). 배당주 10억 원으로 시가배당 4.8%를 받아도 배당금 400만 원이 나온다. 즉 근로소득은 하방경직성이 아주 강한 자산이라는 것이다. 회사를 나가기 전까지는 말이다. 월급이 우습게 느껴질 때가 가장 위험할 때다. 그것은 실제로 존재하는 '인간지표'다. 두 달 만에 1년 치 연봉을 주식으로 벌고, 월급이 하찮게 느껴져 퇴사하고 전업 투자하는 사람들, 2년 만에 부동산 몇 억이 올랐다고 직장생활에 염증을 느끼고 퇴사하는 사람들, 대부분 장기적으로 결과가 그리 좋지 못하다. 주식이든 부동산이든 자산시장은 사이클이 있기 때문이다.

서브프라임 모기지 사태로 2008년 금융위기가 오고 2020년 코로나19로 주식시장이 대폭락하며 자산가치가 쪼그라들었을 때, 2013년 부동산의 빙하기 때 빚을 내서 산 부동산이 폭락하고 팔리지도 않을 때, 직장인들은 고정소득의 소중함을 절실히 느끼며 월급의 가치를 다시 한번 확인했다. 앞으로도 자산가치의 등락에 따라서 월급의 인간지표는 계속 등락을 거듭하겠지만, 한 가지는 자신 있게 이야기할 수 있다. 앞으로 저금리시대가 장기화하면서 고정소득의 가치는 높게 평가받게 될 것이다. 분명 우리는 우리의 노동력을 회사에 제공해야 하고, 때로는 원치 않은 일과 힘든 민원에도 시달려야 한다. 그러나 우리가 즐겁게 회사를 다니든 힘들게 회사를 다니든 변치 않는 가치가 있다. 그것은 매월 안정적으로 꼬박꼬박 월급이 들어온다는 것이다. 그것이 직장인의 가장 큰 핵심가치다.

4대보험

직장인들은 입사부터 퇴사 때까지 자신이 원하든, 원하지 않든 4대보험에 필수적으로 가입된다. 그러므로 4대보험은 '직장인'을 구분 짓는 가장 중요한 틀이라고 할 수 있다. 이 보호막 안에 있는 사람들과 보호막 밖에 있는 사람들의 권리는 차이가 정말 크다. 직장인들이 직장에 다닐 때는 4대보험의 중요성을 체감하기 어렵다. 마치 영하 10도의 추운 겨울에도 따뜻한 카페에서 커피를 마시고 있다면 밖의 추위를 느낄 수 없는 것처럼 말이다. 직장 밖으로 맨몸으로 나가고 나서야 비바람이 몰아치는 눈보라 속을 걸으면서 직장이 자신을 지켜 주고 있었다는 사실을 깨닫게 된다. 여기서 잠깐 4대보험에 대해 알아보자. 4대보험은 국민연금, 건강보험, 고용보험, 산재보험 네 가지를 의미한다. 지금부터 이들의 가치에 대해서 상세히 알아보겠다.

1. 국민연금

국민연금은 정부가 운영하는 공적 연금제도로, 직장인이라면 의무적으로 가입해야 한다. 월 소득의 9%를 납부하게 되어 있는데, 4.5%는 본인이 내고 4.5%는 직장에서 대신 부담해 준다. 평균수명이 늘어나고 고령화 시대가 되면서 연금의 가치는 기하급수적으로 높아지고 있다. 열심히 일했던 노인이 은퇴 후 쉬다가 80세에 다시 취업할 수 있을까? 불가능하다. 하지만 국민연금이 충분히 있다면 일을 하지 않고 하고 싶은 일을 하면서 노후를 보낼 수 있다.

직장인은 위에서도 말했듯이 국민연금의 절반을 회사에서 내준다. 아무 생각 없이 회사만 오래 다녀도 국민연금은 차곡차곡 쌓이고, 최소한의 노후는 보장된다는 것이다. 직장인들은 회사가 자신의 노후를 책임져 주지 않는다고 불평한다. 그러나 정작 실상을 들여다보면 회사야말로 국민연금, 퇴직연금 등을 차곡차곡 쌓아 주는 고마운 존재인 것이다.

아이 키우고 집 사고 차 굴리며 여행도 해야 하고 돈 쓸 일도 많은데 스스로 은퇴준비를 할 정도로 성실한 사람들은 그리 흔치 않다. 정작 직장 밖으로 나가면 국민연금과 퇴직연금이라는 우산은 사라지고 본인 노후는 100% 본인이 책임져야 한다. 그러므로 국민연금을 최대한 길게 납입할 수 있도록 계획하는 것이 중요하다. 국민연금은 이어질 5부의 1장에서 상세하게 다룰 예정이다.

2. 건강보험

건강보험의 중요성은 아무리 강조해도 부족함이 없다. 나는 중학교 때 중이염에 걸려서 이비인후과에 가야 했다. 그러나 사업이 어려워진 우리 집에서는 건강보험료를 못 내고 있었다. 마침 친구의 아버지는 고등학교 교직원이셨는데 그 친구에게서 의료보험증을 빌려 병원 진료를 받은 기억이 있다. 안정적인 직장을 다니는 부모의 자녀와, 그렇지 못한 자녀의 차이를 극명하게 느낄 수 있는 순간이었다. 직장인은 2022년 기준 월급의 6.99%를 건강보험료로 낸다. 국민연금처럼 건강보험 역시 절반을 회사에서 대신 내준다. 즉 정확하게는 월 소득의 3.495%를 납부하게 되는 것이다. 퇴사하면 국민연금은 둘째 치고, 건강보험이 가장 큰 문제다. 직장을 그만둘 경우, 자동으로 지역가입자가 되어 건강보험료를 내야 하는데 이것이 개인에겐 엄청난 부담이다.

지역가입자가 되면 '소득 + 재산 + 차량'으로 점수를 매긴 다음 100% 본인이 건강보험료를 내야 한다. 상당한 자산을 가지고 은퇴한 노인들도 건강보험료를 줄이기 위해서 소형차로 바꾸고(고급차가 있으면 건강보험료가 늘어난다) 소액월급이 나오는 일자리라도 취업을 다시 하거나, 최대한 피부양자(건강보험료를 내주는 사람 아래 들어가는 것)가 되려고 한다. 가령 취업한 아들 아래 피부양자로 등록되면 건강보험료를 내지 않아도 된다(참고로 재산가액이 많다면 피부양자로 들어갈 수 없다).

자녀가 둘인 외벌이 4인 가구의 가장이고, 부모님이 건강보험 피부양자로 등록되어 있다고 가정해 보자. 그렇다면 부모님까지 포함해서 6명의 건강보험료를 한 명이 내고 있는 것이다. 다시 한번 강조하자면 건강보험료의 절반은 회사에서 내주므로 0.5명의 건강보험료로 6명의 의료비를 부담하는 셈이다. 이 정도면 정말 엄청난 혜택이 아닌가? 월급 다음으로 중요한 것은 건강보험료의 가치라는 것을 절대 잊지 말자.

3. 고용보험

직장인에게 갑작스럽게 실직을 당한다는 것은 청천벽력과도 같은 일이다. 근로소득이 생활비의 대부분인 직장인이 직업을 잃는다면 크나큰 위험에 노출될 수밖에 없다.

그런 위험에 대비해서 의무적으로 직장인은 월 소득의 0.9%의 고용보험료를 납부한다. 역시 회사에서도 비율은 다르지만 함께 비용을 부담한다.

최근 코로나19의 장기화로 인해 실업자들이 급격하게 늘어났고, 2021년 말 기준 3조 2천억 원의 고용보험기금 적자가 발생할 것으로 보인다. 고용보험은 직장인이 실업자가 되었을 때 소득을 유지할 수 있는 안전벨트의 역할을 하는 것이다. 고용보험에 가입한 직장인이 비자발적 퇴사를 할 경우 구직활동을 하며 퇴직 전 평균임금의

60% × 소정급여일수의 금액을 받을 수 있다. 실업급여의 수급기간 역시 고용보험가입기간과 연령에 따라 다르지만 120일~최대 240일 간 수령이 가능하다. 단, 자발적인 퇴사의 경우 구직급여를 받을 수 없다는 점에 유의하자.

4. 산재보험

산재보험은 근로복지공단에서 관리하는 공적 보험으로 산업재해보상보험의 준말이다. 국민연금, 건강보험, 고용보험이 사업주와 근로자가 각각 반반씩 비용을 부담하는 것과 달리, 산재보험은 100% 사업주가 부담한다. 업무상으로 발생한 모든 재해에 대해 재해자의 과실 유무와 상관없이 보상을 받을 수 있는 제도다.

일반적으로 생각하는 산재보험의 이미지는 건설 노동이나 기계류의 사업장에서 다쳐서 치료비를 보상받는 신체적 질병에 대한 보상이지만, 정신적인 스트레스로 인한 질병 역시 산재 처리가 가능하다. 자주 일어나는 일은 아니지만, 근무로 인한 스트레스로 사망하거나 자살하는 경우 역시 산재보험 대상이 된다. 한마디로 직장인은 여러 직무로 인한 신체적, 정신적 문제에 대해서 국가와 사업주가 보상해 준다고 이해하면 쉽다. 나라에서는 '산재보상금', 사업주로부터는 '손해배상금'을 받을 수 있다. 정규직 직원이 아닌 아르바이트, 일용직도 보상이 가능하다는 점을 숙지하자.

퇴직금, 복리후생, 휴가

2000년 3월, 내가 신입생으로 입학했던 성균관대학교의 교정은 등록금 투쟁이 한창이었다. 당시 연 7% 이상 급등하는 등록금은 가정경제에 큰 부담이었다. 더구나 우리집은 대학생이 셋이었다. 나는 신입생 동기에게 물었다.

"너는 등록금 투쟁 서명 안 하니?"

"안 해. 아빠 회사에서 등록금 나오거든. 난 그런 데 신경 안 쓰고 싶어."

나는 그 친구가 너무 부러웠다. 학자금 대출을 받기 위해서 고금리 캐피탈 사에 어머님과 함께 방문한 기억은 신입생 시절의 그리 즐겁지 않은 추억이다. 물론 모든 회사가 자녀의 등록금을 지원해 주지는 않는다. 아마도 복지가 좋은 일부 대기업 한정일 것이다. 그러나 아주 작은 중소기업이 아니라면, 분명 회사에서 제공하는 복리후생이 있을 것이다. 나의 회사는 자녀의 유치원 교육비, 대학교 등록금, 본인 및 가족의 의료비, 치과치료비, 경조사비용, 명절수당, 건강검진, 개인연금 지원, 주택보조금 등 다양한 복리후생을 제공하고 있다. 월급도 중요하지만 복지를 챙기는 것은 나에게 있어 회사생활의 쏠쏠한 재미다.

다니는 회사가 대기업이든 중견기업이든 중소기업이든 각자가 가진 복지와 휴가제도는 직장인에게 매우 소중한 자산이다. 이런 것들은 자영업에는 결코 해당되지 않는 이야기기 때문이다. IT나 마케팅, 게임업종 등은 이직을 많이 하는 분위기지만 건설, 통신, 공기업 등의 문화는 장기근속이 일반적이기도 하다. 한 직장에 오래 다닐수록 연차휴가와 퇴직금은 기하급수적으로 늘어난다. 늘어나는 연차수당 역시 나에게는 매년 받는 보너스다. 퇴직금에 대해서는 5부의 2장에서 상세하게 다룰 예정이다.

신용도, 대출

가장 금리가 낮고 한도가 높은 은행을 골라서 최고의 조건을 대출받아 투자하는 것은 직장인 최고의 장점이다. 그러나 직장 문을 닫고 나서는 순간, 그동안 더없이 친절했던 은행은 사정없이 나를 압박할 것이다.

금융기관은 바보가 아니다. 그들은 높은 금리로 리스크가 큰 저신용자들의 대출을 일으키기보다는, 연체 가능성이 거의 없는 높은 신용도의 직장인들에게 낮은 금리로 많은 대출을 해 주길 원한다. 안정적인 이자 수익을 위해서다. 직장인에게는 최근 2년간의 소득이 곧 대출을 위한 기초자산이다. 투자를 위해서 오피스텔 분양권 중도금 대출을 받을 때도 직장이 있다면 어려움 없이 대출이 진행되지만 직장이 없다면 온갖 복잡한 증빙서류를 준비해야 한다. 어떤 독자는 이런 반론을 할 것이다.

"대출 없이 살면 안 되나요? 저는 빚을 얻는 게 싫고, 대출 없이 살 건데요?"

그러나 대출, 즉 타인자본을 활용하는 능력은 자본주의 사회의 꽃과 같다. 잘못 쓰면 독이지만, 잘 쓰면 약이 되는 것이 대출이다. 20억의 자산을 만들기 위해서는 대출을 활용하지 않고서는 시간이 너무 많이 걸리므로, 무리하지 않는 선에서의 적절한 대출은 필수라 할 수 있다. 여기서의 핵심은 신용이다. 똑같이 돈이 필요해도 신용도가 높고 소득이 높다면 아주 쉽게 싼 금리로 많은 돈을 빌릴 수 있다. 그런데 직장도 없고 소득도 없다면 누가 나에게 돈을 빌려 줄까?

친구와 친척에게 돈을 빌리는 것도 잠깐이다. 결국은 고금리 제2금융권을 찾아가거나 죽음의 그림자와도 같은 대부업체의 돈을 쓰게 되는 것이다. 직장의 가치는 월급이 다가 아니다. 굳이 수치로 이야기하자면 월급의 가치는 60% 정도다. 나머지 40%는 4대보험, 퇴직금, 휴가, 신용, 대출, 그리고 돈으로 환산할 수 없는 소속감과 안정감, 성취감 등이 포함된다. 즉 자신의 정체성을 회사의 이름과 명함으로 대변하는 것이다.

자아실현

나는 증권회사 영업을 하면서 많은 고객을 만날 수 있었다. 사모펀드 임원부터 고깃집 사장님, 성형외과 의사, 건축사 등 다양한 고객들을 접하며 세상을 배울 수 있었다. 직장은 직장인의 또 다른 학교다. 대학교는 돈을 내고 공부를 하지만, 회사는 돈을 받으면서 공부를 시켜 준다. 물론 그 공부는 나 자신을 위해서라기보다는, 회사에 더 좋은 쓰임새가 되기 위한 공부라는 것을 알고 있다.

유명한 경제 유튜브 <슈카월드> 채널을 운영하는 전석재도 채권트레이더와 자산운용 펀드매니저로 경험을 쌓았고, 《50대 사건으로 보는 돈의 역사》(홍춘욱 지음/로크미디어)의 저자인 경제 유튜버 홍춘욱 박사도 자산운용사와 증권사에서 경험을 쌓았다. 연 100억 이상을 번다는 사회탐구 이지영 강사도 고등학교 교사 출신이다. 즉 직장은 자신의 성공을 위한 발판이자 후원자가 될 수 있다. 활용하기에 따라 결과는 달라진다.

우스갯소리로 사기업 다니는 사람들을 사노비, 공기업 다니는 사람들을 공노비라고 비하하기도 하지만 마음먹기에 따라서 직장은 자신의 성공에 날개를 달아줄 수 있다. 정말로 내가 다니고 있는 직장이 아무것도 배울 것이 없고 아무 의미도 없다면 오로지 월급만을 위해서 일할 수밖에 없을 것이다.

내가 다니는 회사를 비롯해 많은 직장인은 이미 경제적 자유를 얻었다. 그런데 왜 지금도 열심히 일하면서 이른 아침에 출근할까? 당장 그만두고 월세나 배당금만 받아도 먹고 사는 데 지장이 없을 텐데 말이다. 그것은 그 일을 통해서 자신의 정체성과 자아실현을 해낼수 있기 때문이다. 물론 언젠가 우리는 비자발적으로 직장을 나가거나 정년퇴직으로 회사를 떠날 것이다. 하지만 퇴직 이후는 그때의 일이다. 회사가 평생 나를 책임져 주지 않는다고 하지만, 회사는 수십 년 동안 월급을 주고, 교육을 시키고, 4대보험과 퇴직금을 쌓아 줬으며, 휴가를 주고 신용도를 올릴 기회도 주었다.

회사를 칭송하자는 것이 아니고 회사를 잘 이용하자는 것이다. 세상에 어떤 관계도 일방적일 수는 없다. 내가 원하는 게 있다면, 상대방이 원하는 것을 주자. 비단 직장생활이 아니라 자영업이나 사업을 해도 일의 핵심은 '고객이 원하는 것이 무엇인가'다. 그것을 만족시키지 못한다면 어떤 일도 잘될 수가 없다.

2장

리치 워커는 근로소득과
자본소득의 차이를 알고 있다

지금 당신의 직장이 100% 마음에 드는가? 그럴 수도 있고 아닐 수도 있을 것이다.

직장인이라서 답답한 것도 있고 부조리함을 느낄 때도 분명 있을 것이다. 때로는 그런 것과 무관하게 그냥 완전한 자유를 누리고 싶을 수도 있다. 평안 감사도 싫으면 그만이라고 공기업과 교사를 그만두고 자영업을 하는 사람들도 있고, 신의 직장이라는 한국은행을 그만두고 벤처를 차리는 사람도 있다. 나 역시 15년의 직장생활을 하면서 회사에 서운했던 적도, 억울했던 적도 있었고, 고마울 때도, 든든할 때도 있었다. 내가 입사한 후 15년간 회사는 많이 성장했다. 나 역시 많이 성장했다. 회사와 동반성장하는 것보다 이상적인 게 있을까. 자신이 직장인이라는 타이틀을 벗어던지기 전까지는, 조직에 소속되어 있다는 장점을 극대화하자.

이 책의 독자는 직장인이라는 공통점이 있다. 각자 직장의 장점을 생각해 보자. 공기업이라면 안정된 소득과 정년이 보장된다는 장점이 있을 것이고, 벤처 기업이라면 높은 성장성과 대박의 기회가 있을 것이다. 외국계 회사라면 해외파견근무 기회나 해외사업의 기회를 얻을 수도 있을 것이다. 꿩 먹고 알 먹는다는 속담처럼 우리는 직장을 다니면서 돈도 벌고 성공하며 자아도 실현해야 한다. 정말 직장이 싫다면, 직장 자체의 문제라기보다는 '내 몸에 맞지 않은 옷을 입고 있는 게 아닌가'하는 생각을 해 보자. 그런 경우에는 이직을 통해서 다른 옷을 입어야 할 것이다. 그러나 잘 맞는 옷이라면 절대 옷을 바꾸지 말고 잘 지키자. 파랑새는 멀리 있는 게 아니라 내 옆에 있는 것이고, 그것이 나의 직장인 것이다.

천만 원을 20억으로 만든 이야기가 더 재밌는 법이다

적은 병사로 많은 병사를 이긴 이야기는 항상 짜릿하고 흥미롭다. 100억 부자가 200억 부자가 된 이야기는 그리 재미있지 않지만 천만 원을 20억으로 만든 얘기에는 누구나 흥미를 느끼듯이 말이다. 여기서 잠깐, 서양의 전쟁 이야기를 하나 해 보겠다.

기원전 216년, 로마와 카르타고는 지중해 패권을 두고 2차 포에니 전쟁을 벌였다. 카르타고의 한니발은 '칸나이 전투'에서 5만 명의 병력으로 8만 명의 최정예 로마 대군에게서 대승을 거두었다. 로마는 압도적인 보병을 통해 적은 수의 카르타고 병사들을 중앙 돌파하는 전략을 시도했다. 그러나 한니발은 이런 로마의 전략을 파악하고 유명한 초승달 모양의 대형으로 시간을 끌며, 로마군을 유인했다. 또한 후방의 측면에 강력한 아프리카 보병대를 배치해서 포위섬멸 작전을 준비했다. 마지막으로 가장 핵심이 될 기병은 양쪽 날개로 배치해서 전쟁을 시작했다.

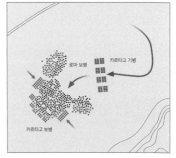

칸나이 전투

로마군은 한니발의 의도대로 정확하게 움직였다. 한니발의 의도는 상대적으로 비교 우위에 있는 기병대를 활용해서 로마군의 후

방을 에워싸 공격하는 것이었고, 그것을 위해서는 최대한 보병이 시간을 벌어 줄 필요가 있었다. 자신들이 이기고 있다고 생각한 로마군은 한니발군 쪽으로 깊숙이 들어왔고, 이에 양측의 아프리카 보병대에 둘러싸이게 되자 크게 당황했다. 잠시 후 강력한 전력을 가진 한니발의 기병대가 로마군의 기병대를 물리치고 로마군의 후방을 포위하자 로마군은 그대로 둘러싸여 제대로 싸워보지도 못하고 전멸하고 말았다.

이러한 한니발의 포위섬멸 작전을 '망치와 모루' 전술이라고 한다. 즉 아무리 단단한 쇠라고 해도 탄탄한 모루에 대고 망치로 때리면 쇠는 부러질 수밖에 없다는 이야기다.

이 전략이 성공하기 위해서는 기동성이 좋고 공격력이 뛰어난 기병의 역할도 중요하지만 기병이 돌아오기 전까지 보병이 튼튼하게 버티는 역할이 핵심이다. 즉 공격을 담당하는 기병인 망치가 강해도 방어를 담당하는 보병인 모루가 약하면 전쟁에서 승리할 수 없다는 것이다. 반대로 보병을 의미하는 모루만 강하면 전쟁에서 패배하지는 않지만, 승리를 얻기도 힘들다. 이제 이 전쟁 이야기를 직장인의 재테크 이야기로 바꾸어서 적용해 보자. 직장인 부자들은 근로소득과 자본소득 두 가지를 잘 활용한다. 즉 각자의 재테크 전쟁에서의 보병과 기병의 운용전략이 모두 뛰어나다는 것이다.

직장인 재테크로 '망치와 모루' 전략을 써라

직장인의 20억 만들기의 핵심은 '근로소득인 보병을 탄탄하게 육성하고, 자본소득인 기병을 통해서 자산 증가를 극대화시킨다'는 재테크의 '망치와 모루' 전략을 의미한다. 즉 직장인의 재테크 성공은 근로소득과 자본소득을 모두 잘 활용할 수 있어야 한다는 것이다.

직장인의 보병역할, 근로소득	직장인의 기병운용, 자본소득
1. 보병만으로는 재테크라는 전쟁에서 빠르게 승리하기 힘들다.	1. 자본소득을 버는 데는 돈 그 자체가 필요하다. 즉 부동산 투자를 하든 주식 투자를 하든 사업에 지분투자를 하거나 가상화폐에 투자하려면 돈이 필요하다.
2. 하지만 근로소득이라는 보병은 탄탄하고, 안정적이며, 예측가능하다.	
3. 근로소득이 탄탄할수록 더 많은 시간을 벌 수 있고, 더 다양한 전략을 구사할 수 있다.	2. 비슷한 추세로 느리게 우상향하는 근로소득과 달리, 자본의 운용능력에 따라 수익에 차이가 난다. 똑같이 1억을 가지고 시작해도 3년 후에 손실을 보는 사람, 제자리걸음인 사람, 5억으로 만드는 사람이 있다.
4. 근로소득은 느리게 증가하지만, 한 번 증가하면 계속 그 상태를 유지하는 항상성이 있다. 어지간해서는 쉽게 임금이 깎이거나 해고당하지 않는다.	
5. 개인차는 크지만 적게 잡아도 10년 이상은 누구나 마음만 먹으면 계속 직장에 근무할 수 있다.	3. 자본소득을 얻는 방법은 두 가지가 있다. 하나는 저축을 통해서 자본을 축적하는 것이고, 다음은 대출을 통해서 은행의 자본을 이용하는 것이다.

6. 체감 정년이 짧아지고 있다고 하지만, 정규직이라면 노력 여하에 따라 50대까지는 직장인으로 생활할 수 있다.	4. 자본소득투자는 레버리지 효과를 통해서 그 파괴력을 극대화할 수 있는데, 레버리지 효과는 양날의 검으로 큰 자산 손실을 일으킬 수도 있으니 주의해야 한다.
결론 : 긴 근속년수와 안정적인 근로소득은 직장인 재테크의 모루 역할을 한다.	결론 : 자본소득은 직장인 재테크의 망치 역할을 한다. 그러나 자본을 활용하는 능력 없이 아무 의미가 없다. 충분히 준비되지 않은 자본투자는 오히려 재앙이 될 수 있다.

망치와 모루 전략의 핵심은 보병과 기병이 각각의 역할을 제대로 해내는 것에 있듯이, 재테크의 핵심 역시 근로소득과 자본소득을 적절하게 활용하는 것이다.

아무런 재테크를 하지 않고 직장생활만 열심히 하는 사람은 당장 먹고사는 데는 문제가 없을 것이다. 그러나 적극적으로 자산을 늘리기는 어렵다. 근로소득이 늘어나는 속도는 물가상승률을 간신히 상회하는 수준에 그치기 때문이다. 이런 경우 평생 은퇴를 못하고 계속 일을 해도 노후불안에 시달릴 가능성이 크다.

반대로 직장 없이 재테크만 하는 사람, 즉 전업투자자의 경우를 보자. 이미 충분한 자본을 확보하고 안정적인 소득을 올리는 사람도 종종 있겠지만, 안정적인 현금흐름 없이 투자에만 올인하는 사람들은 시장 상황이 조금만 어려워져도 크게 곤란해지는 경우가 많다.

나는 걷고 있어도 내 자산은 뛰고 있어야 한다

근로소득의 상승이 거북이처럼 느린 업종이 있다. 공무원이나 교사가 이에 해당한다. 연봉 상승이 느리지만 고용이 아주 안정적이라는 특징이 있다. 반대로 근로소득의 상승이 빠른 업종도 있다. 컨설팅 회사나 증권사, 각종 영업직이 이에 해당한다. 각자의 상황에 따라 다르겠지만, 근로소득의 상승이 느린 업종이라면 더더욱 자본소득의 운용에 힘써야 한다. 자신의 근로소득이 거북이처럼 느려도, 자신의 자산소득은 토끼처럼 뛰게 해야 한다는 것이다.

근로소득의 활용능력과 자본소득의 활용능력은 아무런 연관이 없다. 회사에서는 일을 잘해 승승장구해서 최연소 팀장이 된 사람도 재테크에는 전혀 실력이 없는 경우도 있고, 회사에서는 만년 대리 만년 과장이지만 재테크에는 비상한 능력을 발휘해서 이미 상당한 수익을 거두는 경우도 있다. 가장 좋은 것은 두 가지를 다 잘하는 것이지만, 자신의 상황에 따라서 그 비중을 조절할 수 있다. 열심히 한다고 해서 소득이 올라가지 않는 업종이라면 조금 더 재테크에 비중을 둘 수 있을 것이고, 열심히 하는 만큼 그 성과에 대한 보상이 있는 업종이라면 먼저 근로소득을 높여서 레버리지 효과를 극대화하는 것도 중요하다.

이때 연봉이 1억인 사람이 5천인 사람보다 실수령액이 두 배 많은 것은 아니다. 근로소득세는 소득이 높을수록 대폭 높아지기 때문이다. 그러나 연봉이 1억인 사람은 5천인 사람보다 정확히 두 배의 신용대출을 받을 수 있다. 소득이 두 배라고 대출에서 대출비율을 줄이지는 않는다. 즉 두 배의 자원을 활용할 수 있다는 의미고, 앞에서 말한 전쟁사의 관점에서는 두 배의 기병을 운용할 수 있다는 것을 의미한다. 이는 보병을 강화할수록 할당되는 기병의 수량도 늘어난다는 것이다. 물론 내 돈이 아니라 빌린 돈이기 때문에 아주 잘 운용하는 능력이 필요하다. 연봉이 많다고 해서 무작정 최대한 대출받아서 투자한다고 그 성과가 좋으란 법은 없다. 하지만 중요한 점은 10만 원으로든, 100만 원으로든, 1,000만 원으로든 끊임없이 기병대를 훈련해서 언제든지 좋은 기회가 왔을 때 최정예 병력을 투입할 준비가 되어있어야 한다는 것이다.

결국 직장인의 20억 만들기는 근로소득의 탄탄함, 저축과 신용의 활용능력에 달려 있다. 직장생활을 열심히 해서 승진도 하고 연봉도 올리면서, 자신의 자본과 부채로(저축과 대출로) 최대한의 재테크 성공을 하는 것이 핵심이다. 나 역시 이 방치와 모루 이론을 그대로 따랐다.

30대에는 근로소득을 올리는 데 전력을 다했다. 30대에만 세 번의 승진을 했고, 상황에 따라 주말부부를 하는 등 소득을 늘리기 위한 방법에 모든 사활을 걸었다. 근로소득을 올리면서 재테크 공부를 치열하게 했으며, 연봉을 2억까지 올린 후에는 주식과 부동산 투자를 통해 수익을 극대화했다. 일반적인 재테크 이론과 조금 달랐던 점은 나는 절약에 그리 포인트를 두지 않고 소득을 극대화하는 데만 집중했다는 것이다. 나 역시 시도해 봤지만, 소비를 줄이는 것은 한계가 있고 지나친 절약은 이내 사람을 지치게 만든다. 전쟁으로 비유하면 사기가 떨어진다는 것이다. 잘 먹고 잘 쉬어야 잘 싸울 수 있듯이 적절한 소비는 용맹한 재테크 전사가 되기 위해 반드시 필요하다.

직장인마다 20억을 만드는 데 걸리는 시간은 다를 수 있지만, 장기적으로 열심히만 한다면 누구나 가능하다. 속도보다는 방향이다. 아주 특별한 재능이 있어야만 20억을 벌 수 있는 것은 절대 아니다. 재능이 있는 정도라면 20억이 아니라 200억도 가능하다. 근로소득은 생활비를 벌어주면서 저축을 할 수 있는 방어의 역할, 자본소득은 적극적인 재테크를 통한 자산증식의 공격수 역할을 해야 한다. 실제로 진정한 재테크의 고수라면 자본소득이 고전하는 상황에도 근로소득이 탄탄하기 때문에 위기를 넘길 수 있다. 나 역시 집값이 하락하고 주식 트레이딩이 잘 안 될 때도 오랜 기간 버틸 수 있었던 이유는 다른 마음먹지 않고 회사생활을 열심히 했기 때문이다.

요즘처럼 엄격한 대출규제가 펼쳐진다고 해도 근로소득이 튼튼하고 충분한 현금흐름이 유지된다면, 어떤 외부변수가 와도 거뜬히 어려움을 극복해 낼 수 있다. 직장인의 20억 만들기는 근로소득을 이용해서 자본소득의 극대화를 추구하는 것이므로, 충분한 자산을 모으기 전까지 안정적인 직장생활은 필수다.

3장

순자산과 자산의 개념만 알아도
부의 속도는 빨라진다

고대 그리스의 전설적인 수학자 아르키메데스는 "나에게 긴 지렛대와 지렛목만 주면 지구라도 들어올려 보이겠다"라고 하며 지렛대효과를 말했다. 아무리 무거운 것이라도 지렛대효과를 이용하면 들어올릴 수 있다는 뜻이다. 투자와 사업에서 이런 레버리지 투자(지렛대효과를 이용한 투자방식)는 일상화되어 있다. 그러나 타인의 자본을 이용해서 돈을 번다는 것은 말처럼 쉽지 않다. 변동성은 위로만 있는 게 아니라 아래로도 작용하기 때문에 실제로 레버리지 투자는 상당한 분석력과 확신이 필요하며, 적지 않은 리스크를 감수해야 한다. 설명하자면 예기치 않은 '검은 백조'가 나타나서 레버리지를 반대방향으로 작용하게 하면, 무리하게 투자한 사람들은 큰 손실을 볼 수 있다는 것이다. 레버리지는 잘 이용하면 약, 잘못 이용하면 독이 될 수 있는 양날의 검이다.

얼마 전 부동산 시행업을 하면서 매년 20억 정도를 버는 친구를 만났다.

"대출이자가 월 수천만 원씩 나가는데 걱정 안 돼? 나 같은 직장인은 잠도 못 잘 것 같은데?"

"자기 돈만 가지고 사업을 하면 사업의 규모를 키울 수가 없어. 자기 돈으로는 구멍가게 규모밖에 할 수가 없거든. 은행 돈을 잘 이용하는 게 사업 성공의 포인트지."

친구 말처럼 실제로 사업을 하는 사람들은 현금이 많이 있어도 대출을 추가로 받아 사업의 규모를 키우는 것이 일반적이다. 예를 들면 자산 300억에 순자산 100억, 200억은 부채 이런 식이다. 돈을 번다고 해서 부채 규모를 줄이지 않는다. 사업으로 100억을 더 벌었다고 해도, 친구는 분명 순자산 200억, 부채 400억, 따라서 총자산 600억으로 사업의 규모를 더 확장해 나갈 것이다. 은퇴 직전까지는 말이다. 이 친구뿐만 아니라 대부분의 사업가들이 이렇다. 이익의 극대화도 중요하지만 규모의 경제가 반영되기 때문이다. 즉 집을 한 채 지을 때 들어가는 시간과 비용이 집을 열 채 지을 때의 비용과 완전히 비례하는 게 아니라는 뜻이다. 열 채를 지을 때 비용이 한 채를 지을 때의 비용보다 훨씬 채당 단가가 줄어드는 게 사실이다. 물론 직장인들의 경우 이 정도 규모로 사업을 하거나 투자를 하기는 어렵다. 하지만 직장인들도 자신의 상황에 맞게 레버리지 투자를 이용할 수 있다. 다음 사례를 보자.

A와 B 중 누가 더 부자일까

직장인 A와 B는 같은 회사 동기로, 두 사람 모두 대기업에서 부장으로 근무하고 있으며 각각 10억 원의 순자산을 보유하고 있다. 연봉은 둘 다 세전 1억 원 정도, 세후 월급 660만 원으로 외벌이를 하고 있다.

먼저 직장인 A의 순자산은 현금성자산 위주다. 강남의 신축 아파트에서 9억 원 전세를 살고 있고, 예금 1억 원(금리2%)을 보유하고 있다. A는 대출은 전혀 없으며 빚을 지는 것을 싫어한다.

총자산 = 순자산 = 9억 원 + 1억 원 = 10억 원 / 부채 : 0원 / 부채비율 : 0%

직장인 B 역시 순자산 10억 원을 가지고 있다. 직장인 B의 자산은 재건축을 앞둔 강북의 아파트(시가 10억 원, 전세보증금 5억 원 = 순자산 5억 원) 1채, 재개발을 앞둔 경기도빌라(시가 9억 원, 전세금 5억 원 = 순자산 4

억 원) 1채, 그리고 보증금 1억 원에 월세 100만 원으로 구축 아파트에서 월세로 '몸테크'를 하고 있다.

총자산 = 10억 원 + 9억 원 + 1억 원 = 20억 원 / 부채 : 5억 원 + 5억 원 = 10억 원 / 부채비율 : 50%

A와 B의 출발점은 비슷했지만 5년 후 그 결과는 어떻게 될까? 경제 상황에 따라 다르겠지만 시간이 지날수록 순자산은 직장인 B가 훨씬 더 늘어날 가능성이 크다. 이유는 두 가지다.

첫 번째는 자산의 규모 차이다

둘 다 순자산은 현재 10억 원이지만 A는 10억이 움직이고, B는 20억이 움직이기 때문이다. 자산이 10%씩 오른다고 할 때, A는 0원의 수익(전세보증금은 원금보장이 되지만, 이자를 받을 수가 없다), B는 2억 원의 수익이 가능하다.

두 번째는 자산의 성장성 차이다

A는 100% 원금이 보장되는 현금성 자산에 투자하고 있다. 현금은 유동성이 좋고 사용하기에 편리한 자산이지만, 아쉽게도 성장성은 전혀 없다. 그러나 B는 시간이 지날수록 오를 수밖에 없는 자산을

레버리지로 보유하고 있다. 시간이 지날수록 A와 B의 격차는 커질 수밖에 없다. 지난 몇 년간 부동산 시장이 너무 많이 오른 여파로, 향후 부동산이 오른다고 해도 상승폭은 제한적일 가능성이 크다. 그러나 장기적으로 봤을 때 A는 월급 이외에 어떠한 수단으로도 순자산을 늘릴 기회가 없다.

A와 B의 자산구성을 살펴보자

A는 현금 위주의 방어형, B는 성장하는 자산에 레버리지를 실은 성장형 자산을 들고 있다. B의 경우 향후 전세보증금을 올려가며 추가적인 현금을 재투자하거나 부채를 상환할 수도 있다. 물론 리스크도 있다. 보유한 아파트와 빌라가 역전세 난에 빠지거나, 재개발 재건축의 진척이 늦어질 수도 있다. 그렇지만 결과적으로 최근 10년간 자산을 크게 불린 사람들은 B에 해당하는 사람이었지, A에 해당하는 사람은 아니었다. 겉으로 보기에는 A가 훨씬 더 안전한 자산을 보유한 것 같지만, 실제로는 B가 더 안전하다.

무엇보다도 A의 자산은 인플레이션에 대단히 취약하다. 최근 같은 인플레에, 자산 가격이 급등하면 그대로 앉아서 구매력의 손실을 볼 수밖에 없는 구조다. B의 경우 미래의 신축을 2개나 가지고 있기 때문에 시간이 지날수록 계단식으로 순자산이 늘어난다. 자산을 늘리기 위해서 특별히 추가로 해야 하는 노력은 없다. 그냥 가만히 있기만 하면 된다. 물론 근로소득의 일부를 월세로 지불해야 된다는 점이 부담스럽고, 재건축과 재개발 역시 불확실성과 리스크가 있는 것은 사실이다. 하지만 결국 B는 인플레이션과의 전쟁에서 승리할 수밖에 없다. B의 경우 재건축과 재개발은 신축이 되기 전까지는 절대 팔 생각이 없기 때문이다. 더불어 여러 가지 변수가 닥친다고 해도 신용대출 등을 이용해서 충분히 해결할 여력이 있다.

위의 A와 B 중 여러분은 어떤 포지션에 가까운가? 경제 상황과 여러 변수에 따라서 최적의 투자방법은 언제든 달라질 수 있다. 핵심은 유연한 마인드다. 근로소득만으로는 자산의 상승폭을 따라갈 수 없다는 것을 최근 몇 년간의 자산시장이 명확히 보여 주었다.

결국 원금보장에 집착하기보다는 적당한 부채를 안고 자산의 크기를 늘리는 게 핵심이다. 물론 여기에는 리스크가 필연적으로 따른다. 리스크는 공부와 분석을 통해 측정 가능하고, 줄일 수 있다. 월급만 모아서 '직장인의 20억 만들기'를 실천하는 것은 정년까지 다닌다고 해도 실질적으로 불가능하다. 따라서 적당한 불확실성과 리스크는 감수하되, 성장하는 자산을 같이 실어서 근로소득과 함께 자산의 크기를 늘려나가자.

부채비율을 얼마나 늘릴지는 자신의 선택이다. 무리하게 투자하라는 것이 아니고, 여러 가지 변수가 닥쳐도 감당 가능할 정도로만 자산을 실어야 한다는 이야기다. 각자의 성향과 리스크 감수에 대한 의지, 소득의 안정성, 나이, 맞벌이 유무 등 종합적인 상황을 고려해 가면서 결정하자. 나의 경우 향후 금리가 올라도, 역전세가 나도, 가격이 내려가도 대응할 수 있는 여력이 마련되어 있다.

　　나는 부동산의 경우 적극적으로 레버리지를 이용하지만, 주식 자산은 신용, 대출을 이용하지 않고 현금주식으로만 보유한다. 주식은 부동산보다 변동성이 훨씬 크기 때문에 주기적으로 폭락하거나 변동성이 커질 때 레버리지를 쓴 경우 심리적으로 견디기가 어렵기 때문이다. 부동산 역시 7년간의 긴 상승장의 막바지에 이르고 있다. 충분한 공급 없이 단기적으로 폭락할 가능성은 드물지만, 대출규제와 외부 악재 등 여러 변수를 체크해 가며 위험관리를 해야 할 것이다. 진정 우리에게 부족한 것은 돈이 아니라 시간이다. 그러므로 현금을 쌓아서 돈을 버는 게 아닌, 스스로 성장하는 자산을 실어 시간으로 돈을 벌 수 있게 하자. 레버리지 투자는 사업가가 아닌 직장인에게도 얼마든지 유용하다는 점을 잊지 말자.

누가 직장인에겐
월급밖에 없다고 했던가

대한민국의 직장인은 항상 팍팍하다. 나 역시 많은 고객을 만났지만, 직장인들 치고 단 한 번도 '여유롭다'라는 말을 하는 사람을 본적이 없다. 그렇다면 실제로 직장인들은 평균적으로 얼마를 벌고 얼마를 쓰고 있을까? 하나은행에서 조사한 서울 및 4대 광역시(대전, 대구, 부산, 광주)에 거주하는 40대 소득자 1,000명을 대상으로 2020년 설문조사한 결과를 살펴보자.

소득

- 가구 기준으로 세후소득 : 월 468만 원(중위값 400만 원 / 세금과 4대보험 등 준조세를 모두 제외한 숫자로 순수하게 소비가 가능한 가처분 소득)
- 미혼 : 월 342만 원 / 외벌이 : 월 430만 원 / 맞벌이 : 월 615만 원

지출

- 총지출 : 343만 원(소득의 73%)

　자녀 교육비 : 61만 원(13%) + 그 외 지출 282만 원(60%)

저축 및 투자

- 126만 원(27%)

　예·적금(58%), 저축성 보험(19%), 주식(16%) 등

위 내용을 보면 근로소득의 정점에 있을 40대 가구라고 해도 삶이 그다지 여유가 없다. 특히 외벌이 가구 가장의 경우 상당한 심적 부담에 시달리고 있을 것이다. 교육비는 나날이 늘어나고, 유주택자라면 원리금 상환에 대한 부담, 무주택자라면 올라가는 전월세 가격에 스트레스가 클 것이다. 결국 근본적인 해결책은 소득을 늘리는 것이다. 말처럼 쉽지는 않지만 마음을 굳게 먹는다면 불가능할 것도 없다.

예를 들면 나는 2014년 초 혼자 벌어서는 제자리걸음을 벗어날 수 없다는 생각에 배우자와 돌이 막 지난 아이를 지방으로 보내고 맞벌이를 했다. 지금 생각해 봐도 상당히 과감하면서도 무모하기까지 한 선택이었다. 또한 월급 외 소득(블로그 인플루언서 활동, 네이버 애드포스트 광고 수익, 성과급 등)을 만들기 위해 노력했다. 월급은 물론이고, 현금이 들어오는 수입 파이프라인을 늘리는 것이 중요하다는 생각이 들

었다. 현재 나는 주식 배당주투자로 배당금을 매월 받고 있고 가진 아파트에서는 월세도 들어온다. 지난 10여 년간 어떤 식으로든 소득을 올리기 위해 가능한 방법을 다 동원했고, 다행히도 지금은 외벌이로도 불편함 없이 살 정도의 상황을 만들어 냈다.

직장인은 어떻게 해서든 소득을 올려야 한다. 그 이유는 자명하다. 첫째로, 삶의 질을 높이기 위해서. 둘째로, 자본소득을 만들어 낼 투자금을 늘리기 위해서다. 직장인들의 소비생활은 소득에 정비례한다. 월 400만 원을 버는 직장인이 월 600만 원씩 소비하면서 사는 것은 장기적으로 불가능하다. 하지만 월 1,000만 원을 번다면 600만 원을 소비해도, 400만 원을 저축하거나 투자할 수 있다. 최근에는 승진에 목을 매느니 투자에 더 열을 올리겠다는 사람들도 있지만 근로소득은 근로소득 나름의 중요한 가치가 있으므로 최대한 올려놓아야 한다. 특히 요즘처럼 DSR(총부채원리금상환비율, 모든 금융권 대출의 원리금 상환액을 연소득으로 나눈 비율) 대출규제가 강화되는 시기에는 소득에 비례해서 대출한도가 부여되기 때문에 대출을 받아서 투자하기 위해서라도 소득은 올릴 필요가 있다.

소득을 올리는 네 가지 방법

1. 승진

직장생활의 꽃은 무엇보다도 승진이다. 승진은 단지 월급 얼마가 늘어났다는 것을 의미하는 것이 아니다. 승진은 조직에서 노력한 결과를 공식적으로 인정받았다는 증표다. 또 더 큰 권한과 책임이 주어진다는 의미도 있다. 업종마다 다르지만 호봉제가 아닌 연봉제의 경우 과장 10년 차보다 차장 1년 차가 연봉이 높기 때문에 승진은 소득을 올릴 수 있는 가장 확실한 방법이다. 근로소득은 안정적으로 이어지는 흐름이 있기 때문에 한 번 승진을 하고 나면 퇴사나 이직을 하기 전까지는 그 소득이 유지된다(50대 후반의 임금피크제는 제외). 연봉이 5,000만 원에서 7,000만 원이 된다면, 대출한도 역시 5,000만 원에서 7,000만 원으로 늘어난다. 또한 월 고정소비가 350만 원이라면, 세후 월급이 400만 원에서 500만 원으로 늘어나면 저축 여력은 50만 원에서 150만 원으로 200%나 증가한다.

"승진하면 좋은 걸 누가 모르나요. 안 시켜줘서 그렇지."

"제가 있는 부서는 연공서열이 중요해서 아무리 열심히 해도 제 차례가 오려면 멀었습니다."

"승진해서 돈 조금 더 버느니 퇴근하고 아르바이트를 하는 게 낫겠다는 생각이 듭니다."

개개인의 사정은 모두 다를 것이다. 그런데 위의 세 가지는 몇 년 전 나도 했던 생각이다. 나 역시 승진누락이 되어본 적도 있고 여러 사연이 많았지만 결국 네 번의 승진을 해서 만 40살에 부장이 될 수 있었다.

승진의 비결은 두 가지다. 첫 번째는 '정량적'인 좋은 성과를 내는 것. 두 번째는 '정성적'인 좋은 평가를 받는 것. 요약하자면 일을 잘하는 것은 기본이고, 조직에 헌신적이고 믿음이 가는 사람이 되어야 한다는 것이다. 최근 들어서 MZ세대의 트렌드는 직장에 헌신하느니 재테크에 열중한다는 것이다. 그런데 역설적으로 재테크에 열중하기 위해서는 종잣돈의 수단인 '근로소득'이 기초자산이 된다는 것을 잊어서는 안 된다. 나 역시 그랬지만 금수저가 아닌 이상 처음부터 목돈을 가지고 사회생활을 시작하는 사람은 없다. 그렇다면 근로소득을 최대한 빨리 올리는 게 저축 여력을 위해서든, 대출한도를 늘리기 위해서든 자산레버리지를 일으키는 것의 필수 요건이 된다. 따라서 직장인으로서 20억을 빨리 벌기 위해서는 탄탄한 근로소득을 만들어 내는 게 중요하다.

재테크의 성과와 회사에서의 성과는 크게 상관관계가 없다. 근로소득은 근로소득대로, 투자소득은 투자소득대로 노력해서 둘 다 잘할 수 있다는 뜻이다. 직장인이라면 직속상관이나 관리자의 의중을 잘 파악하고, 조직이 원하는 성과를 달성하는 데 노력을 아끼지 말자. 우리가 직장에서 열심히 일하는 것은 남을 위해서가 아니라 나 자신의 성공과 커리어를 위해서라고 생각하자. 무엇보다 직장에서의 '승진'은 후불제이므로, 먼저 성과를 창출한 후 승진으로 보답 받는다고 생각하자.

2. 맞벌이

수년간 이어진 부동산 가격 폭등의 결과로 이제는 엄청난 초고소득자가 아닌 이상 외벌이 소득으로 서울 및 대도시에 집을 사는 것은 대단히 어려운 시대가 되었다. 최근 들어 비슷한 학력과 비슷한 소득을 가지고 있는 사람들끼리 결혼하는 동류혼이 대세가 되면서 이제는 남자들도 결혼 상대를 볼 때 맞벌이의 여부를 가장 먼저 확인한다고 한다.

실제로 나 역시 외벌이와 맞벌이를 모두 경험해 봤지만, 맞벌이만큼 가장 확실하게 가구소득을 올릴 방법은 없다. 소득이 두 배로 늘어나는 것도 중요하지만 혹시나 있을지 모를 퇴사, 이직, 구조조정의 위기에서도 혼자 버는 것과 둘이 버는 것의 정신적 안정감은 비교할 수 없다. 소득 자체만 따져도 연봉 5천만 원의 맞벌이 부부가 각각 받는 세후 실수령액이 연봉 1억의 외벌이 가장보다 훨씬 많은 것도 그렇고, 외벌이 가장이 혼자 고군분투하는 것과는 달리 빨리 투자금을 확보할 수 있다. 맞벌이가 되면 4대 보험과 퇴직금도 두 배로 쌓이기 때문에 노후준비도 훨씬 수월하다. 물론 외벌이를 할 수밖에 없는 사정이 있는 사람들도 많다. 각자의 상황에 맞게 현실적으로 선택하는 게 중요하다.

나의 경우, 어떻게든 맞벌이를 하기 위해 30대 시절에 지방에서도 살아보고, 친부모님을 모시고 합가해서 살아보기도 했고, 주말부부로 살아보기도 했다. 한마디로 맞벌이를 하기 위해서 할 수 있는 건 다 해 봤다. 그러나 아이가 둘이 되면서 현실적으로 맞벌이가 어려워진 상황도 있고 나의 가정 상황이 맞벌이보다는 외벌이를 하는 게 낫다는 판단이 들어 지금은 맞벌이를 하지 않는다. 또 나가서 돈을 버는 것보다는 자녀 양육과 교육에 집중하고자 하는 배우자의 마음을 존중하기로 했다. 다행히도 그동안의 고생에 대한 보답이 된 건지 투자결과가 좋아서 이제는 혼자 버는 것으로도 생활에 큰 불편함은 없다.

어쨌든 꼭 직장으로 출근하는 맞벌이가 아니라고 해도 네이버 스마트 스토어로 사업을 하거나, 아르바이트, 블로그 인플루언서, 유튜브 방송 등 소득을 올릴 방법은 많다. 직장을 꼭 출퇴근하여 월급을 받는 곳으로 한정하지 말고, 열린 사고를 통해 다양한 방식으로 돈을 벌 수 있는 방법을 강구하여 외벌이가 아닌 맞벌이 형태로 만들어 나가는 것이 좋다.

3. 부업

온라인과 통신, SNS가 발달하면서 꼭 정규직을 가지지 않아도 추가적인 수입을 늘릴 방법이 많이 생겨났다. 이 방법은 외벌이일 경우 일을 나가지 않는 배우자가 해 볼 수도 있다. 유튜브의 경우 최근 가장 인기가 많은 플랫폼이다. 경쟁이 매우 치열하지만 성공 궤도에 오른다면, 그 수입은 웬만한 직장인과는 비교도 안 될 정도다.

유튜브의 경우 크게 세 가지 수익을 낼 수 있는데, 구글 애드센스 광고수익, 제품 노출을 통한 간접광고, 수퍼챗을 통한 후원금 수익 등이다. 물론 직장인의 경우 겸업 금지 위반에 걸릴 수도 있고, 약간의 제약이 있긴 하지만 직장생활을 하지 않는 주부나 프리랜서라면 적극적으로 도전해 볼 가치가 있다.

네이버 블로그의 경우 애드포스트 수입이 매우 짠 편이라 일일 방문자 1만 명이 넘는 블로거라고 해도 월 20만 원 이상을 광고비로 받기 어렵다. 그러나 네이버 블로그의 진가는 광고수입보다는 자기 브랜딩을 이용한 광고플랫폼으로서의 가치다. 즉 강의, 사업플랫폼 확장 등 다양한 수익원으로 이어나갈 수 있는 도구로 사용하는 것이 더 현명하다.

예를 들어 부동산 경매전문가라면, 경매 관련 유튜브, 블로그, 인스타그램을 동시에 운영하면서 수강생을 모으는 수단으로 사용하는 것이다. 반대로 광고비 수익에 집중하는 마케터들은 다음 블로그를 주로 사용한다. 다음 블로그(티스토리)의 경우 구글 애드센스를 이용한 광고를 많이 달 수 있고 숙달된 사람들은 여러 개의 블로그를 운영하면서 월 수백만 원(달러로 지급된다)이 넘는 디지털 노마드Digital Nomad(인터넷과 첨단기기를 사용하여 장소에 구애받지 않고 일하는 사람)의 삶을 살기도 한다.

온라인마케팅의 세계에 나름 발을 깊숙이 담가본 내 경험상 특정 키워드 단어로 상위노출 경쟁을 하고, 끊임없이 글을 올리면서 의미있는 고소득을 얻는 것은 매우 어려운 일이고, 상위 1%의 영역에 들어야 가능하다. 이는 수많은 글과 동영상, 글을 올리기 위한 자료를 수집하며, 그것을 또 편집해서 올리는 등 많은 시간과 에너지를 필요로 한다. 특히 광고비를 많이 벌기 위해서는 블로그를 하나가 아닌 여러 개 운영해야 하는데, 너무 많은 시간을 소비한다는 측면에서 직장인에게는 무리라고 생각한다. 적성에 따라서 부담 없이 부업으로 즐기는 것은 추천하지만, 전업으로 하는 것은 별개의 이야기일 것이다.

온라인 부업 말고도 돈을 벌 방법은 많다. 아는 후배 부부는 지방 대학가에서 여성전용 셰어하우스를 운영한다. 직장생활하면서 모아 놓은 돈과 전대차 임대(월세로 빌려서 다시 월세를 놓는 것)를 통해서 작은 자본으로도 좋은 성과를 내고 있다. 후배는 특유의 싹싹함, 꼼꼼함과 인테리어 감각, 사업 수완으로 월급보다 훨씬 많은 돈을 번다. 당연히 적지 않은 노력이 필요하지만, 기회를 포착하고 집중한다면 직장에 다니면서도 큰 현금흐름을 창출할 수 있다.

4. 배당금, 이자, 월세

자본을 이용한 소득이야말로 진정한 경제적 은퇴를 가능하게 해 준다. 근로소득 이외에도 매달 꾸준한 돈을 내 통장에 꽂아준다는 것만으로도 금액과는 무관하게 상당한 즐거움을 맛볼 수 있다. 초저금리로 인해서 이자소득은 큰 의미 없는 시대가 되었지만, 배당금과 월세소득은 여전히 꽤 괜찮은 수입이다. 직장인의 월급이 400만 원이라고 해도 부동산으로 월세 500만 원을 받는다면 그는 이미 직장인보다는 부동산 임대사업자에 가깝다. 파이어족이 되지는 않더라도, 그들이 어떻게 생활비를 만들어 내는지를 연구하면 직장을 다니면서도 여러 소득을 만들어 낼 수 있다.

가령 말보로 담배로 유명한 회사 미국 배당주 알트리아(MO)는 2021년 10월 13일 기준 47.92$로 매년 3.6$(시가배당률 7.51%)를 배당금으로 지급한다. 그렇다면 단순계산으로 1억 원어치 알트리아를 매수한다면, 세전 기준 751만 원 정도의 배당금(세금 15%로, 세후 약 638만 원)을 매년 받을 수 있다. 월세 투자 역시 원룸 건물, 지방의 중소형아파트, 구분상가 등 지역마다 다르지만 4~6% 정도의 자본소득을 만들어 낼 수 있다. 배당금이나 월세의 경우 어느 정도 자본이 있어야 의미 있는 돈을 만들어 낼 수 있기 때문에 그전까지는 근로소득을 아끼고 모으면서 투자를 병행해 나가는 과정이 필요하다. 단, 배당금이나 월세를 많이 지급하는 투자 대상은 일반적으로 자본차익, 즉 시세상 승이 더딘 편이다. 그래서 통상적으로는 성장주와 시세차익형 아파 트로 자본을 최대한 늘린 다음, 은퇴 직전에 배당주와 수익형 부동산 으로 세팅하는 것이 일반적이다.

물론, 지속적인 직장생활을 병행하며 시세차익형 투자를 통해 더 큰 자산을 일구는 데 미련이 없다면 이른 나이에도 현금흐름 위주 로 자산을 재배치해 은퇴 또는 반퇴가 가능하다. 나는 직장인이라면 소액으로라도 배당투자를 꼭 해 볼 것을 강력하게 권한다. 자본소득 을 경험하면서 근로소득에 대한 재평가가 가능하기 때문이다. 주식 배당투자자들은 오히려 근로소득의 중요성을 더 강조한다. 그 이유 는 배당주라는 눈덩이를 더욱 크게 굴리기 위해서 자본이 무르익을 만한 충분한 시간이 필요하기 때문이다.

소득을 올리는 것은 부자 직장인이 되기 위한 가장 중요한 디딤 돌이다. 매월 몇백만 원이 들어오는 것으로 여유 있는 생활은 가능하 더라도, 부자가 되기에는 충분하지 않은 것이 현실이다. 그러나 투자 는 소득에서 생활비를 뺀 남은 돈으로만 가능하기 때문에 최대한 소 득을 높인 상태여야 공격적인 투자가 가능하다. 똑같이 1억 원을 들 여서 분양권에 투자했다고 해도, 여유자금 1억 원으로 투자하는 것과 빚을 얻어서 투자하는 것은 심리적인 면에서 큰 차이가 있기 때문이다. 각자가 처한·소득 상황과 가정의 상황도 다를 것이다. 이에 부자 직장인이 되기 위해서는 배우자가 있다면 함께 머리를 맞대고 전략적인 토론을 활발하게 해 나가는 것이 좋다. 그리고 월 얼마를 벌고 있고, 얼마를 쓰고 있는지에 대해서 정확하게 파악하고 있어야 하고, 소득을 어떻게 올릴지, 지출을 어떻게 줄일지 끊임없이 고민해야 한다. 물론, 평생 이렇게 살 수는 없다. 하지만 내 경험상 일정 구간 치열한 삶의 과정을 거치고 나면, 절약을 덜 해도 되는 구간이 반드시 온다. 그때부터는 조금씩 소비를 늘리고 저축을 덜 해도 된다. 이미 나 대신 자본이 돈을 벌고 있기 때문이다.

한 가지 강조할 것은 돈을 버는 목적에 대해서 다시 한번 생각해 볼 필요가 있다. 결국 직장인들이 열심히 돈을 버는 이유는 나와 내 가족의 행복을 위해서다. 소득을 올리는 것이 맹목적인 절약과 가족의 희생을 담보로 한 소득증대로 이어져서는 안 된다. 때로는 무리한 투자실패로 인해서 가정이 무너지거나, 설령 돈을 많이 벌었다고 해도 부부간의 신뢰와 애정이 깨져서 이혼까지 가는 경우도 종종 본다. 지나친 절약과 투자는 정서적인 안정감을 해치고, 가정의 화목에 위기가 올 수도 있다는 것을 알아야 한다. 남들과 비교하지 말고, 자신의 상황에서 할 수 있는 범위 내에서 소득을 늘려나가면 된다.

5장

다섯 가지만 알면
누구나 리치 워커가 될 수 있다

골프, 바둑, 장기, 태권도, 피아노, 바이올린 등 세상에 존재하는 스포츠와 기예에 있어 초보와 프로 간에는 현격한 실력의 격차가 있다. 구글 딥마인드의 인공지능 알파고를 이긴 유일한 인간인 이세돌 九단의 바둑 실력은 누구나 인정할 것이다. 어떤 영역이든 '프로'가 된다는 것은 정말 피나는 노력이 필요하다. 당연한 이야기지만, 재테크 역시 고수가 되는 데는 남다른 관심과 노력, 그리고 시간 투자가 필요하다. 그렇다고 너무 큰 부담을 갖지는 말자. 이 책의 독자는 재테크의 세계 1등이 되려는 것이 아니고, 20억을 버는 것이 1차 목표이기 때문이다. 여기서 말하는 재테크의 실력자는 전업투자자가 아닌, 우리와 동일하게 직장을 다니면서 재테크를 하는 리치 워커를 기준으로 삼았다. 일확천금을 벌려고 도박을 한다면 오래가지 못하겠지만, 충분히 공부하고 훈련한다면 누구나 실력 향상이 가능하다.

재테크를 잘하는 사람이라고 해도 처음부터 투자를 잘했던 것은 아니다. 선천적으로 투자 실력을 가지고 태어나는 사람이 몇이나 있겠는가. 관심을 가지고 절실하게 노력하다 보니 자기도 모르는 사이 실력이 늘어난 것이다. 재테크와 기예의 다른 점도 있다. 기예는 어떤 실력의 수준을 가늠할 수 있는 기준이 있다. '태권도 5단입니다', '바둑 아마 1단입니다' 등으로 실력을 확인할 수 있지만, 재테크에는 그런 기준이 없다. 그렇다고 투자실력의 격차가 없는 것은 아니다. 당연히 재테크 역시 초보와 고수는 큰 차이가 있다.

투자 실력이 뛰어난 리치 워커의 다섯 가지 성공법칙

1. 실력

'실력'이라는 것은 한마디로 투자 대상이 '돈이 되는가'를 알아보는 안목이라고 할 수 있다. 여기서 안목이란, 산속에서 도를 닦듯이 생기는 게 아니라 투자에 대한 관심과 생생한 실전 경험, 시행착오, 남다른 상상력과 창의력의 합산을 의미한다. 부동산 투자를 예로 들어보자.

한때는 서울 핵심지역만 오른다고 할 때 서울 외곽으로 투자지

역을 넓히고, 경기도는 안 오른다고 할 때 시흥과 의정부, 남양주의 별내를 산다. 인천은 절대 안 오른다고 할 때 인천의 분양권과 재개발을 사며, 아파트가 아닌 건 어렵다고 할 때 오피스텔과 생숙(생활숙박시설) 분양권을 사는 사람들이 진정한 고수다. 결국 남들보다 폭넓은 안목과 시야, 약간의 상상력과 창의적인 생각, 자신감이 바로 실력인 것이다. 물론 이런 실력이라는 것도 끊임없이 연구하고 공부하고 관찰해야 유지되는 것이지, 자만하거나 공부를 등한시한다면 언제든지 도태될 수 있는 것이 재테크의 세계다.

주식투자의 경우에는 부동산 투자보다 시장의 사이클이 더 빠르고 변동성도 훨씬 더 크다. 각자의 핵심 매매기법이나 스타일을 갈고 닦고 연구해서 최대한 '잃지 않는 투자'를 하는 것이 핵심이다. 즉 한 방에 대박을 노리는 투자가 아닌, 계속해서 수익을 쌓아가고 늘려가는 것이야말로 고수의 특징이라 할 수 있다. 어떤 투자 대상이든 간에 결국 제 가치보다 싸게 사는 게 중요하다는 것인데 어떤 투자 대상이 싸다는 것을 알려면 그 자산의 가치 또는 호재의 가치를 남들보다 빨리 파악할 수 있는 능력이 필요하다. 이 역시 왕도는 없고 끊임없는 연구와 노력이 뒷받침되어야만 경쟁력을 유지할 수 있다.

2. 행동력

리치 워커들은 말로만 이야기하지 않고 실천으로 옮긴다. 아파트 미분양 계약, 오피스텔 청약, 가상화폐 채굴, 주식의 저가매수 등 어떤 것이라도 행동한다는 것이 중요하다. 특정 자산이 오르고 나서 '아, 그걸 사야 했는데…!'라고 후회하는 것이 일반인들이라면, 리치 워커들은 치밀하게 리스크를 계산하고 리스크 대비 수익이 월등히 높다고 확신하면 과감히 투자라는 배로 올라탄다. 물론 이러한 행동력에 실력이 겸비되지 않는다면 '사고만 치는' 사람이 될 수 있다. 실력을 앞서는 행동력은 반드시 큰 손실로 돌아온다는 것을 명심하자.

과감한 행동력은 실력도 중요하지만 마인드의 문제이기도 하다. 대부분 최적의 투자타이밍은 비관이 극에 달해있을 때거나, 안개 속에서 모두가 의심에 차 있을 때인 경우가 많다. 좋은 기회이므로 당연히 싸게 살 수 있지만, 이럴 때 확신을 가지고 투자를 하기란 정말 어렵다. 지나고 나면 최고의 기회였다는 것을 모두가 알고 있지만, 그 당시에는 절대 그런 분위기가 아니었다는 것 또한 모두가 알고 있다. 원래 최고의 기회는 모두가 좋다고 합창할 때가 아니라 의심에 가득 차 있거나, 소수의 예민한 투자자들만 파악할 수 있는 경우가 대부분이다. 2013~2014년의 부동산 침체기에 부동산에 더 투자하고, 2020년 3월의 코로나19 폭락기에 과감하게 주식을 매수한다는 것은 상당한 용기와 확신이 필요하다. 대부분의 신문과 언론은 상황을 과장하는 경향이 있기 때문에 이를 곧이곧대로 믿기보다는 참고만 하고 자기 분석에 따라 움직여야 한다. 모두가 끝났다고 할 때

반대로 기회를 보는 것은 리스크를 떠안더라도 큰 수익을 낼 수 있다는 확신을 가졌을 때만 할 수 있다. 비트코인 역시 가격이 바닥권일 때는 아무도 관심이 없거나 의심에 찬 눈초리로 경계하지만, 가격이 급등하면 모두가 관심을 가진다. 이런 걸 보면 투자는 정말 역발상이고, 앞으로도 분명히 좋은 기회는 계속해서 올 것이다.

나 역시 놓친 기회가 셀 수 없이 많고 아직도 아쉬움이 남는다. 그래도 몇 번의 기회를 행동으로 옮겼고, 좋은 결과를 얻기도 했다. 아무리 투자의 고수라고 해도 승률 100%의 이기는 투자는 불가능하다. 그러나 감당해야 하는 리스크보다 얻는 수익이 월등히 크다고 생각하면 이들은 과감히 행동에 옮긴다. 언제든지 기회가 왔을 때 행동하기 위해서는 항상 투자 대상에 관심을 가지고 뛰어들 준비가 되어 있어야 한다. 아무것도 하지 않으면, 아무 일도 일어나지 않는다.

3. 자금력

투자에는 돈이 필요하다. 좋은 기회도 투자금이 없으면 날려버리는 경우가 비일비재하다. 주식투자의 경우 금액이 적어도 참여의 기회가 항상 있지만, 부동산 투자의 경우는 아무래도 주식에 비해 많은 투자금을 필요로 하기 때문에 좋은 기회가 있다고 한들 현금조달 능력과 대출능력이 없으면 실행하기가 어렵다. 자금력이라는 것은 꼭 본인이 가지고 있는 돈만을 의미하지는 않는다. 신용대출, 주택담보대출 등 합법적으로 빌릴 수 있는 돈이 곧 자금력이다. 정말 자신 있는 기회가 왔다면 과감하게 베팅하기 위해서 은행이나 금융권을 이용하는 건 기본이고, 심지어 부모님 또는 형제들에게 돈을 빌리기도 한다. 물론 이 경우는 일반적이라기보다는 긴급한 경우에 한해서다. 나 역시 가족들에게 돈을 빌리는 것을 매우 꺼린다. 혹시라도 잘못되거나 문제가 생기고 분란의 소지가 생기는 일 자체를 막고 싶기 때문이다. 그러나 냉정한 현실을 말하자면 부모님의 자금력과 형제자매의 자금력 역시 정말 급한 상황에서는 나에게 구원의 밧줄이 될 수 있다. 높아진 대출 규제로 투자가 점점 어려워지고 있고, 비단 투자뿐만 아니라 청약을 위해서나 급전이 필요한 경우 믿을 수 있는 것은 가족뿐이다.

예를 들어 A은행에서 신용대출 만기연장을 하면서 3천만 원을 상환하는 조건으로 연장처리를 해 준다고 한다. 그런데 대출만기는 당장 다음 달인데, 내가 보유한 집의 전세보증금은 4개월 후에나 올려 받을 수 있다. 평소에 가지고 있던 주식은 부동산 잔금을 치르느라 매도해서 현금성 자산이 없다. 그런 경우라면 어떻게 하겠는가? 부모님이나 형제에게 부탁해서 몇 달간 돈을 빌리는 방법밖에 없다. 나의 경우 돈을 빌린 적도 있고, 빌려준 적도 있다. 결국 개인 간의 돈거래도 '신용'에 기반한다는 점을 잊지 말자.

또한 자금력이라는 것은 결국 필요할 때 현금을 조달할 수 있는 능력이다. 즉시 현금화할 수 있는 자산(현금, 주식, RP, CMA) 또는 비교적 현금화가 쉬운 자산(분양권, 소형평형 아파트), 현금화가 어려운 자산(토지, 상가, 대형평형 아파트, 재건축아파트 등)의 비중을 조절해서, 현금이 부족해 긴급한 상황에 대처하지 못하는 일이 없도록 준비하는 것도 고수가 되는 비결 중 하나다.

4. 정보력

똑같은 스펙으로 대기업에 지원한다면, 최대한 많은 기업의 문을 두드려 봐야 더 좋은 기회를 얻을 수 있다. 투자 역시 마찬가지다. 끊임없이 발품을 팔고, 손품을 팔고, 투자 서적을 사서 읽고, 다른 투자자들과 대화하면서 더 좋은 기회를 찾아 나서야 한다. 이제는 투자자들의 실력이 상향 평준화되었기 때문에 남다른 노력이 아닌 이상 시장수익률을 초과해서 돈을 벌기가 점점 힘들어지고 있다. 또한 내가 모르고 있는 정보를 다른 사람이 알고 있는 경우도 있기에 최대한 많은 정보를 얻을 수 있도록 노력해야 한다. 투자에 대한 판단과 결과는 오롯이 본인이 감수해야 할 몫이지만, 의사결정 전 최대한 많은 정보와 선택지가 있다면 최적의 판단을 할 수 있을 것이다.

실제로 최근 몇 년간 투자 정보의 비대칭성이 양극화와 자산 격차를 점점 늘리고 있다. 최근 투자에 성공한 리치 워커들을 만나 보면 하나같이 부지런하다. 돈이 많은 사람이 여유 있게 지낼 것 같지만, 실제로는 돈이 많을수록 더 많은 정보에 목말라하고 더 열심히 사는 것을 보면서 자극을 받게 된다. 또한 투자에 관해서 모르는 것이 있을 때 언제든 전화하거나 만나서 물어볼 수 있는 사람이 있어야 한다. 오피스텔 투자를 한다면 이미 오피스텔을 보유해서 좋은 성과를 거둔 지인이 있어야 할 것이고, 분양권투자를 한다면 분양권매매로 돈을 번 사람에게, 온라인 마케팅을 연구해서 성과를 내고 싶다면 유튜브를 운영하고 있거나 최적화 블로그를 전문적으로 운영하는 사람을 찾아가야 할 것이다.

여기서 중요한 것은 앞서간 사람을 질투하거나 시샘한다면 제자리에서 머무를 수밖에 없다는 사실이다. 내가 자주 했던 말은 "제가 잘 몰라서 그러는데, 이거에 대해서 설명 좀 해주시면 안 될까요?"다. 매몰차게 거절하는 사람도 있지만, 진정성을 보인다면 대부분 호의를 가지고 차근차근 알려 준다. 부자에게 밥을 사라는 격언이 괜히 나온 게 아니다. 가능하다면 거인의 어깨에 올라타는 것이 빨리 실력을 늘릴 수 있는 지름길이기도 하고, 먼저 그 길을 간 선배들의 성공방정식을 빨리 배울 수 있다는 것을 기억하자.

5. 자기객관화 능력

자기객관화 능력은 '메타인지'라는 단어로도 불리는데, 자신의 현재 수준을 스스로 객관적으로 인식하는 것을 의미한다. 다시 말해 있는 그대로 자신을 바라보는 것이다. 내가 왜 그런 생각과 행동을 했는지 복기하는 것으로, 이는 곧 자기 성찰 능력과 같다. 어떤 잘못된 판단을 했거나 실수를 했을 때 그것에 대해서 원인분석을 하고 복기를 하며 다시는 그런 실수를 하지 않기 위한 반성 능력 또한 여기에 포함된다.

어떤 일이 일어나면 우리는 자기 자신을 바라보기보다는 상황을 보거나 다른 사람에게서 이유를 찾아내기 쉽다. 투자에서는 특히 그렇다. 투자의 결과가 좋지 않거나 여러 상황이 어려워지면 자신을 탓하기보다는 남이나 다른 이유를 들어서 원인을 찾고 싶기 때문이다. 진정한 자기객관화란 무엇보다도 어떤 결과에 대한 원인을 남의 탓으로 돌리지 않는 것이다. 비판의 대상을 타인으로 돌리면 당장의 기분은 편할지 몰라도 투자실력은 절대 늘지 않는다. 대신 그 모든 책임을 자신에게로 가져와 자신을 냉철하게 비판할 수 있다면 진정한 고수가 될 수 있다.

자신을 비판할 수 있을 정도의 정신력을 갖추기 위해서는 역설적으로 자신에게 대한 자신감, 자긍심, 신뢰감이 본바탕이 되어 있어야 한다. 사람마다 투자에 대한 리스크 감수성향, 자금력, 인내심 등 상황이 다른데 잘된 사람을 보고 무작정 부러워하고 '나는 왜 그렇게 하지 못했을까' 하며 자책할 필요는 없다. 자신이 잘한 것은 잘한 대로 칭찬하고 인정해 주고, 부족했던 부분은 반성하고 다시금 나아가기 위해서 노력하면 그만이다. 자기 자신에 대한 믿음과 긍정적인 생각, 성찰 능력이 있다면 사람은 성장하는 쪽으로 움직이게 되어 있다. 나 역시 부족함이 너무나도 많은 사람이고, 실수와 실패를 많이 겪었다. 그럼에도 불구하고 지속적으로 성장해 온 것은 나 자신을 있는 그대로 인정하고 받아들이기 때문이라고 생각한다. 그러니 자신의 상황이 좋지 않거나 성취한 것이 크지 않다고 해도, 그것에 대해서 과도한 열등감을 가지거나 자기비하를 할 필요가 전혀 없다.

마지막 성공 궤도에 들어가는 사람은 높은 자신감, 자긍심 위에 자기객관화 능력을 토대로 자신의 투자에 대한 책임을 지며 가는 사람이다. 따라서 이 능력이야말로 투자 고수의 기본 자질이며, 수없이 흔들리고 무너지는 투자의 길에서 끝까지 버티고 이기게 하는 힘이라고 할 수 있을 것이다.

결국은 간절함의 차이

리치 워커라고 해서 남들은 걸어가는데 혼자서 택시 타고 가는 것도 아니고, 특별하게 남들과는 달리 돈을 더 쉽게 구할 수 있는 것도 아니다. 또한 남들은 모르는 특별한 지식이 생기는 것도 아니고, 누가 투자를 도와주는 것도 아니다. 그만큼 더 선택과 집중을 할 뿐이다. 남들이 매물을 두세 군데 찾을 때 열 군데를 찾고, 남들이 한 군데 공모주 청약을 넣을 때 가족 명의로 분산해서 열 개의 계좌로 열 배의 공모주 물량을 잡는다. 결국, 얼마나 더 부지런히 움직이고 행동하고 생각하는가에 달려 있다. 투자를 잘하는 직장인이라고 해도 직장생활의 고됨은 동일하며, 아이 돌볼 시간도 필요하고 두 발 뻗고 자고 싶은 것도 매한가지다. 그러나 돈을 벌겠다는 열정으로 부지런히 움직이는 것이다.

이런 노력이 반복되면서 분석하고 투자하는 것 역시 점점 수월해지고 숙달된다. 분양권 거래를 처음 하는 사람과 수십 번 해 보는 사람은 당연히 노하우가 다를 것이다. 주식트레이딩도 수없이 많은 거래를 해본 사람들은 재료의 가치를 분석하기도 쉽고, 잘못된 매매를 해도 손실에 대한 대응능력 역시 빠르다. 이렇게 노력하려면 당연히 돈을 벌고자 하는 큰 '열정'이 있어야 한다. 아무런 보상도 없이 큰 에너지를 계속해서 쏟는 것은 불가능하기 때문이다. 최근 리치 워커가 많이 탄생한 것은 이들의 '열정'이 투자로 향했기 때문이다. 밤새 학업과 취업준비를 위해 쓰던 에너지가 부동산 투자, 미국주식투자 등 여러 가지 돈이 되는 곳으로 쏠리므로 더 빠른 속도로 성과를 얻는 것이다.

쉽고 편하면서 안전한 고수익은 없다. 그리고 직장인의 업무 환경이 이런 노력을 소화해 내기 어려울 수 있다. 그런데 내가 아는 좋은 성과를 낸 투자자들은 대부분이 직장인이고, 큰 성공을 거두고 경제적 자유를 얻어 퇴사한 사람들 역시 직장인 출신이었다. 당연히 직장생활도 잘하면서 투자를 잘하기 위해서는 그만큼 더 많은 열정과 부지런함이 필요하다. 건강에 관심이 많은 사람이 다이어트를 위해서 매일 2시간 이상 열심히 운동을 하는 것처럼 그들 역시 매일 일정한 시간 투자에 관심을 두고 공부한다. 전화도 못 받을 정도로 바쁜 임원급이 아닌 이상, 직장인이라면 누구나 투자 공부를 할 시간은 만들어 낼 수 있다.

이처럼 리치 워커는 타고나는 것이 아니라 만들어지는 것이고, 투자의 좋은 기회는 앞으로도 엄청나게 많이 올 것이다. 그 기회를 알아볼 수 있는 실력을 만들고, 연구하고, 자금력과 정보력을 갖추며 자기객관화 능력까지 겸비하여 리치 워커에 한 걸음 내디뎌 보자.

RICH WORKER 리치 워커 잠재력 테스트

직장과 재테크 모두 좋은 성과를 얻는 리치 워커의 잠재력을 테스트해 보자.
YES라고 답한 것에 1점, NO라고 답한 것은 0점으로 계산하면 된다.

	YES	NO
1. 나는 나의 자산과 부채, 순자산을 정확히 파악하고 있다.		
2. 연봉이 물가상승률 이상으로 지속적으로 늘고 있다.		
3. 근로소득 이외의 수입이 있다.		
4. 관심을 갖고 구독하는 경제 유튜브 채널이 있다.		
5. 최근 몇 년간 순자산을 꾸준히 늘려가고 있다.		
6. 투자를 잘하는 지인을 여럿 알고 있으며, 정보를 공유한다.		
7. 경제신문을 구독하거나, 기사를 읽고 있다.		
8. 재테크 서적을 매년 5권 이상 읽는다.		
9. 뉴스를 있는 그대로 믿지 않고, 비판적으로 해석할 수 있다.		
10. 직장에서 인정받고 있으며, 자신만의 특기가 있다.		
11. 자본소득 못지않게 근로소득을 올리는 데도 관심이 많다.		
12. 조금씩이라도 다양한 투자를 경험해 보려고 노력하고 있다.		

0~4점   재테크에 대한 많은 관심이 필요합니다. 지금이라도 늦지 않았습니다.

5~7점   기본적인 재테크 마인드는 갖춰져 있습니다. 조금 더 노력해서 리치 워커의 길을 걸어 봅시다.

8~10점   이미 투자형 직장인으로 리치 워커가 되고 있습니다. 이대로만 해도 충분합니다.

11점 이상   완벽합니다! 경제 경영서를 출판해 보는 게 어떨까요?

RICH WORKER

RICH

남들이 가지고 싶은
부동산을 선점하라

부동산편

WORKER

완벽한 기회를 선택하기 위해 너무 많은 시간을 낭비하지 마라.
그러다 보면 진짜 좋은 기회를 놓치게 된다.

- 마이클 델

1장

왜 한국에서는 부동산 투자가
최고의 재테크인가?

2022년 1월 현재 나는 서울의 재건축, 성남의 재개발, 평촌의 오피스텔 분양권, 지방의 아파트 등 여러 채의 투자물건을 보유하고 있다. 부동산 전문투자자들이 보기엔 대단치 않은 수준이지만, 10년 전 보증금 1,000만 원에 월세 55만 원짜리 15평 아파트에 살던 때를 생각해 보면 엄청난 발전이다. 그리고 이 발전은 아직 완성이 아니라 현재진행형이다. 여기서 중요한 건 내가 부동산으로 이렇게 돈을 벌게 될 줄은 전혀 몰랐다는 사실이다. 그리고 부동산은 확실히 '한국'에서는 중요한 재테크 수단이다.

"사람을 낳으면 서울로 보내고, 말을 낳으면 제주도로 보내라"는 속담이 있다. 이를 조금 바꿔서 이야기한다면 "미국에서 재테크를 하려면 주식을 사고, 한국에서 재테크를 하려면 부동산을 사라!" 가 될 것이다. 실제로 대한민국의 부동산 사랑은 남달라서 통계청 자료에 따르면 1가구 기준으로 보유자산의 75% 이상이 부동산으로 구성되어 있다. 실제로 부자가 된 사람 중 주식으로 돈을 번 사람들보다 부동산으로 부를 증식한 사람들이 압도적으로 많다. 한마디로 대한민국은 부동산 없이 부자 되기는 정말 힘들다. 적금과 절약으로는 꿈쩍도 하지 않았던 재산이 서울, 수도권, 광역시에 실거주 한 채의 아파트를 등기를 치는 순간 꿈틀거리기 시작해서, 드디어 재테크의 열차가 달리기 시작하는 것이다.

나뿐만 아니라 최근 몇 년간 자가自家 한 채만으로 오른 금액이 수천만 원에서 많게는 수억 원인 사람들이 부지기수다. 반대로 내 집 한 채 없이 전세를 살며 열심히 적금만 부었던 사람들에게 최근 몇 년은 악몽과도 같은 시간이었을 것이다. 그들은 열심히 저축하면서도 "벼락거지"라는 불편한 단어를 의식할 수밖에 없었을 것이다. 이는 2008년 금융위기 이후 세계적인 자산시장의 패러다임의 변화와 직결된 문제다. 즉 심각한 위기를 타개하기 위해서 제로금리에 돈을 무한정 찍어내는 방식으로 경기부양책을 펼쳤기에 현금성 자산의 가치는 폭락하고 자산인플레이션 현상이 세계적으로 심화한 것이다.

최근 대한민국의 부동산 강세는 여러 이유가 있지만 가장 큰 이유는 자산인플레이션 효과다. 역사적으로 부동산은 인플레이션에 강하다. 아무리 통화량이 늘어도 입지가 좋은 곳은 한정되어 있기 때문에 정부의 화폐 발행으로 인한 인플레이션을 피해갈 수 있다. 조금 어려운 말로 세뇨리지[2], 즉 국가는 발권력을 동원해서 돈을 찍어낼 수 있기 때문에 주조차익[3]을 얻으려는 유혹에 끊임없이 빠진다. 정치인들은 인기를 얻기 위해 이슈가 있을 때마다 돈을 찍어내서 푸는데 이를 말릴 사람들은 없다. 이런 일이 점점 심해질수록 현금성 자산을 들고 있는 사람들은 점점 그 구매력이 줄어들게 되는데 그것을 방어해 주는 것이 부동산이다. 유명 부동산 강사인 아기곰님의 이야기 중 "부동산은 자산을 담는 그릇"이라는 문구가 있는데 말 그대로 대한민국에서 부동산은 직장인은 물론 부자들의 보물을 담는 창고 역할을 한다.

당신에게 갑자기 100억 원이 생긴다면 어떻게 할 것인가? 일단 꼬마빌딩 하나 사고, 강남아파트를 하나 산 다음 주식과 채권, 예금의 금융자산을 일부 구성할 것이다. 그러고 나서 좋은 차를 한 대 사고 약간의 플렉스(명품 쇼핑 등)를 즐기는 것이 대다수 직장인의 생각일 것이다. 반면 '100억을 현금으로 쥐고 있겠다', '전부 주식을 하겠

---

2 화폐 주조로 얻는 이익으로, 국제통화(달러)를 보유한 국가, 즉 미국이 누리는 경제적 이익을 프랑스어로 '세뇨리지'라고 한다(출처: 매일경제용어사전).

3 화폐 발행을 통하여 정부가 얻는 이익을 말한다.

다' 등 이런 이야기를 하는 사람은 없다. 실제로 과거에는 연예인들이 큰돈을 벌면 사업을 했지만 지금은 서울의 빌딩을 산다. 인기가 떨어져서 수입이 갑자기 줄어도 서울의 빌딩과 아파트는 굳건한 수요를 유지한다. 그 이유는 굳이 장황하게 설명하지 않아도 된다. 대한민국에서 부동산은 '준 안전자산'이기 때문이다.

서울 아파트는 왜 비쌀까?

얼마 전 강남 개포동 자이 아파트에 무순위 청약 발표가 있었다. 이 아파트의 84㎡ 시세는 30억이고 분양가는 15억이다. 당첨만 되면 15억의 안전한 시세 차익이 생기는 것이다. 33평은 특히 경쟁률이 높아 약 12만 명의 청약 신청자가 몰렸고, 1975년생 남성에게 그 행운이 돌아갔다. 당첨자들에게는 기쁜 일이지만 이 뉴스를 접한 사람들에게는 의문이 들곤 한다. 대한민국의 아파트는 왜 이렇게 비싼 걸까.

사실 대한민국의 집값은 비쌀 수밖에 없다. 국토는 좁고 인구밀도는 높으며 국민소득도 상위권이고 경제규모는 2020년 기준 세계 10위 수준이다. 게다가 안 그래도 인구밀도가 아주 높은데 그 많은 인구의 절반이 넘는 약 2,600만 명이 수도권(서울, 인천, 경기도)이라는 손바닥만한 지역 안에서 살고 있다. 더구나 수도권 집중화 현상은 점점 가속화된다. 2000년만 해도 수도권의 인구비율은 46%에 불과했다. 그러나 통계청 자료에 의하면 수도권의 인구는 2019년 50%를 돌파했고 이 비율은 매년 늘어나고 있다.

대한민국은 서울 공화국이다. 서울에는 대기업의 본사, 모든 명문대학, 청와대, 사법부, 국회(행정부는 세종특별시)가 있으며 서울은 명실상부한 문화와 교통, 교육의 중심지다. 이러한 수도권, 특히 서울 집중현상은 앞으로도 더욱 가속화될 것이다. 향후 인구가 감소하고 도시화율이 높아지면서 서울과 경기도 핵심지의 아파트는 앞으로도 가격이 계속해서 오를 수밖에 없다. 특히 가장 사용가치가 높고 대기수요가 탄탄한 서울 역세권 중소형 아파트는 급등 이후 일시적인 조정은 있을 수 있지만 장기적으로 집값이 오를 것이 분명하다.

반대로 경기도 외곽의 중대형 평수는 시세 상승에 어려움을 겪을 것이다. 또한 지방 광역시와 일부 핵심도시를 제외한 지방 중소도시는 조금씩 빈집이 늘어나게 된다. 그 이유는 일자리와 인프라가 수도권과 광역시에 모이는 현상이 점점 가속화되고 있기 때문이다. 대한민국은 모든 인프라와 인적 자원이 서울을 떠받치고 있는 구조다. 지방자치제가 강한 일본, 독일이나 국토가 50개의 주로 나눠진 미국과는 전혀 다른 시스템이다.

서울 아파트 폭등에는 열 가지 이유가 있다

서울의 집값은 6·25전쟁 이후 항상 우상향해 왔다. 그러나 신도시 200만 호가 공급된 1990년대의 안정기와 2008~2014년의 서브프라임 모기지 금융위기 이후의 암흑기는 우리에게 오해를 불러일으켰다. 자본주의의 특성상 부동산의 가격은 꾸준히 우상향하는 것이 아니고 상승 사이클과 하락 사이클이 반복되는데, 2013년의 부동산 시장 바닥은 하락 사이클의 정점이었다. 일시적으로 하락하는 시기, 전세가 안정된 시기를 경험하면서 '원래 집값은 거품이고 이제 안 오를 거야'라는 오해가 굳어진 것이다. 공무원의 임금이 인상되고, 대기업의 수출이 늘어나며, 국민소득이 늘어나는 등 발전하는 대한민국이라면 서울 집값은 오른다. 반대로 베네수엘라나 짐바브웨처럼 정치와 경제가 완전히 망가진다면 집값은 내릴 것이다. 즉 서울 집값은 대한민국의 성장에 비례한다. 지금 서울과 수도권에 집을 사는 사람들은 대한민국, 그중에서도 서울이 좋아질 것에 베팅하는 것과 마찬가지다. 실제로는 경제성장이 없어도 화폐가치의 하락에 의한 인플레이션으로 자연스럽게 아파트는 오른다. 그런데 많은 전문가가 지적하는 것과 같이 아래에 열거한 열 가지 이유로 아파트의 가격은 상승이 아니라 폭등하게 되었다.

1. 제로 가까이 내려온 초저금리

2. 지속적인 경상수지 흑자

3. 재개발과 재건축 규제

4. 코로나19로 인한 화폐발행 급증으로 인한 인플레이션

5. 점점 옥죄는 대출규제로 인한 불안감 고조

6. 청약가점제로 인한 30대 부부의 패닉바잉 현상

7. 임대사업자제도로 인한 매물 잠김 현상

8. 임대차 3법 강행

9. 다주택자의 양도세 중과세 정책

10. 국민소득 증가에 따른 사람들의 높아진 눈높이

서울은 새 아파트를 지을 빈 땅이 없다. 그런데 소득은 전국에서 가장 높다. 소득이 높은 만큼 신축아파트에 대한 수요가 매우 높기 때문에 강남이 아니라고 해도 이제는 어떤 지역이든 역세권 신축 33평 대단지 아파트는 10억을 훌쩍 넘는다. 더구나 소득수준이 높아지면서 집을 보는 눈높이도 10년 전, 30년 전에 비해 비교도 할 수 없이 높아졌다. 그러나 눈높이에 맞는 신축아파트는 각종 규제로 인해 점점 줄어간다. 특히 25회나 되는 정부의 규제정책은 안 그래도 오를 수밖에 없는 부동산시장에 불에 기름을 끼얹듯 악영향을 미쳤다.

정부는 수요억제책으로 부동산의 심리를 잠재울 수 있을 것이라 오판했다. 누구나 돈을 벌면 더 크고 좋은 집, 더 쾌적한 환경에서 살고 싶은 게 정상적인 사람의 마음이다. 그런데 사람들이 원하는 아파트는 점점 귀해지고 내 집이 될 가능성이 없어 보이니 매물은 씨가 마르고 가격은 폭등한다. 국민소득 3만 불 시대의 눈높이에 맞는 신축아파트는 수도권에서 점점 귀하고 희소성이 생기니 그에 걸맞는 프리미엄을 주고서라도 사려고 한다. 이것이 과연 거품일까?

거품과 프리미엄은 다르다. 거품은 시간이 지나면 꺼질 수밖에 없지만 프리미엄은 고소득 시대가 되면서 더욱 높아진다. 학생들이 가고 싶은 대학교가 정해져 있는 것처럼, 직장인들이 원하는 아파트는 정해져 있다. '역세권이면서 학군이 좋은 대단지 신축 브랜드 아파트'다. 같은 서울의 아파트라고 해도 구축보다는 신축이, 서울 외곽보다는 강남이 본연의 가치도 크지만 프리미엄의 가치도 크다.

향후 서울 핵심지 신축아파트의 프리미엄의 가치는 더욱 높아질 것이다. 이제는 어디에 사느냐가 곧 신분을 상징하는 시대가 되어가고 있기 때문이다. 주택보급률 100%가 중요한 게 아니고 '사람들이 원하는 집'이 부족하다는 것이 중요하다. 국민소득 3만 달러 시대가 되면서 '양보다는 질'의 시대가 되었다. 부동산 불패론을 외치는 것이 아니다. 향후 양극화가 심해지면서 사람들이 원하는 위치에 있는 신축아파트는 오를 때 더 오르고 내릴 때 덜 내린다. 어떤 자산이든 완전히 안전한 것은 없고 가격 조정의 가능성은 있다. 그러나 이런 상황이 이어진다면 당분간 부동산의 강세는 이어질 것이다. 다주택자들이라면 가격 조정 리스크를 감수하더라도 핵심지의 아파트는 보유하면서 버티고 다른 물건을 정리할 가능성이 크다.

인구가 줄어도 수도권 집값은 오른다

10년 동안 부동산 폭락론자들이 우려먹은 이야기가 있다. 인구가 줄면 수도권 집값도 폭락한다는 얘기다. 그런데 그들 말처럼 인구가 줄어들어 집값이 내리려면 세 가지 전제조건이 필요하다.

첫 번째로는 한 가구가 한 집만 가지고 있다는 전제다. 그러나 이제는 부자의 경우 여러 채를 소유하며 별장처럼 사용하는 경우가 늘어난다. 바닷가를 끼고 있는 속초, 강릉, 부산 등이 이에 해당한다. 우리나라뿐 아니라 전 세계적으로 볼 때도 소득이 늘어날수록 세컨하우스의 수요는 늘어난다는 걸 알 수 있다. 지방과 서울을 오가는 사업가도 이에 해당할 것이다. 실제로 지금은 규제로 인해서 막히고 있지만, 집을 여러 채 사는 사람들은 대부분 고소득자라는 점을 감안한다면 가치저장의 수단인 '집'의 대기 수요는 여전히 풍부하다.

두 번째로는 집이라고 해서 같은 집이 아니라는 것이다. 모두가 똑같은 집을 가지고 있다는 조건하에 인구만 줄어든다면 집값은 당연히 내려갈 것이다. 그러나 집값은 강남의 신축아파트부터 시골의 폐가까지 아주 큰 스펙트럼을 가지고 있다. 즉 사람들이 가지고 싶은 집은 여전히 비싸진다. 마치 학생 수가 줄어들어도 명문대 입시는 점점 더 어려운 것과 마찬가지다.

세 번째로는 1인당 모두 동일한 면적에서 살고 있다는 전제다. 과거에는 방 한 칸에서 네다섯 명이 사는 경우도 흔했지만 지금은 30평대 아파트에서 혼자 사는 경우도 많다. 나도 아주 어린 시절 단칸방에서 다섯 식구가 살았던 아련한 기억이 있다. 지금은 중형 아파트에서 4인 가구로 살고 있다. 30년 전과 지금을 같은 조건으로 비교해서는 안 된다. 30년 전의 자동차와 지금의 자동차를 같은 성능, 같은 가격이라고 생각해서는 안 되는 것과 같다. 또한 가구 분화의 경우 2021년 행정안전부의 발표에 따르면 1인 가구의 비율은 이미 39.7%나 되고 1~2인 가구의 비율이 전체의 63.4%나 된다. 평균 세대원수가 2.22명에 불과하다는 점을 감안하면, 대가족의 시대는 끝난 지가 오래고 중대형 평수가 인기를 끌기는 어렵다는 것을 반증한다(단, 일부 고소득층 밀집 지역은 예외). 향후 저출산 기조와 이혼율의 증가, 1인 가구의 증가 트렌드는 가구 수의 증가를 이끌고, 이는 더 많은 주택의 수요를 의미한다.

인구의 감소와 가구 수의 증가는 양극화 현상을 만들어 낸다. 일자리와 인프라가 있는 수도권으로 인구가 몰리면서 수도권은 점점 더 견고한 상승세를 이어가지만 인구가 줄어드는 지방 중소도시는 존속 자체를 고민하게 된다. 즉 전국적으로 인구가 줄어도 수도권 쏠림현상은 더 가속화되기 때문에 수도권 집값은 오를 수밖에 없다.

대한민국에서 부동산보다 쉬운 재테크는 없다

돈은 최대한 쉽게 버는 것이 좋다. 어렵게 벌든, 쉽게 벌든 돈은 똑같은 돈이다. 단, 돈을 힘들게 번다면 돈을 벌어서 부자가 되기는 더 힘들어진다. 사람의 체력과 정신력에는 한계가 있기 때문이다. 직설적으로 이야기하자면 수도권과 5대 광역시의 신축아파트 투자가 직장인 재테크의 핵심이다. 모두가 알고 있는 내용일 수도 있지만 다시 한번 강조한다. 아파트로 돈을 버는 것이 대한민국에서 가장 수월한 재테크다.

가격이 이미 많이 오르긴 했지만 앞으로도 유망한 투자처는 부동산이고, 신축과 향후 신축이 될 투자처(재개발, 재건축, 분양권 등)라는 것을 명심하자. 부동산 투자 성공의 첫 번째는 '시장을 존중하는 것'에서 출발한다. 간단한 팁을 정리하면 이렇다.

첫째, 지방보다는 경기도가, 경기도보다는 서울이 집값이 비싸고, 서울에서는 강남이 제일 비싸다. 이것을 인정하고 받아들이자.

이유에 대해서는 앞에서 충분히 설명했으므로 이해했으리라 믿는다. 지방에 아무리 좋은 대학교가 생겨도 대한민국 최고 대학이 서울대학교인 사실은 쉽게 바뀌지 않는다.

둘째, 모든 사람은 여유가 있다면 새 아파트에서 살고 싶어 한다. 단, 사정에 의해서(가격이 너무 비싸다거나 신축공급이 없다거나) 신축이 아닌 구축 또는 아파트가 아닌 곳에서 살고 있을 뿐이다. 신축선호 현상은 과거에도 심했지만 향후 더 심해질 것이다. 과거에는 돈을 벌면 집의 크기를 늘리는 게 일반적이었다. 1990년대만 해도 한집에 식구가 네다섯 명, 많으면 여섯 명 정도(조부모를 모시고 사는 집)가 살았기 때문에 20평대보다는 30평대, 30평대보다는 40평대를 선호했다. 그러나 맞벌이 부부와 아이 한 명 정도가 표준 세대가 된 지금은, 큰 집보다는 더 새것 또는 더 좋은 입지를 선호한다. 즉 3명이 사는 집에서 굳이 평수를 넓혀 갈 의지보다는 신축아파트, 상급지로 이동하려는 수요가 늘어나게 되는 것이다.

셋째, 아파트 재테크의 핵심은 인플레이션 이상 오를 수 있는 아파트를 보유하는 것이다. 10년간 물가가 30% 올랐다고 할 때, 내가 가진 집값이 20% 올랐다면 과연 집값이 오른 것일까? 실질적으로는 10% 손해를 본 것이다. 대출받아서 집을 샀을 때 이자 비용을 감안해서 자산을 증식하려면 물가상승 이상 오르는 아파트를 가지고 있어야 한다. 그것이 신축 또는 신축될 아파트다. 물론 입지가 나쁜데 집만 새 아파트인 경우 땅값이 오르는 속도는 더디고 건물의 감가상각 속도는 빠르기 때문에 장기적으로는 인플레이션을 못 이길 수도 있다. 입지와 신축의 우열을 가리기는 어렵다. 굳이 고르자면 입지가 더 중요하다고 할 수 있지만, 사람들의 선호도는 점점 신축쏠림 현상이 심해지고 있는 것이 최근 트렌드다. 장기적으로는 입지가 좋은 곳의 땅값이 계속 오르고 건물은 낡아서 감가상각 되기에 입지를 선택하는 것이 옳은 선택이지만, 사람들의 삶 자체도 유한하기 때문에 당장 살기 좋은 신축을 선택하는 수요도 무시해서는 안 된다. 하나의 재테크 전략은 입지가 약간 열위에 있는 신축아파트를 먼저 얻은 다음 입지가 더 좋은 구축으로 갈아타는 것도 좋은 방법이다.

누군가 그랬다. "대한민국 부동산은 끝났다"라고. 그러나 나는 자신 있게 말할 수 있다. "대한민국 부동산은 끝나지 않는다"라고. 오히려 아파트로 돈을 버는 것에 대한 부정적인 편견만 먼저 없앨 수 있다면 이보다 쉬운 재테크는 대한민국에서 찾을 수 없다. 대부분 이 편견을 깨는 데 수많은 시간을 투자한다. 그러나 이 책을 집어든 당신의 목표는 이미 세워졌다. 부자가 되기 위한 1단계, 20억을 만드는 것이다. 20억을 벌고자 하는 투자형 직장인에게 '부동산' 재테크는 필수다. 그러니 부동산에 대한 편견을 과감하게 덜어내길 바란다. 지금 이 단계에서 머뭇거리기엔 인생이 너무 아깝다.

📑 **STUDY POINT**

1. 경기도(인천 포함) 안에는 대한민국 인구의 절반 이상이 산다. 모든 것이 수도권에 집중된 대한민국에서 수도권 신축 투자는 가장 안전하고 수월한 투자다.

2. 부동산 가격은 수많은 실수요자와 투자자들의 의사결정의 합이다. 사람들이 무엇을 원하는지 알아야, 초과 수익을 낼 수 있다.

3. 부동산은 자산을 담는 그릇으로 통화량 증가를 가장 확실하게 방어할 수 있는 수단이다.

4. 신축은 예전에도 선호되었지만 향후 수도권 신축의 가치는 점점 더 높아진다.

2장

서울 아파트 이럴 때 폭락한다

폭락론자들이 외치는 서울아파트의 거품론은 항상 반복된다. 사람들이 상승론보다 하락론에 더 귀가 솔깃하고 흥미를 보이는 이유는 그만큼 자극적이기도 하고 흥미로운 주제이기 때문이다. 특히 미처 내 집 마련을 못한 무주택자의 입장에서는 폭락이 와야 매수를 하겠다는 심리가 강하므로 심정적으로 폭락론에 더 마음이 갈 수밖에 없다.

앞에서 서울 아파트 폭등의 원인 열 가지에 대해서 이야기했다. 몇 년 전만 해도 서울 아파트가 이렇게 급등할 것이라 예상한 사람은 많지 않았다. 오히려 일본식 인구 감소와 비관론이 그 시대의 기류였다. 그런데 왜 갑자기 몇 년 만에 이렇게 상황이 바뀐 것일까?

특정한 자산이 오르는 데는 오르는 원인이 있고, 내리는 데는 그만한 이유가 있다. 지금 주거용 부동산의 상승세는 서울에만 해당하는 것이 아니고 전 세계적인 현상이다. 개방경제체제이며 외부변수에 민감한 대한민국의 특성상 세계적인 자산버블의 시기에 혼자서만 동떨어질 수 없기 때문이다. 주식시장뿐만 아니라 부동산시장 역시 세계적으로 동조화되고 있는 것이 현시대의 트렌드다. 언젠가 서울 아파트 역시 상승세가 꺾이고 조정 또는 하락장세가 올 것이다. 서울 아파트 폭등의 원인이 해소된다면 폭락까지는 아니더라도 상승폭이 둔화하거나 하락조정(고점대비 15~20%정도 하락)은 가능할 것이다.

그러나 상승폭을 일부 되돌리는 조정은 가능하더라고 폭락 자체는 어렵다. 달러를 기반으로 한 화폐경제시스템에 대한민국도 편입되어 있기 때문에 달러가 늘어나면 자연스레 집값도 오르게 된다. 따라서 중장기적으로 서울 아파트 가격은 우상향할 수밖에 없다. 그러나 여전히 부동산 폭락론에 관심을 보이는 사람들이 많다. 그래서 서울 아파트 폭락의 조건에 대해서 좀 더 구체적으로 적어 보겠다.

서울 아파트 폭락의 여섯 가지 조건

1. 서울 내 아파트의 엄청난 대량 공급

앞에서도 언급했듯이 서울 안에는 아파트를 지을 빈 땅이 없다.

그러나 굳이 억지로라도 지으려면 못할 것도 없다. 이명박 정부 때처럼 그린벨트를 풀고 서울 요지에 새 아파트를 수십만 채 반값으로 공급하면 된다. 예를 들어 북한산과 남산을 깎아서라도, 중랑천과 청계천을 덮어서라도, 작정하고 아파트를 지으려면 지을 수는 있다는 말이다. 그러면 사람들은 아파트 매수를 멈추고 반값 아파트를 청약하려고 기다릴 것이다. 심지어는 기존 1주택자들조차도 오른 집을 팔고 다시 반값 아파트를 받기 위해서 무주택자가 될 것이다. 너도나도 집을 팔고 싶어 하니 매물이 쌓일 수밖에 없다.

또 재건축, 재개발의 모든 규제를 풀어 주고 층고 규제도 완화하며 오히려 장려해 준다고 생각해 보자. 용적률을 1000%까지 올려 주고 50층까지 올릴 수 있게 하며, 무제한으로 더 많은 아파트를 지을 수 있게 해 준다고 하자. 그러면 서울아파트 가격은 급격한 하락조정을 보일 것이다. 물론 몇천 채 정도가 아니라 수십만 채를 융단 폭격하듯이 공급한다는 가정이 중요하다. 즉 물량 앞에 장사 없다고, 현재 서울 아파트 폭등의 원인은 공급 부족이었기 때문에 이 만성적인 공급 부족을 일거에 해소한다면 집값이 오르려야 오를 수가 없다. 물론 지금 쓴 이야기가 현실화될 가능성은 거의 없다. 그린벨트를 푸는 것도, 반값 아파트를 공급하는 것도, 재건축 재개발 규제를 완전히 없애는 것도 여러 가지 정치적 이유와 복잡한 이해관계로 인해 현실적으로 불가능하다는 것이다.

2. 양도소득세 중과 폐지

새 아파트를 짓는 것만으로는 서울 내 빠른 공급이 어렵다. 그렇다면 기존의 매물을 늘리는 것도 하나의 공급이라고 할 수 있다. 집이 한 채 있는 사람이 한 채를 팔고 무주택이 되기란 현실적으로 쉽지 않으므로 다주택자들의 매물을 쏟아내게 해야 한다. 그러기 위해서는 그들에게 당근을 제시하면 된다. 한마디로 양도세 중과를 폐지하고 일반과세로 팔게 하면 된다. 물론 여기서부터 많은 비판이 쏟아질 것이다. 예를 들면 '투기꾼들의 시세차익을 도와주는 것 아닌가요?' 등의 비판. 맞다. 다주택자들에게 빠져나갈 구멍을 주는 것이다. 하지만 정말 집값을 잡고 싶다면 반드시 필요한 정책이다.

전국이 아닌 서울통계만 살펴보자. 통계청의 발표에 의하면 2018년 기준 서울 주택 2건 이상을 소유한 개인은 38.9만 명에 이른다. 물론 이 집들은 사람들이 그토록 원하는 신축 역세권 아파트뿐 아니라 허름한 다세대나 오래된 빌라도 포함된다. 하지만 서울에 집이 여러 채인 사람은 분명 적지 않은 수가 존재한다. 다주택자의 비율이 적다고 해도 이들의 매물이 시장에 나오면 반드시 영향을 준다. 최근 보유세 강화 트렌드에 따라 임대사업자가 아닌 경우 고가주택 2채 이상을 가진 사람에게는 어마어마한 종부세를 부과하고 있다. 이들에게 퇴로를 열어 준다면 아파트 역시 분명 적지 않은 매물이 나올 것이다. 예를 들어, 15억짜리 아파트의 양도세 중과가 폐지되면

13억, 12억에도 팔려는 사람들이 나올 것이고 다주택자들은 수익을 실현하고 빠져나가겠지만 집값은 매물이 쌓이면서 하향 안정화될 수밖에 없다.

그러나 25회 이상 '규제 일변도'로 시장을 조여 왔던 정책을 한 순간에 뒤집기란 불가능하다. 정권이 바뀐다 한들 다주택자는 소수고 무주택자와 1주택자는 다수기 때문에 '국민정서법'을 해치는 양도소득세 중과 폐지를 시행하기는 쉽지 않다. 정작 역사적으로 다주택자에 대한 세금규제가 없었던 시기는 97년 외환위기 이후 건설사 부도와 미분양의 골에 시름이 깊었을 때와, 2013년경 재고주택이 첩첩산중으로 쌓여서 미분양 해소가 불가능할 때였다. 즉 부동산경기가 나쁠 때는 다주택자를 장려하는 정책을 내고, 집값이 폭등할 때는 다주택자들이 문제라며 비난받게 되는 현상이 반복되어 온 게 한국 부동산정책의 현주소다. 경기가 안 좋을 때 집을 추가로 더 살 여력이 있는 것도 다주택자들인 경우가 많다. 그러니 이들을 이용해서 경기를 부양하려는 것이다. 언젠가 주택시장에 깊은 침체기가 온다면 '역사는 반복된다'고 다시 양도소득세 중과 폐지 정책이 나올 가능성도 있다. 그러나 여러 가지 정치적 상황으로 인해 단기적으로 획기적인 규제 완화책은 어려워 보인다.

3. 임대차 3법 폐지

2020년 4월 15일 있었던 국회의원 선거에서 더불어민주당은 180석이라는 압도적인 의석수로 총선 대승을 거뒀다. 과반수가 훨씬 넘는 의석을 얻고 자신감을 얻은 민주당은 많은 학자와 전문가의 부작용에 대한 우려와 반대에도 불구하고 임대차 3법을 추진했다. 결국 2020년 7월 말 전·월세신고제, 전월세상한제, 계약갱신청구권제 등을 핵심으로 하는 임대차 3법은 강행처리 되었다. 임대차 3법의 내용 중 중요한 부분은 전월세신고제가 아니고 두 번째와 세 번째에 해당하는 전월세를 재계약시에 5%만 올릴 수 있는 상한제, 그리고 2+2년으로 세입자가 원하면 2년간 5% 오른 금액으로 전월세를 연장할 수 있다는 내용이다.

세입자의 실거주를 보호하고 급격한 임대료 인상을 막겠다는 정권의 취지는 좋았지만, 결과는 그 반대였다. 먼저 반드시 기억해야 할 것은 전세와 월세를 공급하는 것은 다주택자들이라는 것이다. 집이 한 채 있으면서 그 집을 세주고 다른 집에 세 들어 사는 1주택자도 있지만 그런 경우는 일반적이지 않고 통상적으로 집이 여러 채 있으면서 남은 집을 다주택자가 전세나 월세로 공급하는 것이다. 임대차 3법의 강행은 집주인들의 불안감을 자극해서 전세매물을 없애는 정책으로 이어졌고 전세가격의 폭등을 만들어 냈다. 전세 시세가 40% 올랐는데 5% 오른 가격으로 2년을 더 거주할 수 있다면 누가 새로운 전셋집을 얻으려고 하겠는가? 몇백만 원도 아니고 수억 원의 전세금을 올려 줘야 하는 처지에 놓인 세입자들은 버티기에 들어갔고, 집주인들도 자신이 들어와서 살거나 아들이나 부모님이 들어간다고(임대차 3법이 통과되어도 직계가족이 들어가서 살겠다고 하면 막을 수 없다) 서로 싸우는 현상이 벌어졌다.

전세가가 오르면 매매가는 자연히 오른다. 전세가는 원래 자연스럽게 화폐가치 하락으로 인해 조금씩 오르는 게 정상이다. 그러나 최근 임대차 3법의 부작용으로 전세가는 유례없이 엄청나게 폭등했다. 5년 치의 전세금 상승과 같은 금액이 불과 임대차 3법 1년 만에 올랐다. 세입자들 모두 이사를 가지 않으려고 하고 전세매물이 귀해지니 같은 아파트 단지 내에서도 계약갱신권을 쓴 전세가와 신규 전세가가 두 배 가까이 차이 나는 현상까지 벌어졌다. 이런 상황은 임차인들의 주거안정성을 크게 해치게 되었다. 전세가가 장기적으로 안정된다면 집을 사지 않으려는 사람들이 많다. 부동산 폭락론을 믿어서든, 대출을 받고 싶지 않아서든, 청약가점을 모으려는 이유에서든, 집을 살 수 있지만 집을 사지 않는 사람들이 전세의 수요자인 것이다. 그러나 임대차 3법은 임대차시장의 공급을 줄여 버리는 악영향을 만들었고 자연스럽게 전월세 가격은 폭등했다. 불안해진 세입자는 무리해서라도 집을 살 수밖에 없게 되었고 이는 이미 오를 대로 오른 서울 아파트값을 더 올리는 요인으로 작용하게 되었다. 임차를 살고 있는 세입자는 2년 동안 5%의 인상률로 연장이 가능하지만, 4년 후에는 어쩔 도리 없이 거의 두 배 가까이 오른 시세를 내고 전세 재계약을 하거나 외곽으로 내쫓겨야 되는 현실이 다가오는 것이다. 그렇게 스트레스를 받으면서 전월세를 사느니 대출을 최대한 받아서라도 내 집 마련을 하려는 사람들이 많아졌다. 요약하자면 임차인을 보호하기 위해서 만든 제도가 오히려 엉뚱하게 임차수요를 매매수요로 자극시킨 것이다.

4. 중앙은행의 기준금리 폭등

IMF외환위기 때 A은행의 대출금리는 27%까지 치솟았다. 이런 살인적인 금리 앞에서는 대출을 받아서 집을 산 사람들은 버틸 방도가 없다. 하지만 지금은 저금리 시대다. 코로나19 위기해결을 위한 전 세계적인 금융정책으로 세계의 중앙은행은 합심해서 금리를 끌어내렸다. 한국은행 역시 이에 동참해서 2020년 5월부터 사상 최저치인 0.5%까지 기준금리를 인하했다. 다행히도 경기부양책은 효과를 봐서 최악의 경제위기는 겪지 않을 수 있었다. 경기가 회복되고 안정세를 띠며 코로나19 백신 접종이 대중화되자 2021년 8월, 11월, 2022년 1월 등 3차례에 걸쳐서 추가금리 인상을 단행했다. 자산 거품을 줄이고 가계부채를 관리하고자 하는 정부의 의지에 동행하려는 의도인 것이다.

그러나 이 정도로 서울 집값을 안정시키기는 쉽지 않다. 최저점 대비 세 차례 금리를 올려도 1.25%에 불과한 수준이라 이 정도로는 자산인플레이션을 제어할 수는 없다. 기준금리가 1%대가 아닌 5% 정도는 되어야 의미 있는 집값 안정이 가능하다. 그런데 금리를 집값을 잡기 위해서만 올리는 것은 많은 무리수가 따른다. 금리는 기본적으로 물가를 안정시키기 위한 한국은행의 통화조절 수단이다. 즉 물가가 급등하고 경기의 과열 조짐이 느껴질 때 금리를 올리면서 경기를 식히고 물가를 안정시키는 효과를 의도하는 것이 금리 인상이다. 게다가 자영업자들의 만성적인 어려움과 코로나19로 인한 폐업 급증의 상황에서 금리를 급격히 올리면, 한계기업의 부도가 속출하고 자영업자들의 자살률이 급증할 것이다.

기준금리를 5% 이상 올린다면 집값은 잡힌다. 단, 모든 사람이 대출을 많이 받아서 집을 산 것은 아니라는 점을 알아야 한다. 10년 전에 4억짜리 집을 살 때 2억 원 대출을 받았는데 그 집이 10억이 되었고 대출 1억 원을 갚은 상황이라면 10억 집에 대한 대출은 1억 원에 불과하다. 쉽게 말해 LTV(주택담보대출비율)는 10%밖에 안 된다는 것이다. 이런 경우는 금리를 조금 올린다고 해서 집값이 폭락하지는 않는다. 또한 2017년 8·2대책의 주요 내용은 서울 집값의 LTV를 40%로 규제하는 것이 골자였다. 즉 10억짜리 집을 살 때 4억 이상은 대출을 안 해줬다는 것이다. 세간의 걱정과는 달리 대한민국의 주택담보대출비율과 연체율은 세계에서 가장 낮은 수준이다.

역사적으로 대한민국의 집값은 금리와 그다지 동행하지 않았고 2003년에서 2007년까지 주택가격이 상승할 때도 금리는 상승추세였다. 그러나 금리의 완만한 상승세가 아닌 폭등세가 이어진다면 시장에 충격이 가해질 것이고, 대출받아서 집을 사려는 투자심리는 냉각된다. 또한 무리하게 대출을 받아서 산 속칭 '영끌'로 집을 산 사람들은 원리금 상환의 부담감으로 집을 팔려는 사람들이 늘어나게 된다. 금리의 급격한 상승은 그만큼 돈의 가치가 올라간다는 것이므로 상대적으로 돈이 아닌 다른 자산의 가치는 떨어지게 된다. 물론 빈대 잡자고 초가삼간 태울 수 없듯이, 집값 잡자고 금리를 급등시킬 수는 없다. 하지만 분명 20여 년 전에 한 번 있었던 일이므로 독자들은 짚고 넘어갈 필요는 있다. 드문 가능성이지만, 중앙은행의 금리가 완만한 인상이 아닌 폭등하게 되면, 서울 아파트는 급락할 수 있다는 것이다.

5. 대규모의 기업 파산, 경제쇼크

2008년 서브프라임 모기지 금융위기는 대한민국 부동산의 과열에 제동을 걸었다. 금융위기 직후인 2009년에는 약간의 가격조정이 있었지만 폭락세는 아니었다. 정작 부동산의 빙하기는 2기신도시의 입주물량이 쌓인 2012~2014년 정도였으니 몇 년의 시차가 존재한다. 금융위기보다 훨씬 큰 영향을 준 1997년 IMF외환위기의 충격은 지금 30대 이상의 사람들은 대부분 기억할 것이다. 대규모의 기업파산과 해고가 반복되었고, 대기업에 다니던 사람들은 졸지에 실업자가 되었다. 한보, 대우, 기아, 신동아, 우성, 쌍용, 청구, 삼미, 해태 등의 대기업 그룹이 통째로 망했고 기업에 돈을 공급해 주던 은행들도 줄줄이 망했다.

이런 경제쇼크가 일어나면 서울 부동산이라고 해도 버텨낼 도리가 없다. 결국, 부동산을 지탱하는 축은 보유자의 원리금 상환이 유지되며 대기매수자의 소득이 유지되어야 가능한 것이다. 그런데 집을 가진 사람이 실직해서 소득을 잃으면 원리금 상환이 연체된다. 연체가 지속되면 은행은 담보로 잡은 집을 경매로 넘긴다. 그전에 집주인은 집을 팔 수밖에 없는데, 주택의 대기매수자인 다른 직장인들 역시 실직을 하면 소득이 없어지므로 집을 살 능력이 없어진다. 요약하자면 대한민국에 IMF급 쇼크가 또 오고 대량실업이 발생해야 30% 정도의 서울 아파트 가격 폭락이 가능하다는 것이다.

물론 지금 대기업의 건전성은 24년 전과는 비교가 안 된다. 그때 호되게 당한 이후로 대기업들은 투자를 줄이고 돈이 필요하면 유상증자(주식을 발행함)를 통해서 자금을 조달하지, 은행에서 돈을 잘 빌리지 않는다. 대기업의 입장에서 주식은 원리금 상환의 의무가 없는 자기자본이지만, 은행에서 빌린 채권은 원리금 상환의 의무가 있는 부채가 되기 때문이다. 또한 은행 역시 BIS비율[4]을 높이며 항상 스트레스 테스트(급격한 리스크에 대한 위기대응훈련)를 하며 리스크 관리를 철저히 하고 있다. 그래서 한 번 있었던 일이 반복될 가능성은 희박하다. 여하튼 대규모의 기업이 부도나고 은행이 망하고 경제 쇼크가 오고 환율이 폭등한다면 서울 부동산이라고 해서 폭락을 면할 수는 없다. 다만 그럴 가능성이 거의 없을 뿐이다.

6. 디플레이션 경제

집값이 오르는 이유는 경제성장과 무관하게 화폐 가치가 끊임없이 떨어지기 때문이다. 그런데 만약 화폐 공급을 줄이고 디플레이션 경제가 온다면? 그렇다면 집값은 내린다. 물론 경제는 엄청난 빙하기가 올 것이다. 사람들이 집을 사는 이유를 생각해 보자. 실거주할 집이 필요해서기도 하지만 전세와 월세로도 거주는 가능하다. 다른 이유를 추가하자면 지금보다 집값이 오르리라 생각하기 때문에 대출을 받고 비싼 취득세와 재산세를 내면서 집을 사는 것이다. 그런데 지속적으로 집값이 떨어질 것이라 생각한다면? 아무도 집을 사지 않으려고 할 것이다. 지금 10억인 서울의 아파트가 내년에는 9억이

---

4 국제결제은행의 기준에 따른 각 은행의 위험자산(부실채권) 대비 자기자본비율로, 은행의 건전성을 점검하는 핵심지표다(출처: 두산백과).

되고, 후년에는 8억이 된다면 누가 빚을 내서 집을 사려고 하겠는가?

사실상 코로나19 위기에서 미국을 비롯해 전 세계적으로 돈을 미친 듯이 찍어낸 이유가 무엇이었을까? 그것은 디플레이션을 예방하기 위해서였다는 점을 곱씹어 볼 필요가 있다. 만약 2020년 3월 초 코로나19 위기에서 미국 FOMC의 파월 총재가 "이 기회에 부실기업을 청산하고 사람들의 투기 심리를 예방해야겠습니다. 기준금리를 올리고 달러 발행량을 줄이겠습니다!"라고 선언하고 그걸 실천했다면 어찌 되었을까? 그것은 1920년대의 대공황의 재림이었을 것이다. 대기업이 부도나고 실직자가 늘어나고 자살자가 속출하며 아무도 소비를 하지 않는 시대가 온다. 그러면 세계 경제 자체가 완전히 망가진다. 이미 100여 년 전 미국과 30년 전 일본에서 한 번 경험해 본 일이다. 그것을 알기 때문에 세계의 중앙은행 총재들은 다 같이 합심해서 돈을 엄청나게 푼 것이다. 즉 디플레이션 경제는 현 통화 제도에서 올 수가 없다. 인플레이션은 금리조절을 통해서 비교적 쉽게 조절이 가능하지만, 한번 디플레이션이 오면 그것을 빠져나오기 위해서는 엄청난 고통과 피해가 예상되기 때문이다.

폭등보다 폭락이 어렵다면, 어떤 선택을 할 것인가

이 외에도 더 이유가 있겠지만, 나는 이렇게 여섯 가지로 서울 부동산 폭락의 조건을 정리해 보았다. 결국, 폭락론자들의 이야기는 하나같이 실현 가능성이 매우 낮은 것들이다. 다만 자산시장에는 어떠한 일이라도 벌어질 수 있다. 따라서 그들의 말도 100% 무시할 수는 없다. 1997년 IMF외환위기를 예측할 수 있었다면 모든 자산을 정리하고 달러 자산을 들고 있었을 것이다. 또한 2008년 금융위기를 예측할 수 있었다면 주식을 미리 팔고 바닥에서 '줍줍'이 가능했을 것이다. 부동산의 불황 역시 미리 알고 있었다면 부동산바닥의 절정이었던 2013년에 여러 채를 사서 임대사업자를 등록했을 것이다. 우리는 이미 지나간 과거를 정확하게 알고 있다. 그러나 미래를 예측하는 것은 누구도 불가능하다. 다만 '현재의 상황이 이어진다면 앞으로는 이렇게 될 가능성이 크다'라는 식으로 상식선에서 단기적인 예상을 하는 것은 가능하다. 지금과 같은 규제책이 이어진다면 그 폭은 줄어들지언정 서울 아파트 가격의 상승 여지는 아직 있다고 본다. 반복되는 이야기지만 사람들이 원하는 아파트 공급이 서울에서 점점 줄어들기 때문이다.

또 한국의 수출은 여전히 사상 최고치를 기록하고 있고 주택담보대출의 연체율은 매우 안정적이며 가장 중요한 서울 내의 대규모 아파트 대량 공급의 신호는 요원하다. 3기신도시 역시 아무리 빨라도 2026년은 되어야 입주가 가능할 것이다. 여전히 서울 아파트는 전국의 모든 사람이 원하는 아이템이다. 한국의 경제발전은 많은 달러 자산의 유입을 의미하고 그것은 곧 서울 아파트의 대기매수세가 강해진다는 것을 의미한다.

결국, 서울 아파트는 대기수요가 탄탄해서 투자수요와 실거주 수요가 강한 자산이다. 또한 투자자산뿐 아니라 가치저장의 수단으로서도 훌륭한 자산으로 어지간한 악재가 오지 않는 한, 폭락은 어렵다. 물론 지나치게 과열된 상황에서 속칭 "영혼까지 끌어모아서" 아파트를 사라는 것은 아니다. 자신이 감당할 만큼의 능력에 맞는 범위 내에서 자가든 투자든 가능한 것이지 무조건 빚내서 투자하다가는 쪽박을 찰 수밖에 없는 것이 냉엄한 현실임을 잊지 말아야 한다.

📑 STUDY POINT

1. 새 아파트의 공급부족이 해소되지 않는 한, 서울 아파트의 폭락은 어렵다.
2. 양도세 중과세로 매물이 줄어들고, 임대차 3법으로 전세가가 오르면서 시장의 수요와 공급이 왜곡되어 있다.
3. 급격한 금리인상은 시장에 쇼크를 주며 집값 하락요인으로 작용할 수 있다.
4. IMF외환위기 또는 2008년 금융위기급 경제쇼크가 오면 집값도 폭락할 수 있다.
5. 무한정 화폐를 찍어내는 인플레이션 시대가 진행되는 한, 서울 집값의 폭락은 어렵다.

3장

신축아파트, 물고기가 많은 곳에 그물을 던져라

대한민국은 지난 50여 년간 눈부신 경제성장을 하며, 상당한 소비력을 갖춘 국가가 되었다. 대한민국 사람들은 3년이 채 되기 전에 핸드폰을 새것으로 바꾸고, 자동차도 10년만 되면 오래 탔다고 말하며 신차를 검색한다. 그러나 아직도 서울에는 국민소득 3만 5천 달러의 시대에 걸맞지 못한 주택들에 사는 사람들이 대부분이다. 그들은 보통 30여 년이 넘는 아파트 혹은 주택에 살고 있지만, 어지간해서는 재건축, 재개발이 되지 않는다.

여기서 한 가지 짚고 넘어가야 할 것은, 주택에는 '수명'이 있다는 것이다. 아파트를 예로 들면 일반적인 철근콘크리트의 이론적인 수명은 100년 정도라고 하지만, 실제로 사용가치가 다하는 경제적인 수명은 40년 정도다. 대한민국은 일교차가 크고, 사계절이 뚜렷하며, 환경오염이 일으킨 콘크리트의 중성화로 인해 콘크리트 균열이 심한 편이다. 물론 점점 컨디션이 나빠질 뿐 집이 쉽게 무너지지는 않을 것이다. 콘크리트가 사람의 뼈와 근육이라고 한다면, 건축설비는 혈관, 신경, 소화기관이라고 할 수 있다. 아파트의 전기, 급수, 냉난방, 가스설비, 방화, 통신 장치 등 이런 설비배관이 철근콘크리트에 내장되어 있다. 그런데 이런 내장된 주요 시설의 교체가 어렵다는 것이 더 심각한 문제이며, 그것이 리모델링과 재건축의 가장 큰 원인이기도 하다.

40년 된 재건축 아파트 단지의 가치를 따질 때 땅값과 새로 지을 수 있는 건물의 가치로 평가하지, 기존 건물의 가치로 평가하지는 않는다. 즉 건물은 0원인 셈이다. 토지는 회계적인 관점에서 감가상각이 없지만, 주택은 지어지고 입주하는 순간 늙기 때문이다. 아파트의 가치는 '건물의 가치 + 토지의 가치'다. 그런데 입지가 좋은 재건축을 앞둔 주공아파트의 가격이 점점 오르는 이유는 뭘까? 건물의 가치는 매년 2.5%씩 하락하지만, 입지가 좋은 토지의 가치는 매년 상승폭이 높아지기 때문이다.

나는 반지하, 옥탑방, 다가구주택의 주인세대, 마당이 있는 구옥, 30년 넘은 구축아파트부터 완전 신축아파트 입주까지 상당히 다양한 주거 형태를 경험했다. 실제로 내가 보유한 30년 넘은 상계주공아파트에서 실거주할 때는 눈이 와서 바닥이 얼어 있는 상황에서 테트리스 블록을 쌓듯이 평행주차된 자동차를 밀어보기도 했다. 또 주차공간 부족에 대한 스트레스로 시내에 나갈 때는 차를 아예 안 가지고 다니기도 했다. 녹물이 나오는 수도관에 녹물필터를 껴서 사용해보기도 했으며, 천장 벽체가 무너져 수리해 본 적도 있다. 4차 산업혁명 시대와 IOT사물인터넷, 친환경 전기차의 시대라고 하지만 주택은 30년 전의 모습에서 아주 느리게 거북이처럼 나아가는 게 현 대한민국의 현실이다.

당연한 이야기지만 직접 체감한 결과 가장 만족도가 높은 곳은 4세대 신축아파트다. 지상은 공원으로 차가 다니지 않고, 아이들이 걱정 없이 뛰어놀 수 있다. 현관문까지 연결된 지하주차장은 넉넉하며, 관리비가 저렴하고, 안전한 보안시설과 편리한 커뮤니티 시설은 현대인의 눈높이에 맞는 편리함을 제공한다. 문제는 이런 신축아파트가 서울에서 점점 귀해진다는 것이다. 재개발, 재건축의 규제와 공급 부족은 서울이라는 도시를 단체로 고령화시켰다. 고령화라는 건 인간 세상에만 존재하는 것이 아니다. 건축물도 수명이 있기 때문에 꾸준히 다시 재건축해 줘야 하는데, 이것을 못 하게 막아버리니, 가뜩이나 소득이 높고 인구가 많은 서울에서는 신축아파트 폭등현상이 지속되고 있다.

통계청의 2020년 기준 자료에 의하면 서울의 30년 이상 노후주택비율은 19.5%로 무려 58만 8천 호가 넘는다. 반대로 경기도의 경우 많은 택지개발과 신도시의 입주로 인해 노후주택비율은 10.4%로 전국평균 19.4%에 비해서 상당히 양호한 편이다. 가장 많은 인구가 살고 있고, 소득수준도 가장 높은 서울이지만 대부분이 원하는 신축 아파트의 입주 물량은 점점 줄어가고 있다. 하단의 도표를 살펴보면, 2019~2020년까지만 해도 서울에는 5만 세대 가까운 적정 물량이 공급되었지만, 2021년 이후의 입주물량은 급감하고 있다. 즉 새아파트의 공급 부족이 서울 아파트 폭등의 원인이자 청약로또 광풍의 원인인 것이다.

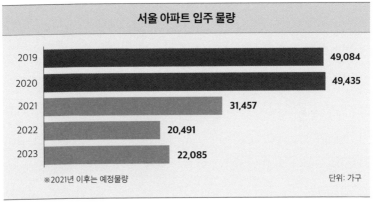

서울 아파트 입주 물량

출처: 서울경제신문

서울 아파트 입주 물량이 줄어든 이유는 분양가 상한제, 고분양가 관리제, 재건축초과이익 환수제, 안전진단 강화 등으로 분양 일정을 미루거나, 재건축을 미루는 단지들이 많아졌기 때문이다. 분양가 상한제의 경우 분양가가 시세보다 너무 낮기 때문에 청약만 되면 수억 원의 시세차익을 바로 얻는 구조로, 무주택자의 경우 청약당첨에 모든 것을 걸 수밖에 없는 상황이다.

2021년 하반기 분양가 상한제를 적용해서 분양을 실시한 강동구의 e편한세상 강일어반브릿지 분양을 살펴보자. 이 아파트의 특별공급 경쟁률은 166.8:1이었고, 일반공급 1순위 청약의 경우는 무려 13만 개 이상의 청약통장이 몰려서 경쟁률이 337.9:1을 기록했다. 서울에서 1순위 청약자가 13만 명이 넘은 것은 2000년 이후 처음으로 엄청난 청약 광풍을 그대로 보여 주는 상황이지만, 그야말로 당첨되는 것은 하늘의 별 따기나 마찬가지다.

특별공급이 아닌 가점제 경쟁으로는 최저 청약가점 평균 커트라인이 69.4점으로 4인 가구 기준 청약통장 만점에 해당하는 점수다. 국민주택 크기의 84㎡(33평형) 분양가가 7억 4,500만 원~8억 600만 원(평균 7억 9,200만 원)으로 당첨만 된다면 인근의 강일리버파크 9단지(2009년 준공)의 시세 12~13억 원과 비교 시 5억 정도의 이익을 얻을 수 있다. 물론 강일리버파크 9단지는 준공된 지 12년 차인 아파트이므로, 실제로 고덕어반브릿지의 가치는 주변의 신축 시세와 비교하는 것이 더 합당할 것이다. 인근의 고덕자이(2021년 준공)는 이미 15억 5천만 원의 실거래가로 강일어반브릿지의 분양가는 신축 시세 대비 반값 분양가라고 볼 수 있다. 2024년 2월 입주 시 인플레이션과 여타 상황을 감안할 때 강일어반브릿지가의 84㎡(33평형) 기준 시세는 18억 원 내외가 될 것이라 예상된다. 즉 거의 10억 원에 가까운 시세차익까지 기대해 볼 수 있다. 신축이 점점 씨가 말라가는 서울에서 이미 분양된 리스크가 없는 신축아파트는 점점 희소성이 높아지고 있기 때문이다. 이런 시세 대비 반값 아파트를 만들어 내는 구조가 '청약 승자독식(다수가 경쟁해서 소수의 승자에게 수익을 모두 몰아주는 게임)'을 만들어 낸다. 청약당첨으로 얻을 수 있는 이득이 너무 크기 때문에 당첨확률이 낮더라도 이미 청약 게임에 참가한 사람들은 도중에 멈추기가 어렵다. 극소수이긴 하지만 실제 당첨자가 존재하기 때문이다. 만점에 가까운 청약가점을 모은 당첨자들은 시세의 반값 내외로 신축아파트를 얻지만, 그 외의 대부분은 탈락하고 시간만 버리게 되는 구조다.

소득이 높아지고, 나이가 들어갈수록 신축아파트 선호현상은 점점 더 커진다. 단지 신축이기만 한 것이 아닌 역세권의 대단지 브랜드아파트를 실수요자들은 원한다. 직장과 가까운 직주 근접(직장과 주거지에 가까이 있음)과, 양호한 학군은 금상첨화라고 할 수 있다. 그것을 살 수 없다면 빌려서라도 거주하려는 것이 30~40대들의 실수요다. 주택보급률이 100%가 아니라 200%라고 해도, 산꼭대기에 움집을 많이 지어 준다고 해서 주택난이 해결되지는 않는다. 사람들의 눈높이에 맞는 주택이 충분히 공급되어야지만 서울의 아파트 가격은 안정될 것이고 그전까지 아파트 투자는 항상 유효한 전략이다.

결국, 돈을 벌려면 다수의 사람들이 원하는 것을 제공하거나 가지고 있어야 한다. 물고기를 잡으려면, 물고기 떼가 모이는 위치를 파악하는 게 우선인 것처럼 사람들이 원하는 것은 신축아파트고, 그들은 매우 비싼 돈을 주고서라도 그 아파트를 구입할 의향이 있다. 주식투자나 부동산 투자의 성공 요인은 돈이 몰리는 곳에 가야 돈을 번다는 것이다.

나의 개인적인 취향이 예를 들어서 경기도 양평의 전원주택에서 한적하게 유유자적하는 것이라고 해도, 돈을 벌고 싶다면 나의 취향이 아닌 사람들의 취향에 맞춰야 한다. 그런 경우라면 전원주택에서는 월세나 전세로 빌려서 살고, 서울의 재건축 또는 재개발을 보유하는 것이 투자자의 자세다. 물론 이미 서울에 신축아파트를 보유하면서 실거주를 하고 있다면 가장 좋다. 하지만 그것이 아니라면 신축이 될 물건을 선점하는 것이 중요하다. 과거에도 그랬지만 앞으로도 신축아파트에 대한 수요는 넘쳐날 것이고, 특히 서울에서는 재개발, 재건축 이외에는 대규모의 신축공급이 나오기 어렵기 때문에 신축아파트의 희소성이 크다. 즉 부동산으로 돈을 벌고 싶다면, 신축아파트 청약당첨 또는 신축이 될 분양권, 입주권을 보유하는 것이 핵심이다. 신축아파트를 서울 또는 경기도 핵심지에 보유하고 있다면, 재테크는 이미 성공한 것이나 마찬가지다.

STUDY POINT

1. 서울 신축아파트는 수요에 비해 공급이 훨씬 부족하다.
2. 서울 신축아파트의 분양가 상한제로 청약당첨 시 시세 대비 반값에 얻을 수 있다.
3. 서울 신축아파트의 청약경쟁률은 어마어마하고, 만점에 가까운 청약 점수가 필요하다.
4. 서울 신축아파트를 싸게 얻는 방법인 청약당첨, 분양권, 입주권 투자를 연구해야 한다.

신축아파트를 내 소유로 만들고 싶다면

　누구나 새 아파트를 선점할 수만 있다면, 돈은 이미 번 것이나 마찬가지다. 그러나 신축아파트를 내 손에 넣는다는 것에는 그만큼의 대가가 따른다는 사실을 알고 있어야 한다. 나 역시 미래의 신축들(재건축, 재개발, 분양권)을 가지고 있지만 그만큼 고난의 여정을 견뎌낼 각오를 하고 있다. 이처럼 투자자들은 몸소 리스크를 안고 그것을 감당한 대가로 수익을 얻는다. 실수요자는 투자 목적보다는 자신들이 실제로 거주할 곳을 찾기 때문에 리스크 없이 안전하고 편안한 선택을 추구한다. 그러나 투자자는 돈을 벌겠다는 목적이 뚜렷하기에 리스크를 안고서라도 투자 가능성이 있는 것을 찾아 헤맨다. 다시 말하면 실수요자는 편안하게 차려진 밥상을 먹고 싶은 것이고, 투자자는 반찬을 마련하고 국을 끓이다 데기도 하면서 돈을 버는 것이다. 물론 투자자이면서 실수요자인 경우도 있다. 재건축, 재개발로 신축 아파트를 받아서 실거주하면 투자자이자 실수요자인 셈이다. 우리 가 새 아파트를 얻기 위해서 여러 가지 방법을 연구해야 하는 이유는 부족한 자본으로 최대의 수익률을 얻기 위해서다. 돈이 충분하다면 한강 조망의 강남 신축아파트를 대출 없이 현금으로 사면 되지만 그 게 가능한 사람이 얼마나 있을까? 그러므로 신축을 얻기 위해 몸테 크, 기다림 등의 불편을 감수하는 것이다.

그러면 이제부터 새 아파트를 얻는 네 가지 방법에 대해 구체적 으로 이야기해 보자. 주택의 유무에 따라서 세율 등이 달라질 수 있 으므로, 여기서는 무주택자가 1주택을 얻는 조건으로 설명하겠다.

신축아파트 매수

신축아파트는 리스크가 없다. 오랜 시간을 기다릴 필요도 없고, 반대하는 사람들을 설득할 필요도, 정부의 안전진단 규제나 여러 간 섭을 받을 필요도 없다. 실거주하기에도 최고로 편안하고, 전세나 월 세를 놓더라도 제값을 받고 쉽게 세를 내줄 수 있다.

그러나 비싸다. 제 돈을 다 주고 사야 한다. 불과 몇 년 전까지만 해도 서울 도심의 금싸라기 땅의 신축아파트가 미분양인 시절이 있었다. 지금은 분양가 대비 두 배가 훨씬 넘게 오른 마포래미안푸르지오나 경희궁자이도 미분양이었다. 그때 신축을 매수한 사람들이 이번 강세장의 가장 큰 수혜자다. 그러나 지금은 이미 가격이 2배에서 많게는 3배까지 오른 상황이다. 일찍 진입한 사람들은 큰 수익을 올렸지만, 이제 투자의 관점에서는 취득세, 재산세, 종부세, 대출이자 등 기회비용과 수익률을 계산하면서 접근해야 한다.

현시점에서 서울 신축아파트를 매수하는 데는 두 가지 방법이 있다.

하나는 널리 알려진 대로 갭투자를 하는 것이다. 가령 내 자본금이 3억 5천만 원인데 매매 10억 원에 전세 7억 원의 서울 신축아파트가 있다고 하자. 그러면 3억 원으로 전세금을 안고 갭투자를 해서 10억짜리 아파트를 확보한 다음, 5천만 원 보증금에 월세를 사는 것이다. 허름한 구축아파트도 좋고 빌라도 좋다. 보통 투자에 관심이 많은 신혼부부가 이런 전략을 쓴다. 아이가 학령기에 접어들고 나면 다소 어려운 전략이다. 그때부터는 교육환경과 삶의 질도 중요하기 때문이다. 그리고 현금흐름에 손실이 되는 월세를 지급하는 것도 쉽지 않은 결정이다. 그러나 자본의 투자 관점에 있어서는, 큰 자산에 몸을 싣고, 작은 자산을 소비하면서 시간을 버는 게 더 합리적이다. 물론 자본이 3억 5천만 원이나 있는 사람들이 그런 선택을 하기는 쉽지 않다. 보통 최대한도만큼 전세자금 대출을 해서 그 눈높이에 맞는 신축아파트에 전세로 거주하길 원할 것이다.

그러나 이제 그렇게 해서는 마지막 남은 기회마저 놓치게 된다. 가장 잘 달릴 말에 자신의 자본금을 싣고, 차라리 현금을 적당히 소비하면서 달리는 말에 올라타야 한다. 이제 몇 년 지나면 서울 신축은 직장인의 월급으로는 아예 꿈꾸기 힘든 가격이 될 수도 있다. 10억짜리 아파트가 연 4%만 올라도 매년 4천만 원이 상승하는데 연 4천만 원을 저축할 수 있는 직장인은 거의 없다. 현재 통화량의 증가율을 봐서는 이조차도 보수적으로 잡은 수치다. 10억짜리 달리는 말은 일단 내 명의로 잡아 두고, 추가로 자본금을 모아서 나중에 세입자의 전세금을 빼 주고 신축에 들어가서 사는 방법을 선택해야 한다. 일반적으로 입주가 가능한 아파트보다는 전세를 끼고 있는 집이 매매가가 낮다. 집을 팔고 갈아타거나 집을 팔아야 하는 사연이 있는데, 세입자가 있는 경우라면 입주 가능한 집보다 시세가 저렴할 수밖에 없다. 그런 집을 급매로 사는 전략이 신축을 그나마 싸게 얻을 방법이다.

두 번째는 영혼까지 끌어모은 '영끌'로 대출을 많이 받아서 매수하는 것이다.

현 상황에서는 이 방법을 그다지 추천하지 않는다. 강력한 대출

규제로 인해 영끌 자체가 매우 어려워졌고, 갭투자와는 달리 빌린 돈에 대한 원리금을 갚아야 한다. 금리가 바닥을 찍고 상승추세라는 것도 대출을 많이 받기가 부담되는 이유기도 하다. 게다가 아파트 가격 대비 대출이 40%밖에 안 나오고, 15억 이상의 아파트는 아예 대출이 안 나온다. 더구나 DSR 규제와 대출총량제 등 신용대출에다 주택담보대출까지 막혀 신축을 사는 것은 거의 불가능한 시대가 되었다.

현금이 5억 원이 있고, 3억 6천만 원의 주택담보대출과 4천만 원의 신용대출을 받아서 4억을 차입해서 9억짜리 아파트를 산다고 가정해 보자. 4억 원에 대한 30년 만기 원리금은 대출금리를 4%만 가정해도 매월 약 191만 원의 원리금을 갚아야 한다. 결코 적지 않은 금액이고 조금만 집값이 내려가거나, 금리가 올라도 심리적으로 큰 불안감을 가질 수밖에 없다. 2020년까지만 해도 이런 영끌 전략이 어느 정도 먹혔지만 이제는 다소 늦은 감이 있다. 현시점에서는 무리한 매수보다는 원리금 상환의 부담이 적은 갭투자가 오히려 나은 선택이 될 수 있다.

청약당첨

청약당첨은 신축아파트를 시세보다 월등히 저렴한 가격으로 얻을 수 있는 아주 좋은 전략이다. 게다가 재건축, 재개발처럼 오랜 시간을 기다릴 필요도 없고, 도중에 사업이 중단되거나 규제를 받을 것도 없다. 그러나 청약당첨은 2021년 현재 하늘의 별따기 수준이다. 즉 치열한 경쟁을 거쳐서 획득해야 하는 확률게임이라는 것이다. 물론 지금까지 청약가점을 충분히 쌓아 놓은 사람들이라면 도전해 볼 만하다. 2021년 현시점 청약제도를 다시 살펴보자. 추첨제가 아닌 가점제제도하에서는 청약점수가 높은 사람이 우선적으로 당첨이 된다.

주택청약가점제의 점수는 무주택기간 32점, 부양가족 수 35점, 청약통장 가입기간 17점 등을 더한 총 84점 만점을 기준으로 하고 있다. 인기 지역의 아파트는 기본적으로 65점 이상이 되어야 가점제 당첨 가능성이 있고, 이 당첨 커트라인은 점점 높아지고 있다. 향후 가점제 청약당첨으로 인기 지역의 신축을 얻기 위해서는 무주택기간 만점, 청약통장 가입기간 만점, 3인의 부양가족 수를 전부 채운 69점 정도는 되어야 당첨될 수 있다고 봐야 한다.

무주택기간 15년은 만 30세부터 또는 30세 미만이지만 기혼인 경우라면 혼인신고를 한 날부터 계산된다. 부양가족 수는 본인을 제외한 가족이므로 일반적인 4인 가구라면 부양가족 수가 3명인 가점 20점을 얻을 수 있다. 부양가족 수 6명 이상이 되려면 자녀가 셋인 부부가 무주택인 부모님(배우자의 부모님도 가능)을 (주민등록상 3년 이상)모시고 살고 있어야 달성 가능하다. 또한 자녀 외에 손자녀도 부양가족으로 인정된다.

가점제/추첨제 비율					
주거 전용면적	투기 과열지구	청약 과열지역	수도권내 공공주택지구	85m²초과 공공건설 임대주택	그 외 주택
85m²이하	가점제 : 100% 추첨제 : 0%	가점제 : 75% 추첨제 : 25%	가점제 : 100% 추첨제 : 0%		가점제 : 0~40% 추첨제 : 60~100%
85m²초과	가점제 : 50% 추첨제 : 50%		가점제 : 0~50% 추첨제 : 50~100%	가점제 : 100% 추첨제 : 0%	가점제 : 0% 추첨제 : 100%

청약가점제(만점84점)					
무주택 기간(32점)		청약통장 가입기간(17점)		부양가족 수(35점)	
가점구분	점수	가점구분	점수	가점구분	점수
1년 미만	2	6개월 미만	1	0명	5
1년 이상~2년 미만	4	6개월 이상~1년 미만	2	1명	10
2년 이상~3년 미만	6	1년 이상~2년 미만	3	2명	15
3년 이상~4년 미만	8	2년 이상~3년 미만	4	3명	20
4년 이상~5년 미만	10	3년 이상~4년 미만	5	4명	25
5년 이상~6년 미만	12	4년 이상~5년 미만	6	5명	30
6년 이상~7년 미만	14	5년 이상~6년 미만	7	6명 이상	35
7년 이상~8년 미만	16	6년 이상~7년 미만	8		
8년 이상~9년 미만	18	7년 이상~8년 미만	9		
9년 이상~10년 미만	20	8년 이상~9년 미만	10		
10년 이상~11년 미만	22	9년 이상~10년 미만	11		
11년 이상~12년 미만	24	10년 이상~11년 미만	12		
12년 이상~13년 미만	26	11년 이상~12년 미만	13		

13년 이상~14년 미만	28	12년 이상~13년 미만	14		
14년 이상~15년 미만	30	13년 이상~14년 미만	15		
15년 이상	32	14년 이상~15년 미만	16		
		15년 이상	17		

청약가점제 점수

청약만점 84점이 되려면, 15년 이상 무주택을 유지하고, 중간에 주택을 한 번이라도 사거나 분양받으면 안 되며, 부양가족의 수가 모두 6명 이상이면서, 청약통장에 가입한 지 15년 이상이 되었고, 이걸 잘 유지하고 있어야 한다. 더구나 최근 수도권의 경우 9억 이상은 중도금 대출이 불가능하므로 충분한 현금 역시 가지고 있어야 한다.

실제로 오랜 기간 청약가점을 쌓으면서 무주택을 유지해 온 사람들이 많아서 최근 서울 인기 단지의 청약당첨 커트라인은 대단히 높다. 2021년 가을 분양한 인기 단지인 'E편한세상 강일어반브릿지'의 청약당첨 평균 가점은 타입별 69~74점으로 오랜 기간 청약가점제를 준비해 온 사람들에게 기회가 있었다. 그러므로 60점이 넘는 사람이라면 향후 가점을 모아서 그나마 가능성이 있지만, 그 이하라면 당첨이 쉽지 않다.

현 정부에서 30대 젊은 세대들이 청약점수를 포기하고 영끌과 갭투자로 아파트를 매수한 이유는 이들이 도저히 청약가점제에서 신축아파트를 얻을 가능성이 없다고 느꼈기 때문이다. 문제는 내가 청약점수를 모을 때, 남들도 함께 가점이 올라간다는 것이다. 이런 제도하에서는 4인 가구라면 만점에 가까운 점수를 모아야 하고, 아니면 부모님까지 무주택이면서 합가를 해야 가능하다. 청약당첨만을 노리고 기다리기에는 리스크가 너무 크다는 것이다. 더구나 청약 제도의 장점은 '분양가 상한제'로 시세의 70% 정도의 분양가로 새 아파트를 받을 수 있다는 게 특별한 장점이었는데, 최근 분양가 상한제가 새 아파트 공급에 장애물이 된다는 것을 인지한 정부가 일부 분양가의 상승을 용인하고 있는 추세다. 따라서 분양가가 오른다면 과거 같은 로또 당첨이 어려워질 가능성이 크다.

그러나 지금까지 청약가점을 모아온 사람들 입장에서는 신축을 시세대로 사자니 너무 비싸고, 구축을 사자니 성에 안 차고, 재건축, 재개발을 사자니 너무 오래 기다리거나 불확실성에 노출된다는 단점이 있어, 모아온 가점을 쉽게 포기하기 어렵다. 당첨권 근처까지 가점을 모아왔다면 가점제로 승부를 볼 수 있겠지만, 그게 아니라면 현재로서는 희망 고문에 불과한 제도라고 생각한다. 민영주택 분양이라면, 전용면적 85㎡ 이하의 경우 투기과열지구는 100% 가점제이므로 사실상 서울에서 추첨제로 중소형 평형을 얻을 수 있는 방법은 전무하다. 그러나 전용면적 85㎡가 넘는 중대형 평형의 경우 추첨제의 비율이 적지 않으므로 도전해 볼 만한 가치가 있다. 단, 9억 원 이상의 분양가의 경우 중도금 대출이 안 나오는데, 중대형 평형의 인기 지역의 경우 대부분 분양가가 9억 원이 넘으므로 현금이 충분한 사람만이 도전할 수 있다는 문제점이 있다. 청약가점을 쌓아서 청약에 당첨되는 전략은 너무 어렵지만, 특공(특별공급제도)이라면 노릴 만한 가치가 있다.

특별공급제도

특별공급제도는 국가유공자, 장애인, 신혼부부, 다자녀가구, 노부모 부양자 등 정책적 배려가 필요한 사회계층의 주택마련을 위해 일반 공급과 별도로 분양받을 수 있는 제도다. 특별공급의 공통점은 무주택세대 구성원이라는 자격요건이 필요하고(주택공급에 관한 규칙53조에서 인정하는 것은 예외), 6개월 이상 청약통장을 보유하고 있으며, 지역별 예치금액 이상이 되어야 한다. 또한 평생 1회만 가능하다(신혼부부 특공에 당첨된 사람이라면, 다자녀 특공 등에 응할 수 없음).

이해를 돕기 위해 2021년 가을에 분양한 서울 강동구의 E편한세상 강일어반브릿지의 특별공급을 살펴보자. 전용면적 84㎡(20개 타입)으로 기관추천(국가유공자, 독립유공자 등) 34세대, 다자녀가구 34세대, 신혼부부 77세대, 노부모부양 5세대, 생애 최초 54세대 등 총 204세대가 특별공급으로 분양되었다. 특별공급이라고 해도 가점제 못지않게 경쟁률은 매우 치열하다. 평균 경쟁률이 166.7대 1이었고, 최고

648.8대 1이 나왔다. 특별공급 종류별로 비교를 하면 생애최초 경쟁률이 367.5대 1이었고, 노부모부양 208.8대 1, 신혼부부 149.3대 1, 다자녀 44.2대 1의 순이었다.

특별공급이라고 해도 신혼부부나 생애 최초의 경우 무작위 추첨이 적용되는 경우가 많고, 경쟁률이 너무 높아 당첨은 운에 맡겨야 한다. 예전에는 신혼부부 특별공급의 경우 월평균 소득이 전년도 도시근로자 가구당 월평균 소득의 140%(맞벌이는 160%) 초과에는 청약 기회가 없었다. 하지만 최근 들어서는 고소득 맞벌이 또는 1인 가구도 특별공급이 가능하도록 제도가 바뀌었다. 그렇지만 '추첨제'이기 때문에 큰 기대를 하기는 어렵다.

다자녀 특별공급 자격요건

1) 청약통장 6개월 유지, 6회 납입 또는 기준예치금

2) 미성년 자녀 3명 이상(태아, 입양아도 포함)

3) 세대원 모두 무주택자여야 함

4) 전년도 도시근로자 가구당 월평균 소득의 120% 이하(민영주택의 경우 소득기준 없음)

5) 부동산 2억 1,550만 원이하, 자동차 3,496만 원 이하(민영주택의 경우 자산기준 없음)

※투기과열지구 내 분양가 9억 초과주택은 다자녀 특공 불가

다자녀 특별공급 자격요건

여기서는 운에 맡기는 당첨이 아닌 가점제와 비슷한 제도인 다자녀 특별공급(이하 특공)에 대해서만 예시를 들어보겠다. 다자녀 특공의 경우 국민주택, 민영주택 모두 전체물량의 10%를 배정하고 있으므로 당첨을 노리는 사람들이 많다. 다자녀 특공의 경우 미성년 자녀 3명 이상을 둔 사람만 지원이 가능하며, 태아와 입양자녀도 포함된다. 자녀가 3명보다 많으면 다자녀 특별공급점수를 더 얻을 수 있고, 최고 점수는 5명이다. 전년도 도시근로자 가구당 월평균 소득의 120% 이하, 자산 일정 기준 이하인 사람만 신청이 가능한데, 최소 5명의 가족이 신청하는 것이므로 월평균 소득이 851만 원 이하여야 신청이 가능하다(5인 도시근로자 가구당 월평균 소득 = 약 700만 원. 민영주택의 경우 소득이나 자산 조건 없음).

하단의 점수표를 살펴보자. 총 6개의 항목과 배점 기준이 있다.

다자녀 특별공급 점수표		
평점요소	배점기준	점수
미성년 자녀 수	5명 이상	40
	4명	35
	3명	30

다자녀 특별공급 점수표		
영유아 자녀 수	3명 이상	15
	2명	10
	1명	5
세대구성	3세대 이상	5
	한부모 가족	5
무주택 기간	10년 이상	20
	5년 이상	15
	1년 이상	10
해당시도 거주기간	10년 이상	15
	5년 이상	10
	1년 이상	5
청약통장 가입기간	10년 이상	5

다자녀 특별공급 점수표

아이가 셋인 30대 다둥이 부부라면 그나마 불확실한 추첨제가 아닌 확실한 가점제인 다자녀 특별공급에 도전해 볼 만하다. 다자녀 특별공급의 경우 무주택 기간은 만 19세부터 계산하며, 10년 이상이 만점이기 때문에 만 30세만 되어도 만점이 가능하다. 시, 도 거주기간 역시 10년이 만점이고, 무엇보다 인기가 많은 서울지역이라고 해도 경기도 거주자에게 50%의 물량을 배정해 준다(경기도에서 서울로 지원 가능, 서울에서 경기도로도 지원 가능). 굳이 5명의 자녀가 아니라고 해도 영유아 3명을 둔 다둥이 부모라면 추가 배점이 가능하므로, 30대 후반 정도의 나이에도 미성년자 30점, 영유아 15점, 무주택 20점, 해당 시도 15점, 청약통장 5점으로 85점의 점수가 가능하다.

일반 청약가점제에서는 40대 중반 정도는 되어야 쌓을 수 있는 가점을 30대에도 거의 만점 가까이 만들어 낼 수 있는 셈이다(무주택 부모님과 합가하거나, 한부모 가족이라면 + 5점 = 90점). 서울 주요지역 또는 인기지역의 다자녀 특공 당첨을 위해서는 100점 만점에 최소 70점의 가점이 필요하다는 것을 고려했을 때 아이들이 어린 다둥이 부모라면, 전략적으로 도전해 보자. 유의할 점은, 투기과열지구 내 분양가 9억 원 초과 주택은 특별공급에서 제외되기 때문에 분양가가 높은 서울 등에서는 좁은 주택형 위주인 경우가 대부분이다. 이런 이유로 전용 59㎡ 이하 주택형의 다자녀 특공에서는 종종 미달이 나오기도 한다. 재테크를 위해서라면 전략적으로 입지가 좋은 인기지역의 소형 평수를 노리고, 좁아도 전매가능 기간까지 살다가 나중에 시세차익을 얻고 매도한 다음 인근의 큰 평형으로 옮기는 것도 좋은 선택이다.

독자들도 동감하겠지만, 큰 시세차익을 얻을 수 있는 인기지역의 청약당첨은 가점제든, 추첨제든, 특별공급이든 하늘의 별따기 수준이다. 그러나 여러 조건에 부합한다면 꼭 도전해서 신축아파트 당첨의 기쁨을 누려 보자.

분양권 매수

아파트 분양권이란 공사가 진행 중이며 준공이 안 된(등기가 나오지 않은) 건물에 대한 권리다. 즉 아파트 분양권을 매수한다는 것은 미래의 신축을 청약당첨자에게 프리미엄(P)을 주고 매수하는 것이다. 인기가 많은 로열동, 로열층(RR)일수록 프리미엄의 가치는 올라간다. 과거 서울 아파트 분양권 거래가 투자자들에게 인기를 끌었던 이유는 분양가의 10%와 프리미엄만 있으면 준공이 되는 3년 정도의 기간까지 적은 돈으로 신축의 상승세를 그대로 누리고 신축 입주가 가능했고, 매도해서 수익실현 역시 가능했기 때문이다. 그러나 2022년 현재 서울은 물론이고 대부분의 수도권 지역과 광역시 등의 아파트는 분양권 전매(프리미엄을 주고 거래하는 것)가 반복되는 규제로 인해 전부 막힌 상황이다. 그러나 투기지역, 조정지역이 아닌 비조정지역의 분양권은 여전히 전매 가능하다. 이 책에서는 서울과 수도권, 광역시 위주로 설명을 하고 있지만, 분양권 매매에 대한 이해를 돕기 위해 2021년 11월 당시 비조정 지역인 경상북도 포항 북구의 한화포레나 아파트를 예로 들어서 설명하겠다.

포레나 포항은 KTX 포항역 인근의 총 2,192세대의 대단지 브랜드 아파트로 2021년 4월 분양했고, 2024년 3월 입주 예정이다. 보다시피 분양부터 입주까지 약 3년 정도의 공사 기간이 걸리므로, 분양권은 3년 후 입주 신축의 가치를 현재가치로 할인된 채 거래된다고 보면 된다. 포레나 포항의 분양가는 84㎡ 기준 3.34~3.48억 원이었고, 5.52대 1의 청약 경쟁률을 기록했다. 수도권에 비해 그다지 경쟁률이 높지 않았고, RR(로열동 로열층 기준)은 당첨 즉시 2천만 원 내외의 프리미엄이 붙었다. 로열층 기준 분양가의 10%인 3천 5백만 원 내외와 프리미엄(처음 결정되는 프리미엄을 초피라고 한다)을 얹어서는 5천 5백만 원만 있으면 미래의 신축아파트를 가질 권리를 얻을 수 있다는 것이다.

분양된 아파트의 대금 납부는 분양가의 10%가 계약금으로 들어가고, 60%는 기간을 길게 잡아서 중도금(집단 대출이 된다. 단, 분양가 9억 이상은 대출이 아예 나오지 않고, 서울의 경우 대출이 나온다고 해도 40%밖에 나오지 않으니 20%는 중도금을 스스로 납부해야 한다) 대출이 되고, 나머지 30%를 잔금으로 치르면서 아파트의 등기권리증을 얻을 수 있다. 초피 거래는 매도자의 계약금 일체를 매수자가 미리 내주고, 프리미엄까지 지불하고 나서 분양권을 이전받는 행위다. 매수자의 관점으로 볼 때는 초피와 계약금을 내고 분양권을 전매로 얻었다는 것은 미래의 신축을 중기적으로 들고 가는 투자를 한다는 것이다. 매도자의 경우 분양권을 현금화하면서 확정수익을 얻을 수 있다.

분양권 거래가 가능하다고는 해도, 더욱 강해진 규제로 인해 1

년 미만 매도는 양도세가 70%고, 1년 이상은 60%다. 게다가 양도소득세율의 10%가 지방소득세로 더해지므로 단기거래는 실익이 거의 없다고 봐야 한다. 2021년 11월 기준 분양권 가격은 84㎡ 기준 프리미엄 7~8천만 원 내외로 형성되어 있다. 즉 분양가에 2천만 원 내외의 프리미엄을 주고 산 사람은 6개월 사이에 5천만 원 내외(세전) 시세차익을 얻은 셈이다. 그러나 중도금 대출 등을 일으키고 주택 수에 포함된다는 부담을 가지고 분양권을 들고 가는 것이니 그러한 리스크에 대한 수익이라고 생각할 수 있다. 비조정 지역의 경우 도중에 양도세를 내고 매도는 가능하지만 위에서 보다시피 양도소득세율이 너무 높기 때문에 등기를 하고 실거주를 하거나, 세입자로 전세를 맞춘 다음 중기적으로 매도 또는 추후에 실거주를 하는 방법을 선택할 수 있다. 무주택자의 경우 2년 보유(비조정의 경우 실거주 요건 없으므로 실거주하다 매도해도 되고, 세입자가 있는 상태로도 매도 가능) 후 매도한다면, 양도세는 0원(매도가가 9억 이하인 경우. 12억으로 개정 추진 중)이기 때문이다.

재건축·재개발 매수(초기 재·재 투자와 입주권 매수)

　재건축과 재개발의 차이점에 대해서 간단히 알아보자.

　재건축의 경우 주변 시설과 동네 환경 등은 양호하지만, 특정 건축물 아파트 등이 협소하고 낡아서 노후화되었을 때 건축물만 새로

짓는 것이다. 사례로는 잠실주공1단지를 재건축한 잠실엘스, 가락시영 아파트를 재건축한 헬리오시티, 성남 신흥주공아파트를 재건축한 산성포레스티아, 상계주공8단지를 재건축한 포레나노원, 의정부용현주공아파트를 재건축한 탑석센트럴자이 등이 있다.

재개발의 경우 건물을 포함한 모든 기반시설이 열악해서 동네 자체를 새로 만든다고 생각하면 된다. 흔히 생각하는 달동네나 산동네 등 주거환경이 낙후된 지역을 정비하는 것으로 공공사업의 범주에 들어간다. 사례로는 아현뉴타운 아현3구역의 마포래미안푸르지오, 대흥2구역의 신촌그랑자이, 길음1재정비촉진구역의 롯데캐슬클라시아, 길음촉진2구역의 래미안센터피스, 상계뉴타운4구역의 노원센트럴푸르지오 등이 있다.

초기 재건축·재개발 투자

초기 재건축·재개발 투자는 가장 난이도가 높으면서도 가장 큰 수익이 기대되는 방법이기도 하다. 그리고 어느 정도 사업이 진행되고 나면 당첨 여부가 불확실한 청약과는 달리 거의 100%의 확률로 신축아파트를 얻을 수 있는 전략이다.

그러나 이 길 역시 쉽지만은 않다. 도중에 조합끼리 갈등이 생기거나, 사업이 예상치 못한 변수로 길어지는 등 불확실성이 제법 있기 때문이다. 그러나 나이가 비교적 젊고, 자본금이 신축아파트를 얻기에 부족하다면 도전해 볼 만한 방법이다. 그리고 부동산의 규제라는 것은 정치적인 이유로 가해지는 경우가 많기 때문에 긴 호흡으로 본다면 현재 서울의 아파트들이 급속도로 노후화되고 있는 만큼, 장기적으로 재건축, 재개발은 활성화되고 규제도 풀릴 것으로 본다. 이제는 인구감소와 도심회귀 현상이 큰 시대적인 흐름이므로 신도시를 만들어서 인구를 분산시키는 것보다는 시간과 에너지를 절약하기 위해서 도심을 고밀도로 재개발, 재건축시키고 외곽은 쾌적하게 유지하는 쪽으로 가는 게 시대정신에 맞고, 효율적이며 친환경적이다.

재건축, 재개발 투자는 결국 조합원이 되어서 새 아파트를 싸게 얻는 입주권을 얻는 것이다. 가령 조합원 분양가가 5억 원, 일반분양가가 6억 원, 시세가 10억 원이라고 한다면, 시세 대비 5억 원을 싸게 새 아파트를 얻을 수 있다는 것이다. 조합원이 가지고 있는 낡은 아파트, 빌라, 구옥, 토지 등의 감정평가액에 비례율을 곱한 것을 권리가라고 한다. 권리가가 4억 원이라고 한다면 1억 원의 분담금을 추가로 납부하고 입주권을 얻을 수 있다. 또한 조합원이 되면 로열동·층 우선 배정, 발코니 확장 등 여러 혜택을 얻어 분양권 대비 10~20%의 가격적인 이득을 볼 수 있다.

청약당첨이라는 것은 조합원이 우선순위로 로열동·층을 가져가고 남은 물량을 분양해서 당첨이 되는 것이므로 가점이 높아도 당첨을 확신하지 못하는 서울에서는 재건축 재개발 입주권 투자가 청약가점을 모으는 것보다 나은 방법이 될 수 있다. 뛰는 놈 위에 나는 놈 있다는 속담처럼 청약만점(84점) 당첨자 위에 조합원이 있는 것이다.

재건축, 재개발의 경우 복잡한 절차가 많지만 크게 세 가지 단계가 있다. 첫 번째로 조합이 설립되는 단계, 두 번째로 사업시행인가가 나는 단계, 세 번째로 관리처분인가가 나는 단계다. 재건축과 재개발에 투자하려면 이런 사업단계를 정확히 알아야 한다. 관리처분인가가 나기 전에는 확정된 입주권이 아닌 조합원 단계이므로 불확실성이 있다. 그만큼 당연히 가격은 낮지만 낮은 가격에 입주권 전 단계를 확보할 수 있는 기회이기도 하다. 그러므로 투자금이 부족하다면 초기투자에 도전할 수밖에 없다.

재개발·재건축 사업시행 과정

정비기본계획 수립 → 안전진단(재건축만) → 정비구역지정 → 조합설립추진위원회 승인 → 조합설립인가 → 시공사 선정 → 사업시행인가 → 종전자산 감정평가 → 조합원분양신청 → 관리처분계획수립인가 → 이주 및 철거 → 착공 및 분양 → 준공 및 입주 → 이전고시 및 청산

재개발·재건축 사업시행 과정

입주권 매수

입주권의 개념은 재개발, 재건축 등 원 소유주인 조합원에게 새 아파트에 입주할 수 있는 권리를 매수하는 것이다. 입주권은 관리처분인가가 되어야 나오므로, 그 전 단계에서 매입한 재개발, 재건축 물건은 입주권이라 할 수 없다. 입주권 투자의 장점은 좋은 동, 호수를 배정받을 수 있다는 점, 2년 이상 보유하면 기본세율로 매도할 수 있다는 점이다(단, 투기과열지구라면 조합설립인가 이후에, 재개발의 경우라면 관리처분인가 이후에 입주권 전매가 불가능하다. 조정지역, 비조정지역은 가능). 그러나 입주권의 경우 분양권 이전의 단계로 관리처분인가 이후 이주, 철거, 착공 등의 절차가 있는데, 이 과정에서 사업의 지연, 중단 등 불확실성이 남아 있다. 또한 분양권의 경우 분양가의 10~20% 정도의 계약금만 있어도 되므로 초기비용이 적게 들지만, 입주권은 기존의 건물평가액과 납부 청산금 등이 포함되어 있어 투자금이 많이 든다는 단점이 있다.

재개발, 재건축 초기에 투자를 하면 프리미엄이 낮아서 수익을 많이 볼 수 있지만 사업이 지연되거나 중단될 위험이 커진다. 이런 불확실성을 피하고 싶다면, 프리미엄을 충분히 주고서라도 '관처'가 난 입주권을 거래하는 게 안전하다. 통상 조합설립인가부터 관리처분인가까지 5년, 관리처분인가부터 새 아파트 입주까지 5년이 걸리므로 10년 정도는 잡아야 한다. 현시점에서는 재개발이 재건축보다 사업 속도가 더 빠른 편이다. 재건축의 경우 일반적으로 재개발보다 입지가 양호하지만, 안전진단강화와 재건축초과이익환수제 등 추가적인 규제가 더 있기 때문이다. 또한 지나친 투기를 막기 위해 생긴 규제로 5년 이내에 투기지역 내 2채 이상의 입주권을 동시에 받을 수는 없다는 점을 알아두자(재당첨 제한).

지금까지 재개발, 재건축에 대한 핵심을 간추려 설명했다. 이런 복잡한 단계와 불확실성, 긴 시간을 거치면서 조합원 입주권을 얻으려는 이유는 무엇일까? 그것은 다른 투자에 비해 힘든 대신 최고의 수익률을 자랑하기 때문이다.

2019년 9월 분양한 서울 송파구의 송파시그니처 롯데캐슬의 수익률을 살펴보자. 거여·마천 뉴타운 재개발을 통해 신축아파트가 된 거여2-1구역은 2008년 정비구역지정, 2009년 2월 조합설립인가, 2013년 8월 사업시행인가, 2022년 1월 준공 및 입주를 앞두고 있다.

송파 시그니처 롯데캐슬은 33평 실평수 84㎡ 타입 기준으로 조합원 평균 분양가는 5억 7천만 원이었다. 일반 평균 분양가는 8억 6천만 원 내외였고, 2021년 여름 마지막으로 거래된 입주권 가격은 15억 9천만 원, 2021년 11월 로열동 로열층(RR) 매도호가는 18억 원에 이른다. 입주권을 받을 수만 있다면, 프리미엄 12억 원이 넘는 로또에 당첨되는 것이다! 물론 실거래가 대비 호가가 높다고 생각할 수도 있겠지만, 보수적으로 잡아도 최소 10억 이상의 시세차익이 나온다. 즉 발끝부터 머리끝까지 수익을 전부 다 가져갈 수 있는 것은 오로지 조합원 입주권이다. 일반분양 청약당첨만 되어도 9억 가까운 로또가 되는데, 조합원이 되면 로또를 두 번 맞는 효과가 생긴다(약 3억 + 9억).

신축아파트를 통해서 얻을 수 있는 수익이 '(조합원분양 전)초기 재개발·재건축투자 > 조합원분양(관리처분인가) > 청약당첨 > P(프리미엄)를 주고 분양권 또는 입주권 매수 > 시세대로 매수'라는 점을 생각해보면, 리스크를 감안하고서라도 조합원이 되어야 큰 투자 성공이 가능하다. 내가 10~20년을 기다려서라도 재개발, 재건축 조합원이 되어서 입주권을 얻으려는 이유이기도 하다. 실제로 송파 시그니처 롯데캐슬의 전용면적 59㎡ A타입이 420.55대 1의 경쟁률을 기록했고, 당첨자들의 가점도 평균 61점을 넘었으므로 청약으로 신축을 얻는 것은 정말 어려운 일이다.

재미있는 건 누구나 살고 싶은 이러한 고가 주택이 1970년 전후 서울 도심 재개발 당시 쫓겨난 사람들이 판잣집을 짓고 살면서 생긴 달동네가 재개발되어서 생긴 사례라는 것이다. 흑석뉴타운도, 신길뉴타운도, 아현뉴타운도, 길음뉴타운도, 상계뉴타운도, 성남재개발도 다 비슷하다. 돈을 모아서 신축을 사거나, 청약가점을 모아서 로또 당첨을 노리는 방법도 있지만, 나는 아예 세월을 낚는 방식을 선호한다. 마치 알이 애벌레가 되고, 번데기가 된 다음 화려한 나비로 탄생하는 과정처럼 단계별로 수익금이 올라간다는 것 역시 나의 투자스타일과 잘 맞는다.

이렇게 신축아파트를 얻는 네 가지 방법에 대해서 간단히 알아보았다. 독자 각자의 스타일과 투자금에 맞게 서울과 수도권, 광역시의 신축아파트를 얻길 바란다.

STUDY POINT

1. 신축아파트를 얻는 방법은 신축매수, 청약당첨, 분양권매수, 재개발·재건축(입주권) 매수의 네 가지 방법이 있다.

2. 청약가점이 높거나 특별공급의 자격이 된다면 청약의 기회를 잡아보자.

3. 청약이 어렵다면 분양권매수가 가장 좋으나, 조정지역에서는 분양권 매매가 불가능하다.

4. 초기 재개발·재건축의 경우 큰 수익이 가능하지만 시간이 오래 걸리고 리스크가 있다.

5. 관리처분인가 이후의 입주권 매수는 리스크가 거의 없지만 그만큼 비용을 부담해야 한다.

5장

나는 부동산에 투자하여 이렇게 성공했다

[사례1] 상계주공3단지

　나의 첫 부동산 투자는 2010년에 시작되었다. 오랜 나의 생활권이었던 노원역 초역세권에 내 집을 사면서부터다. 전세를 끼고, 주택금융공사의 대출과 약간의 신용대출까지 사용하며 매수한 게 상계주공3단지였다. 금융위기 이후 약보합세를 보이는 집값을 보고 이 정도 가격이면 충분히 사 볼 만한 가격이라는 생각으로 매수를 결정하게 되었다. 그 당시 내가 가진 예산으로는 3단지가 가능해서 2억 5천만 원대로 전세를 끼고 24평 아파트를 매수했다.

　지금 기준으로 보면 굉장히 저렴해 보이지만 그 당시 나의 연봉이 4천만 원 정도 되었고 순수하게 저축과 투자로 모은 돈이 4천만 원 정도였다는 점을 감안하면, 2억 5천이 넘는 집을 사는 것은 상당한 용기가 필요했다. 전세금 1억 2천을 안고, 주택금융공사의 대출을 5천만 원 받고, 취득세와 부동산중개비까지 포함한 부족한 돈은 신용대출까지 사용해서 간신히 매수한 것이었다. 대출금리도 지금보다 훨씬 더 높았다.

나는 집을 사면서도 걱정이 되었다. 세입자가 있어서 들어가 살수도 없고, 담보대출 원리금과 신용대출 이자는 다달이 내야 하고, 많은 돈이 묶여 있다는 것이 부담이었다. 어쨌든 4호선, 7호선의 대단지 역세권 구축아파트를 30세에 내 명의로 소유하게 되었고, 이는 장기적으로 나의 자산증식은 물론 마음가짐에도 큰 변화를 일으켰다.

아파트를 사고 약세장을 겪다

지금 기준으로 집을 영끌해서 산 결과는 두 가지로 단시간에 나타났다.

첫 번째는 2011년, 결혼을 해야 하는데 수중에 현금이 단돈 1,000만 원밖에 없었다는 것이다. 당시 나에겐 전세를 끼고 산 집의 세입자에게 전세금을 돌려 주고 들어갈 능력이 없었다. 오히려 집을 사느라 얼마 안 되는 전 재산이 묶여 버린 상황이었다. 결국 1,000만 원으로 강서구의 15평 월세 아파트를 보증금 1,000만 원, 월세 55만 원으로 얻을 수밖에 없었다.

두 번째는 상계주공3단지를 사고 나서 2~3년간 집값이 하락세를 보인 것이다. 그 당시도 나름 싸게 산 편이라 잘 샀다고 생각했지만, 2억 3천만 원대까지 가격이 내리자 나는 큰 걱정에 휩싸였다. 지금은 2천만 원 정도의 손실은 감내할 수 있지만 당시 그 돈은 나에게 전 재산이나 마찬가지였기에 상당한 스트레스를 받았다. 비단 나뿐만이 아니라 대출을 얻어서 집을 산 사람들이 고통을 받는 일명 '하우스푸어'가 세상의 화두가 되고 있었고, 나 역시 떨어지는 집값과 상환해야 하는 원리금으로 심리적 부담을 받았다. 그러나 나는 충분한 돈이 없어 그 이후 경기도, 충북 등 수차례의 전·월세로 세를 살면서도 서울의 집 한 채는 지켜야겠다는 생각으로 버텨 왔다.

상계주공3단지의 비상

어떻게든 그 집을 지키려다 보니, 2015년 나는 배우자와 맞벌이를 하며 충북 오송에서 KTX를 타고 서울 광화문으로 매일 출근하는 상황이 되고 말았다. 그러나 다행히도 지방의 다가구주택에 전세를 살면서도 끝내 지켜온 서울의 아파트는 긴 약세장을 거친 후 서서히 반등세를 보이기 시작했다. 그리고 2017년경 상계주공3단지의 24평 실거래가는 4억을 넘겼고, 3단지는 서울에서 상승률 1위 단지로 등

극했다. 나는 그동안의 어려움을 보상받은 것 같아 기분이 매우 좋으면서도 한편으로는 큰 호기심이 생겼다.

왜 수많은 아파트 중 상계주공3단지만 이렇게 많이 올랐을까? 이전까지 가격도 저렴하고 타 아파트에 비해 인기도 별로 없었는데? 아파트를 팔고 갈아타는 게 나을지 아니면 계속 들고 가는 게 나을지 스스로 고민하고 공부하는 시간을 가졌다. 기본적으로 시세가 급등한 이유는 서울의 아파트가 긴 약세장을 벗어나서 강세장으로 반전한 게 가장 큰 이유였겠지만, 그 외의 플러스알파의 요인이 무엇인지 스스로 알아내고 싶었다. 그리고 다음은 내가 연구한 그 요인들이다.

1. 재건축 기대감: 신축아파트가 급등하면서 미래의 대단지 재건축 주공아파트에 대한 선제적 투자수요가 증가했다.

2. 중소형 아파트의 강세: 임대사업자제도, 세제혜택, 세대수 증가 등 중소형 아파트의 수요가 증가했다.

3. 창동차량기지 이전 및 개발 호재.

4. GTX-C 노선 개발 기대감: 상계주공3단지는 창동역까지 도보로 15분 내 걸어갈 수 있다.

즉 서울의 7광역 중심인 창동-상계 개발 권역의 수혜지역이며, 재건축 호재가 있다는 것이 핵심이었다. 나는 그 당시 상계주공3단지에 실거주를 하고 있었기에, 그 아파트를 팔고 다른 아파트로 갈아탈 수도 있었다. 일반적인 아파트 투자의 정석은 평수를 넓히거나, 새 아파트로 가거나, 더 상급지로 가는 것이다. 즉 내 집을 팔고 대출을 더 받아서 더 나은 곳으로 이사를 가는 게 일반적인 선택이다. 그러나 당시 내가 원하는 핵심지의 아파트로 이사를 가기에는 자본이 너무 부족했고, 2017년 8.2대책으로 인해 대출비율도 60%에서 40%로 줄었기 때문에 상급지 이동은 불가능했다. 나는 고심 끝에 이 아파트를 끝까지 가져가기로 결심했다. 그러나 둘째 아이가 태어나자 집이 너무 좁게 느껴졌다. 그 외에도 점점 커가는 아들을 위한 방도가 필요했다. 무엇보다 큰 집에서 살아보고 싶었다. 나는 내 집을 월세로 놓고, 경기도의 중대형평수 반전세로 이사를 가기로 했다. 그 당시 직장이 광화문이었기 때문에 노원에서 출퇴근하는 것보다는 경기도로 가는 게 조금 더 멀어졌지만, 큰 평수의 준신축아파트에서 산다는 것만으로도 그런 불편함을 감수할 수 있었다. 즉 나는 투자와 실거주를 분리하기로 결정했다.

이런 나의 판단은 옳았고 2020~2021년 노원구의 아파트는 급등을 거듭했다. 상계주공3단지의 내가 소유한 평형대의 시세는 2021년 12월 기준 8억 5천만 원 내외다. 서울 평균에 채 못 미치는 가격이지만, 매입가 대비 상승률로만 따지면 200%가 넘는다. 물론 이 아파트만 오른 게 아니라 서울 전체가 전부 폭등했고, 경기도를 비롯한 전국이 올랐다. 재건축 호재 역시 아직 예비안전진단을 통과했을 뿐이고, 각종 정부의 규제로 정밀안전진단조차도 연기된 게 현실이다. 즉 재건축으로 새 아파트가 되려면 아무리 빨라도 10년, 길면 20년은 걸릴 긴 여정인 것이다. 그러나 나는 상관없다고 생각했다. 나의 고향이라서 더 마음 편하게 기다릴 수도 있고, 투자 수익 및 자산가치가 중요하지 필요한 집은 빌려서 살면 된다는 유연한 생각을 했기 때문이다.

노원구는 서울의 동북권에 치우쳐 있어서 3대 직장밀집지역인 종로-광화문-을지로, 여의도, 강남과 모두 가깝지는 않다. 어디로 다녀도 1시간 정도는 걸리는 위치라는 단점이 있어서 직주근접에는 좋은 점수를 주기 어렵다. 하지만 세 번째 호재인 교통망확충 GTX가 그 약점을 보완해 줄 수 있다. GTX-C노선은 2022년 하반기 착공, 2027년 개통을 목표로 차근차근 진행 중이다. GTX가 개통된다면 창동역에서 서울의 중심인 삼성역까지 11분이면 도착할 수 있으므로 강남 접근성도 획기적으로 개선된다.

2021년 9월 기준 상계역 인근의 노원 센트럴 푸르지오는 33평 14억 원, 마들역 인근의 상계주공 8단지를 재건축한 포레나 노원은 33평 15억 원의 시세를 형성하고 있다. 그렇다면 8단지보다 입지가 더 좋은 3단지가 재건축된다면 33평을 받고 분담금을 내도 17~18억 원 정도는 충분히 갈 수 있다는 합리적인 결론이 나온다. 1주택으로

만 간다면, 자금의 여력이 될수록 더 상급지로 가는 게 세제 면으로 나 실거주 면으로나 나은 선택임에는 틀림없다. 그러나 나는 재개발과 재건축을 모두 가지고 싶다는 목표가 있기에, 상계주공3단지를 장기 보유하기로 결심했다.

서울에서 새 아파트 가지기는 하늘의 별 따기다. 시세대로 사자니 너무나도 비싸고, 청약으로 당첨되자니 경쟁이 너무나도 치열하다. 그런데 청약가점 만점보다 우위에 있는 게 재건축 조합원이다. 그렇다면 시간이 걸리더라도 조합원이 돼서 미래의 신축아파트를 선점하는 게 최고의 투자다. 심지어는 내 생애에 재건축이 되지 않는다고 해도, 내 아들에게 물려주면 그만이라는 생각으로 나는 보유할 것이다. 재건축 규제와 완화는 부동산의 경기에 따라, 정권의 필요에 따라 언제든지 바뀌는 것이고, 서울은 새 아파트가 부족하기 때문에 서울 안의 신도시인 상계주공은 언젠가 재건축이 될 수밖에 없다.

시간이 지날수록 오를 수밖에 없는 입지는 끝까지 가져가야 한다는 것이 나의 확고한 신념이다. 따라서 굳이 강남 또는 상급지를 살 능력이 되지 않는다면, 지금 보유하고 있는 부동산의 미래가치가 극대화될 때까지 끝까지 가져가는 것도 좋은 전략일 것이다.

1. 역세권 중소형 아파트는 실수요가 탄탄해서 투자로도, 실거주로도 좋다.

2. 교통망의 획기적인 개선은 집값에 큰 영향을 미친다(GTX 노선).

3. 인근의 재건축, 재개발 후 신축의 시세를 보면 재건축아파트의 미래가치를 가늠할 수 있다.

4. 투자와 실거주를 분리하는 것도 수익률을 극대화하는 좋은 방법이 될 수 있다.

5. 불확실성이 크고 시간이 오래 걸리지만, 재건축아파트는 매우 높은 수익을 가져다 줄 수 있다.

[사례2] 성남재개발

유난히 추웠던 2019년 2월 초, 나는 성남재개발구역으로 향했다. 그 당시 부동산 시장은 2018년 가을의 9.13대책의 영향과 2018년 말 헬리오시티를 비롯한 서울 동남권의 대규모 입주 여파로 잠시 조정 장세를 보이고 있었다. 그러나 여전히 부동산은 예전 대비 비쌌고 부동산 투자에는 적지 않은 투자금이 필요한 상황이었다. 지금 보유하고 있는 서울 아파트 한 채로는 자산인플레이션에 뒤처질 것이라는 부담감에 나는 투자금이 적게 드는 초기 재개발을 알아보고 있었다. 겨울에 방문한 성남시의 분위기는 예전에 해제되었던 구도심 재개발 사업이 다시 시작되는 상황이었고 10여 개가 넘는 구역 중 5개가 새로 재개발로 구역지정을 앞두고 있었다. 그러나 기존 원주민들은 과거 재개발 지정이 되었을 때 급등했다가 해제 이후 폭락한 경험이 있어서인지, 상당히 많은 매물이 쏟아지고 있었다. 즉 반짝 오를 때 변수가 생기기 전에 팔고 나가야겠다는 사람들이 많았던 것이다.

내가 눈여겨본 지역은 상대원3구역이다. 성남 구도심의 다른 구역에 비해서 다소 입지가 떨어졌지만, 구역의 규모가 굉장히 크고, 향후 성남의 1호선 트램과 위례신사선 연장 등 호재 가능성이 있었으며, 무엇보다도 가격이 싸서 부담이 적었다. 수진1구역, 신흥1구역 등의 입지가 좋은 곳은 아직 구역지정도 안 된 상황임에도 불구하고 프리미엄이 억 단위로 붙었다. 투자금이 2~3억 정도는 있어야 살 수가 있는데, 재개발이 확정되지도 않은 상태에서 그런 리스크를 안는 건 무리였다. 극 초기 재개발 구역에 투자할 때는 '안 되어도 그만'이라는 마음으로 여유 있게 접근해야 한다. 나는 상계뉴타운 6구역에서 학창시절을 보냈다. 이명박 정부 시절 재개발 붐으로 엄청나게 오르다가 금융위기 이후 재개발이 취소된 걸 지켜본 기억이 있다. 그러나 오히려 한 번 취소됐던 곳이 다시 지정되면 속도가 빨라진다는 것도 경험적으로 알고 있었다(현재 상계뉴타운 6구역은 노원 롯데캐슬 시그니처가 한창 공사 중이며, 2023년 입주를 앞두고 있다).

그런 이유로 나는 결국 성남재개발을 선택했고, 부동산에서 상대원3구역의 몇 개 매물을 브리핑 받았는데 급매가 하나 있다고 했다. 나는 2억 6천만 원에 나온 급매물을 확인했고, 전세보증금은 2억 2천만 원까지 맞출 수 있다고 했다. 2016년에 지어진 신축빌라였고 분양가가 2억 6천만 원이었으므로, 재개발 지정에서 탈락한다고 해도 산 가격에 바로 되팔 수 있을 정도로 리스크가 낮은 물건이었다. 집 상태도 아주 좋아서 수리할 것도 없었고 실평수 22평 정도로 신혼부부나 아이 하나 있는 가족이 살기 좋을 만한 크기였으며, 엘리베이터도 있고 주차도 가능해서 세입자를 맞추기가 쉬워 보였다. 재개발은 장기전이기 때문에 오랜 기간 보유하려면 임대 관련 스트레스 받는 일이 적어야 한다.

또한 재개발에서 가장 중요한 지표인 대지지분, 공동주택가격역시 다른 매물 대비 높은 편으로 나중에 33평 정도는 충분히 받을수 있는 물건으로 보였다. 한눈에 이 매물을 사야겠다는 느낌이 왔다. 매물의 스토리를 들어보니 나이 드신 할머니가 겨울에 올라다니기에 무릎이 아파 이번에 팔고 자녀와 함께 살고 싶다고 한 상황이었다. 성남재개발 상대원3구역은 꽤 높은 언덕에 위치해 있다. 나이 든어르신이 추운 겨울에 걸어 다니기에는 분명 고생스러운 게 사실이었다. 나는 상대원3구역이 이번에 구역지정이 될 가능성이 높다고봤고, 설령 이번에 안 되어도 빠른 시일 내에 재개발이 될 거라는 확신을 가졌다. 가격에 비해서 입지가 좋았기 때문이다. 성남시는 강남구, 서초구, 송파구와 모두 붙어있는 경기도의 유일한 시다. 게다가 가장 떠오르는 경기도의 일자리 관문인 분당과 판교와 붙어 있으며, 판교역까지 내비게이션을 찍어봐도 20분 내 도달할 수 있는 입지였다. 그리고 인근 성남산업단지가 있어서 전세 공실의 리스크도 걱정되지 않았다.

나는 그날 즉시 가계약금을 넣었다. 오늘이라도 당장 팔릴 수 있는 물건이었기 때문에 바로 잡아야겠다는 생각이 들었다. 그리고 월요일 출근 즉시 계약금을 송금했다.

성남재개발 투자금은 다 해서 4천만 원이고 매수금액은 2억 6천만 원이다. 얼마 전 전세금을 2억 5천만 원으로 재계약해서 투자금 3천만 원은 이미 회수가 된 상황이다. 재개발을 매수한 지 한 달도 안 되어서 성남시 도시주거 환경정비기본계획에서 상대원3구역은 태평3구역, 신흥3구역과 함께 2단계로 예비구역지정이 되었다. 그야말로 나이스 타이밍이었다. 지금 상대원3구역은 재개발을 위한 용역 진행 중이고 2022년 정식 구역지정이 될 것이다. 10년 정도면 충분히 신축으로 다시 태어날 수 있기에 많은 돈보다는 시간을 투자할 수 있는 나로서는 신축아파트가 될 때까지 여유 있게 기다리기로 했다.

부동산의 실수요자들이 원하는 것은 직장에서 가까운 대단지 브랜드 신축아파트다. 10여 년 후면 판교와 분당은 신분당선을 잇는 경부라인의 일자리 중심축으로 더욱 발전해 있을 것이고, 상대원3구역이 대단지 신축으로 완공된다면 폭발적인 시세 상승을 기대할 수 있다. 상대원3구역의 약점인 높은 경사 역시 발전된 건축기술로 단점을 극복할 수 있을 것으로 기대된다. 2021년 말 기준으로 내가 가진 물건의 시세는 7억 대 중반으로 거래되고 있다. 매수 금액 대비 거의 5억 가까이 오른 금액이다. 투자금이 4천만 원이었던 점을 감안하면 1000%가 넘는 수익률이다. 물론 시세 상승은 이제 시작일 뿐이다. 아직 정식으로 구역지정도 안 되었는데도 3년이 채 안 되어 5억에 가까운 시세차익을 얻었다. 그만큼 성남재개발의 미래 기대감이 크다는 반증이다. 향후 빌라가 신축으로 다시 지어지고 나면 33평 기준 현재가치 12억 이상의 시세를 예상해 본다. 성남재개발의 바로미터이자 시세의 기준은 신흥주공아파트를 재건축한 산성역 포레스티아고, 완공 시 산성역 포레스티아의 80% 정도의 시세가 될 것이다. 대지지분이나 공동주택가격도 양호한 물건이라 분담금 역시 큰 금액이 아닐 것으로 보인다.

초기 재개발 투자를 말리는 전문가들이 많다. 그만큼 변수가 많기 때문이다. 도중에 구역지정이 해제되거나 조합 간의 분쟁이 생기는 등 리스크가 많은 것도 사실이다. 그러나 적은 돈으로 큰돈을 벌 수 있는 것 역시 초기 재개발 투자밖에 없다. 지금은 수억 원의 프리미엄이 붙은 북아현 재개발도 한때는 마피(마이너스피)였다는 것을 생각해 보자. 사업시행인가나 관리처분인가가 난 안전한 물건은 프리미엄을 몇 억씩이나 주고 사야 하는데 나는 그럴 돈이 없었다. 특히 성남재개발은 LH에서 함께하는 민·관 합동 재개발이기에 리스크도 적다. 이미 지어진 기축 아파트는 입지가 아주 좋지 않은 이상 시간이 갈수록 조금씩 감가상각이 된다. 그러나 미래의 신축인 재개발은 시간이 갈수록 불확실성이 제거된다. 시간이 오래 걸리기는 해도 결국에는 가장 상품성이 높은 새아파트가 되기 때문에 가치가 올라가지 결코 떨어지지 않는다. 신축아파트 청약당첨이 하늘의 별 따기고 힘든 고생을 해서 청약에 당첨된 사람보다 우위에 있는 사람이 바로 재개발 조합원이다. 약간의 투자금과 인내심, 리스크를 감수할 수 있다면 최고의 수익이 가능한 것이 재개발인 것이다.

📑 CASE2 STUDY POINT

1. 초기 재개발은 적은 돈으로 큰 수익을 낼 수 있는 투자다.
2. 재개발의 불확실성이 줄어들수록 투자금은 커지게 된다.
3. 입지분석과 과거 사례분석을 통해 리스크를 계산할 수 있다.
4. 리스크가 있어도 위험 대비 수익이 훨씬 더 크다고 생각하면 투자해야 한다.
5. 재개발은 시간에 대한 투자다. 투자금이 적더라도 기다릴 수만 있다면 신축 입주권을 얻을 수 있는 최고의 선택이 될 수 있다.

[사례3] 청주 신축 A아파트

처남 내외는 오랜 수험생활을 끝내고 청주에서 공무원이 되었다. 좋은 직장을 얻었지만 모아 둔 돈은 얼마 안 되는 상황이었다. 그런 와중에 2019년 말 청주의 A아파트를 보고 처남이 나에게 상담을 청해 왔다. 당시 청주의 부동산 분위기는 암울 그 자체였다. 2020년 1만 2천 가구에 달하는 입주 물량이 쏟아지는 상황이었다. 대부분의 물량을 담당했던 동남지구는 미분양이 속출했고 그 여파로 기존의 기축 아파트들 역시 매매가는 계속해서 하락하고 있었다. 나는 처남에게 이렇게 말해 주었다.

"지금 현재 자산은 거의 없지만, 처남 내외는 앞으로 안정적으로 소득이 늘어날 거잖아. 그러니 지금 최대한 대출을 받아 33평 신축아파트를 사는 게 좋을 것 같아. 지금은 원리금 상환이 버겁게 느껴지겠지만 몇 년만 지나면 괜찮아져. 나도 그랬거든. 앞으로 30년 이상 돈을 벌 것이니 내 집 한 채는 있어야지."

당시 청주 부동산은 바닥권에 진입하고 있었지만, 전국적으로 비교해 봐도 청주만큼 싼 곳은 없었다. 따라서 실거주 아파트를 마련하기에는 매우 좋은 타이밍이었다. 당장 집값이 오르기를 기대하기는 힘든 상황이었지만 더 내리지 않을 것은 분명했다. 처남이 이야기했던 아파트의 로열층 가격은 2억 8천만 원. 전고점(과거부터 현재까지

정해진 구간에서 가장 높았던 고점)이 3억 3천만 원이었던 걸 감안하면 그냥 사도 될 가격이었다. 그래도 신축브랜드아파트고 설령 가격이 조금 떨어진다고 해도 실거주가 주는 안정감과 편안함이 있을 터였다. 교통도 좋아서 두 사람의 직장까지 자차로도 10분밖에 안 걸리고 인근에 공원도 있어서 충분히 좋은 조건으로 보였다.

"구축 B아파트는 대출을 적게 받아서 살 수 있는데 B아파트를 사는 게 어떨까요? 33평에 1억 5천만 원이네요. 신축 A아파트는 2억 8천만 원이고요. 거의 두 배나 차이가 나요."

"음… 그건 별로 추천하고 싶지 않아. 청주에는 신축공급이 많아서 B는 많이 오르기도 어렵고, 나중에 집값이 오르는 폭도 A아파트가 훨씬 클 테니까. 더구나 A는 대단지라 관리비도 적고 매매도 수월할 거야. 지금 B아파트를 산다고 해도 나중에 여유가 생기면 분명 A아파트로 가고 싶지 않겠어? 나중엔 B를 팔고 A를 사기가 정말 힘들어져. 처음부터 힘들더라도 신축을 사 둬야 나중에 갈아타고 다른 신축으로 급지를 높여서 이사 가기도 쉽고 세를 놓기도 쉬워."

모아 놓은 자본이 3천만 원밖에 되지 않았지만, 공무원이라는 직업 덕분에 각종 대출을 활용해서 처남 부부는 신축아파트 고층을 내 조언대로 매수했다. 그리고 A아파트의 시세는 2022년 1월 기준 4억 원 내외의 가격을 형성하고 있다.

자본이 거의 없이 시작한 처남과 처남댁도 A아파트를 통해 재테크의 첫 단추를 성공적으로 시작하게 되었다. 실거주와 투자 두 마리 토끼를 잡게 되었으니 금상첨화가 아닐 수 없다.

🖎 CASE3 STUDY POINT

1. 안정적인 직장이 있다면 내 집 마련을 최대한 빨리하라.
2. 실거주용이라 하더라도 향후 투자가치가 높은 대단지 아파트에 투자하라.
3. 서울이나 수도권이 아닌 지방일 경우 가능한 한 신축브랜드아파트 또는 준신축을 잡아라.
4. 돈을 조금 더 투자하더라도 로열층을 잡아라.

[사례4] 청주 구축 B아파트

2020년 초, 장모님이 보유했던 집터가 공원으로 국가에 수용되면서 1억 원이 조금 넘는 돈이 보상금으로 나왔다. 사람마다 1억 원에 대한 돈의 체감이 다르지만, 은퇴를 앞둔 처가의 입장에서는 엄청나게 큰돈이었다. 그 당시 장모님과 장인어른은 낡은 빌라에서 불편하게 살고 계셨기에 나와 아내는 이사를 적극적으로 돕기로 했다. 매매를 하는 데 있어 갖고 계신 돈을 어떻게 활용하면 좋을지, 최대한 상황에 맞는 방법에 대해 말씀드렸다.

사실 장인어른의 경우는 처남 집과는 좀 달랐다. 처남 내외의 경우 안정적인 직장으로 향후 투자를 위한 비용 지출이 가능하지만, 장인어른과 장모님은 이제 진짜 실거주를 하며 노후를 편안히 보낼 곳이 필요했다. 소득이 거의 줄어들고 준비한 노후 자금으로 살아가야 하기에 무리하면 안 되는 상황이었다. 따라서 나는 처남 집과는 반대로 조금 낡긴 했지만 값이 싸고, 인근에 병원, 은행, 마트, 초등학교가 모두 가까운 B아파트를 추천했다. 오르내리는 시세 차익보다는 실거주 위주에 더 주안점을 두었기 때문에 가진 예산 안에서 산다고 했을 때 B아파트는 매우 좋은 조건이었다.

장인어른은 나와 상의해 결국 1억 5천만 원으로 33평 B아파트를 사셨다. 부족한 돈은 S은행에서 30년 만기 담보대출로 갚는 것으로 했다. 그리고 얼마 전 장모님이 사시던 빌라가 팔렸고 그 돈으로 은행 대출을 전부 다 갚았다. 시세 상승을 크게 기대하지 않고 산 B아파트도 2년 사이에 1억 5천만 원에서 2억 5천만 원의 실거래가를 찍었다. 무려 65% 이상의 수익률이 나온 것이다.

[사례5] 평촌 생숙 분양권 투자

2020년 가을, 나는 분양권 투자에 관심이 있었다. 그러나 정부의 규제로 인해 수도권의 아파트 분양권은 전매가 불가능했고, 자연히 투자자들은 아파트의 대체재인 오피스텔 또는 생숙(생활형 숙박시설)으로 몰렸다. 생숙의 경우 주택법이 아닌 건축법의 영향을 받는 일종의 박쥐 같은 존재라 다주택자들의 대안 투자처로 부상하는 중이었다. 물론 무주택 신분으로 아파트와 비슷한 구조의 아파텔에서 실거주하면서 청약가점을 모으려는 사람들(실수요자) 역시 많은 관심을 보였다. 생숙이나 오피스텔을 보유한다고 해도 현 주택법에서는 청약기준 무주택자로 인정이 되기 때문이다.

나는 초기 생숙 분양권인 별내역 아이파크 스위트, 힐스테이트 별내역 등에 투자한 지인들을 알고 있었기에 생숙에 대한 사전 지식은 이미 있는 상황이었다. 마침 평촌에서 평촌 푸르지오 센트럴파크 분양이 있었다(오피스텔과 생숙의 경우 100% 추첨제이며, 청약가점이 필요 없다). 분양가가 7억 대 중반을 넘어 당시 분양가가 비싸다고 입을 모아 이야기했지만, 평균 경쟁률이 128대 1이 나왔고 적지 않은 프리미엄(피)이 붙었다. 나는 과감히 RR(로열동 로열층)을 초피(분양권 당첨이 되고 계약을 하지 않은 상태에서 바로 붙는 프리미엄)를 주고 구입했다.

무엇보다 입지가 너무 좋았다. 안양에서 가장 높은 건물인 데다 평촌의 중심가인 범계역과 평촌역의 한복판 중심상업지역에 위치해 있고, 지금은 세종시로 이전한 국토연구원 부지를 대우건설에서 매입해서 분양하는 자리였다.

게다가 평촌 생숙의 경우 다른 생숙 또는 오피스텔과는 차별적인 장점이 하나 더 있었다. 평촌은 핵심 학군지로도 유명하다. 서울의 대치동, 목동, 중계동뿐 아니라 일산, 평촌, 분당 등 1기 신도시의 핵심 학군지는 항상 대기수요가 가득하다. 저출산 시대라고는 하지만 그만큼 더 소자녀에게 집중투자를 하는 시대가 되었고, 이를 위해서는 학업 인프라가 필요하다. 뷰가 좋은 로열층에, 교통도 좋고 특히 학군이 좋은 이 투자처는 분명 실수요자들의 관심을 많이 받을 수 있을 것이라 여겨졌다.

그리고 방 3개 화장실 2개 구조의 주거용 오피스텔은 아파트 25~29평 정도의 2~3인 가구에 알맞은 크기로 중소형 아파트의 대체재가 충분히 될 수 있다. 이미 수원의 포레나 광교, 일산의 킨텍스 꿈에그린, 위례 지웰푸르지오 등 주거용 오피스텔은 아파트 못지않은 시세를 자랑하고 있다. 가격이라는 것은 결국 수요와 공급의 문제인 것이고, 신축 선호현상은 앞으로도 계속될 것이기 때문에 시세 상승은 그다지 걱정되지 않는다.

물론 생숙 투자 과정에서 우여곡절도 있었다. 초피에 사고 나서 금방 시세가 급등했지만, 2020년 말에 나온 생숙 규제로 인해 다시금 냉기가 돌았다. 2021년 가을이 되어 기생숙(기존에 분양한 생숙)은 오피스텔로 용도전환을 해 준다는 정부의 발표가 뜨고 나서야 다시금 시세에 날개를 달고 있다. 오피스텔로 용도전환이 되고 나면 발코니 확장이 가능하고, 무엇보다도 전입신고가 합법적으로 가능하다. 그전까지 생숙은 호텔과 오피스텔의 중간 지점의 느낌이라 전입에 대한 불확실성이 존재했는데 이 가장 큰 단점이 해결된 것이다!

게다가 지하철로 한 정거장인 인덕원역에 GTX-C 정차가 확정되면서 인근의 인덕원 센트로푸르지오 등의 시세가 급등해 반사효과 역시 얻을 수 있었다. 평촌 푸르지오 센트럴파크 말고도 송도 힐스테이트 스테이에디션, 청주 힐스테이트 센트럴, 마곡 롯데캐슬 르웨스트 등 생숙은 상업지에 분양하기 때문에 입지가 대부분 뛰어나다. 물론 대단지 아파트 대비 전용면적이 작고 대지지분이나 커뮤니티시설이 부족하다는 단점이 있지만, 일반적인 택지에 분양하는 것과 상업지의 토지를 동일하게 비교할 수는 없다.

　투자자들이 생숙을 사는 이유는 간단하다. 일반과세로 분양권을 매도할 수 있기 때문이다(전매 가능). 쉽게 말해 전매가 불가능하다면 등기하는 과정까지는 끝까지 들고 가야 하지만, 전매가 가능하다면 끝까지 들고 갈 수도, 도중에 적당한 차익을 얻고 매도할 수도 있으므로 당연히 전매가 가능한 것들이 투자자들에게 인기다. 전매로 매도를 해도 양도세를 내야 하지만, 중과세가 아닌 일반과세라면 세금을 내고 나서도 손에 쥐는 수익금이 상당하다. 수익금에 따라 다르지만, 억 단위가 넘는다면 대략 35% 정도의 양도세가 나온다. 즉 3억의 시세 상승이 있다면, 2억 정도의 금액을 안전하게 손에 쥘 수 있다는 뜻이 된다.

　물론 이 수익금은 그만한 스트레스와 자금조달의 리스크 등 인고의 고통을 겪고 난 기회비용이라는 것을 인정하자. 부동산 경험이 많은 한 리치 워커는 이렇게 말했다.

　"분양권은 초기에 사서 푹~ 삶아야 해요."

　마치 계란을 완숙으로 오래 삶듯이, 2년 이상 보유해서 일반과세로 매도하기 위해서는 시세에 연연하지 말고 장기적으로 들고 가야 한다는 것이다. 물론 2년을 채우지 않고서도 양도세매수부담(손피, 내 손에 쥐는 피) 등으로 거래하기도 하지만, 나의 경우 급하게 매도해야 할 이유가 없어 느긋하게 시세 상승을 즐길 것이다. 분양권상태의 매도가 아니고, 등기를 치고 나서도 임대사업자를 내거나 세입자 전입을 하지 않고 매도하는 등 양도세를 줄이는 방법도 있다(아파트 임대사업자는 막혔지만 오피스텔은 아직 가능하다).

분양권 투자 시 유의할 점은 이 분양가가 고평가인지 아닌지를 평가할 줄 알아야 한다는 것이다. 먼저 인근의 아파트, 오피스텔, 아파텔, 다른 지역의 기분양된 비슷한 상품 등의 가격비교를 면밀히 해야 한다. 이렇게 공부한 후 확신을 갖고 투자를 해야 한다. 그러지 않고 아무 것이나 묻지마 투자를 했다가는 돈은 돈대로 잃고 마음고생만 하기 십상이다.

최근 아파트값 폭등의 근본 원인은 사람들이 살고 싶은 신축아파트가 부족하다는 것이다. 이 문제가 해소되기 전까지는 기존에 지어진 신축아파트, 아파트분양권, 아파트를 대체할 3룸 아파텔 등의 시세는 앞으로도 우상향할 것이다. 어떤 것이든 원하는 사람보다 가지고 있는 사람이 적다면 가격은 오를 수밖에 없다. 결국, 투자의 성패는 수요와 공급의 법칙을 제대로 이해하는지에 따라 결정된다. 사람들이 원하는 것이 무엇인지 알고 있다면 자연스럽게 좋은 성과가 이어질 것이고, 향후 새로운 투자처도 발굴할 수 있을 것이다.

1. 분양권 투자는 적은 자금으로 미래의 신축을 얻을 수 있다.

2. 실수요자의 입장에서 좋아하는 조건을 공부하면 투자처가 보인다.

3. 일반과세로 양도세를 내는 것은 큰 부담이 아니므로 적극 투자할 필요가 있다.

4. 인근의 아파트, 오피스텔 시세와 비교한다면 분양가의 적정성을 체크할 수 있다.

5. 청약조건, 전매가능 조건, 양도세율, 청약가점제, 추첨제 등 새아파트(오피스텔)의 공급에 대한 공부가 되어 있어야 분양권 투자가 가능하다.

부동산은 주식과는 달리 필수재이기 때문에 우리는 자가, 전세, 월세 등 부동산 시장에 참여할 수밖에 없다. 주식과 부동산을 모두 경험해 본 나의 느낌은 주식에 비해 부동산이 불확실성이 적고, 레버리지 효과가 크기 때문에 노력 대비 성과를 거두기가 수월하다는 것이다. 물론 하루아침에 부동산 투자 실력을 올릴 수는 없고, 부동산 역시 사이클이 있기 때문에 투자 시기도 중요하다.

다른 투자자산 대비 부동산 투자의 단점은 거래비용이 높다는 점과 세금이 많다는 점이 있지만 그런 단점을 상쇄하더라도 얻는 이익이 더 크므로, 부동산 투자는 누구에게나 꼭 권하고 싶다. 꼭 투자자가 되지 않더라도 자가 1채를 마련하면 실거주의 안정성을 얻으며 인플레이션에 뒤처지지 않을 수 있다. 또한 노후에는 자가 주택을 주택연금으로 활용하거나 세를 주는 등 다양하게 활용할 수 있으니 부동산에는 항상 관심을 가지도록 하자.

부동산 정보를 얻을 수 있는 곳

네이버 카페

- 부동산 스터디

전국 최대 규모의 부동산 카페로 다양한 부동산 투자 정보를 얻을 수 있다.

네이버 블로그

- 아기곰의 부동산 산책

1세대 부동산 투자자로 유명한 아기곰의 블로그. 명쾌한 칼럼은 부동산 투자뿐만 아니라 전반적인 투자관을 세우는 데도 도움이 된다.

- 빠숑의 세상 답사기

《서울 부동산의 미래》 등 다수의 책을 저술한 스마트튜브 부동산 조사연구소 대표인 빠숑이 운영하는 블로그. 특히 입지분석에 강점이 있다.

- 부동산 전업투자자의 부동산 투자 이야기

《돈 버는 부동산에는 공식이 있다》의 저자이며 전직 부동산 펀드매니저이자 부동산 전업투자자인 시네케라의 블로그. 아파트투자뿐만 아니라 수익형 부동산 상가, 꼬마빌딩 등 다양한 부동산 투자 정보를 얻을 수 있다.

- 전 유진투자증권 건설분야 애널리스트이자, 현 인베이드 투자자문 이상우 대표의 페이스북

  가장 명쾌하고 통찰력 있는 대표 부동산 전문가. 촌철살인의 유머감각과 센스 넘치는 멘트는 그의 팬이 될 수밖에 없는 다른 이유기도 하다.

- 홍춘욱의 경제강의노트

  전 국민연금공단 기금운용본부 투자운용 팀장을 역임하고 RICHGO인베스트먼트 대표인 홍춘욱 박사의 블로그. 부동산 외에도 거시경제, 주식 등 전반적인 경제시야를 넓힐 수 있는 곳.

- 월급쟁이 부자들

  갭 투자로 큰 수익을 거둔 '너바나', '너나위'가 중심이 돼서 월급쟁이 부동산 투자의 정보를 함께 공유할 수 있는 곳.

중요한 점은 부동산 투자경험이 많은 전문가의 의견이라고 해도 언제든 틀릴 수 있고, 자산시장에는 갑작스러운 규제나 돌발변수가 있을 수 있다. 그러므로 모든 투자의 의사결정과 그에 따른 수익, 손실은 자기 자신에게 귀결된다는 점을 잊어서는 안 된다. 전문가의 의견은 참고만 하고 스스로 공부해서 얻은 확신으로 투자해야 한다는 것을 잊지 말자.

부동산 투자 잠재력 테스트

부동산 투자의 성공은 지속적인 관심과 실행력에 있다.
다음 테스트를 통해 자신의 잠재력을 점검해 보자.
YES라고 답한 것에 1점, NO라고 답한 것은 0점으로 계산하면 된다.

	YES	NO
1. 최근 몇 년간 아파트 폭등의 원인을 세 가지 이상으로 설명할 수 있다.		
2. 부동산 매매를 3번 이상 해 본 적이 있다.		
3. 임대차 3법의 내용을 알고 있다.		
4. 투기지역, 조정지역, 비조정지역이 어디인지 알고 있다.		
5. 분양가 상한제가 무엇인지 알고 있다.		
6. 재개발과 재건축의 차이를 설명할 수 있다.		
7. 4인가구의 청약가점 만점, 6인가구의 청약가점 만점이 몇 점인지 알고 있다.		
8. 1가구 1주택의 양도소득세 면세기준이 얼마인지 알고 있다.		
9. 임대사업자제도에 대해서 알고 있다.		
10. 입주권과 분양권의 차이점을 설명할 수 있다.		
11. LTV(주택담보대출비율), DTI(총부채상환비율)에 대해서 설명할 수 있다.		
12. 정부 정책이 발표될 때 부동산시장에 어떤 영향이 있을지에 대해서 생각해 본다.		

0~3점 부동산에 대한 기초지식이 필요합니다. 차근차근 시작해 보세요.

4~6점 평균적인 부동산 지식을 갖추고 있지만, 조금 더 욕심을 내 보시기 바랍니다.

7~9점 충분한 지식을 갖추고 있으며 부동산으로 성공할 수 있는 재능이 있습니다.

10점 이상 이미 부동산으로 좋은 성과를 거두고 있을 것이고, 앞으로도 부동산으로 큰 수익을 얻을 수 있을 겁니다.

RICH WORKER

RICH

경제 독립을 원한다면
현명하게 주식투자하라

주식편

WORKER

위험은 자신이 무엇을 하는지 모르는 데서 온다.

- 워런 버핏

1장

트레이딩이냐 가치투자냐, 그것이 문제로다

2020년 3월, 코로나19 위기로 주식시장이 대폭락했지만, 일부 직장인들은 폭락이 매수 기회라는 것을 인지하고 과감하게 주식시장에 뛰어들었다. 실제로 매수액도 어마어마해서 2020년 한 해만 해도 개인이 사들인 주식은 무려 63조가 넘는 액수였고, 2021년 11월까지 누적매수액을 합치면 148조나 된다. 그야말로 엄청난 머니무브 money move 현상이 아닐 수 없다. 제로금리에 가까운 금리인하, 부동산 규제, 그리고 코로나19 팬데믹으로 인한 폭락장의 주식 저가매수 현상 등 다양한 원인이 맞아떨어지면서 개인의 시장참여율은 사상 최대수치를 기록했다. 코로나19로 인한 급락장에 주식시장에 들어온 개인들은 적지 않은 수익을 올렸다.

그러나 이렇게 단기간 수익을 올린 사람도 있지만 일정 기간을 두고 평균을 내면 여전히 이익을 본 사람보다는 손실을 본 사람이 훨씬 많다. 실제로 자본시장연구원의 분석에 따르면, 2020년 급락장에 뛰어든 신규 개인투자자 중 수익을 본 사람은 3명 중 1명이고 나머지 2명은 손실을 보았다고 한다. 그 이유는 무엇일까? 그것은 충분한 실력을 쌓지 않고 시장에 참여했기 때문이다. 누구나 신분증과 스마트폰만 있으면 증권사에 가지 않아도 10분이면 손쉽게 증권계좌를 만들 수 있다. 그러나 주식 공부와 수익모델을 연구하기보다는 추천주를 받아서 매매하거나, 기분 내키는 대로 종목을 골라서 매매하는 경우가 대부분이다. 직장생활도 바쁘고 쉼 없이 주식을 공부하는 것 자체가 상당히 피곤하고 힘들기 때문이다.

하지만 결국 자신의 수익은 자신의 힘으로 만들어 나가야 한다. 실력은 쌓지 않고 다른 사람에게만 의존하다 보면, 설령 돈을 벌었다고 해도 결국 수익을 다 토해내고 손실로 이어질 가능성이 매우 크다. 장기적인 관점에서 수익모델이 없는 계좌입금은 '손실 볼 준비를 하는 것'과 마찬가지다. 즉 자신만의 실력을 쌓는 것이 입금보다 우선이라는 것이다. 결국 직접 주식투자를 할 거라면 제대로 하고, 그게 아니라면 안 하거나 간접투자로 돌리는 게 낫다. 주식투자에 대한 정보는 무궁무진하다. 이미 수많은 책이 출판되어 있고 유튜브, 블로그, 투자 카페 등 그야말로 정보의 바다인 시대다. 마음만 먹으면 언제든 충분한 정보를 얻고 깊은 공부에 들어갈 수 있다.

이때 주의할 점은 오히려 정보의 과잉이 올바른 투자판단에 방해가 되는 경우도 많다는 사실이다. 내가 이 책을 쓰게 된 것도 뻔한 이야기를 하기보다는 경험에서 우러나온 이야기와 스토리를 공유하고 싶었기 때문이다. 나의 경험을 통해 직장인인 나도 할 수 있다는 동기부여 및 투자에 대한 마인드를 갖추고, 구체적인 매매기법이나 노하우는 다양한 매체를 통해 추가로 얻는 것을 추천한다. 그러면 이제부터 이 챕터의 핵심인 트레이딩과 가치투자, 각각의 장단점에 대해 파헤쳐 보도록 하자.

트레이딩

트레이딩은 '기업의 주식 가치는 고정되어 있지 않고 언제든지 변할 수 있으며, 주식은 위험자산이다'라는 전제조건으로 주식시장을 바라본다. 특정한 이슈와 사건, 공시, 뉴스 기사 등의 원인으로 주가는 시시각각 변한다. 평소에는 거래량도 없고 소외받는 종목이었던 주식도 대기업의 지분투자 공시나 대규모 수주물량 기사 등 각종 호재가 뜨면 즉시 주가에 재료가 반영되어 급등하고, 주가를 하락시키는 악재(유상증자, 감자, 실적악화, 관리종목 지정 등) 역시 민감하게 반응해서 주가는 폭락한다. 즉 트레이딩의 핵심은 '파도타기'다. A라는 종목에 B라는 재료가 생겼을 때 C라는 시장 상황에서 얼마나 주가가 오를지 또는 내릴지를 가장 정확하게 파악하는 사람이 트레이딩에서 지속적인 수익을 반복해서 만들어 낼 수 있다.

예를 들어 ○○전자라는 종목에 대해서 "△△라는 미국 플랫폼 회사가 20% 3자 배정 대주주 유상증자 참여"라는 공시가 나왔다고 하자. 현재의 주가와 시황, 수급, 심리 상황에서 몇 %나 오를 수 있을지를 정확하게 파악하는 사람이 주식에서 수익을 낼 수 있다. 20% 정도 오를 수 있는 재료인데 시초가가 10% 오르고 시작했다면 시초가에 사야 하는 것이고, 30% 오르고 시작한다면 매수하지 않아야 하고, 보유 시 시초가에 매도를 해야 하는 것이다. 즉 트레이딩을 잘하기 위해서는 마치 유명 피아니스트가 매일 피아노를 수 시간씩 훈련하듯이 하루도 쉬지 않고 시장의 트렌드, 심리, 시황, 뉴스검색 및 실적, 전자공시 등을 끊임없이 체크하고 연구해야 한다. 또한 시나리오를 정해놓고 A라는 수급이 나오면 B로 대응하고, C라는 반응이 나오면 D에서 손절한다 등 다양한 대응방안을 매매 전에 미리 마련해야 한다. 예상과 다르게 매수한 주식의 주가가 움직이면 즉시 손절매를 단행하고 매매를 쉬는 등 엄격한 자기관리를 실천해야 한다. 뛰어난 트레이더가 되기 위해서는 아주 부지런한 새처럼 여기저기 날아다니며 먹이(수익을 낼 수 있는 종목)를 찾아다녀야 한다.

트레이딩도 매매 횟수에 따라서 스캘핑(하루에 수십, 수백 번씩 거래하여 단기 차익을 내는 박리다매형 매매 기법), 데이트레이딩(하루에 수 회 거래를 하며 2~5% 정도의 수익을 얻는 것), 스윙매매(하루~며칠간 주식을 들고 가며 추세가 꺾일 때까지 보유하는 것) 등 다양한 매매 스타일이 있다. 또한 종가매매(종가에 매수해서 익일 오전 중 매도하여 이익을 내는 것), 상한가매매(상한가 따라잡기로 불리며 과거 수많은 전설적인 트레이더들을 만들어 냄. 현재는 가격제한폭이 30%가 되면서 매매기회가 많이 줄어들었음), 낙주매매(폭락하는 주식을 사서 반등을 이용해서 매도하는 방법), 하한가풀기(하한가를 간 종목이 하한가에 대량매수가 들어오며 하한가가 풀릴 때 따라 사서 반등 시 매도하고 나오는 전략) 등 수많은 매매기법이 존재한다. 중요한 것은 트레이딩으로 지속적인 수익을 낼 수 있느냐다. 주식투자는 돈을 벌기 위해서 하는 것인데 어떤 매매기법으로든 수익을 지속적으로 낼 수 없다면 안 하느니만 못하다.

트레이딩의 장점

1. 소액투자가 가능하다

최근 급격한 IT기술의 발달로 스마트폰으로 MTS 애플리케이션만 다운로드를 받으면 언제, 어디서든 시세조회와 주식거래가 가능하다. 주식투자 금액도 소액투자가 가능해서 100만 원, 아니 10만 원으로도 투자할 수 있다. 처음 트레이딩을 배우는 사람이라면 10만 원으로도 대부분의 종목이 거래 가능하기 때문에 굳이 큰돈을 입금해서 매매할 필요가 없다. 부동산 투자처럼 수천만 원에서 수억 원이 필요한 게 아니고 수십만 원으로도 수백, 수천만 원을 만들 수 있는 게 트레이딩이라는 것을 기억하자. 자신만의 수익모델을 만들고 10만 원으로 20만 원을 만들어 본 이후에 추가 금액을 입금해도 절대 늦지 않다. 1억으로 2억을 만들기 위해서는 충분한 훈련과 과정이 필요한 것이다. 그런데 그런 과정을 거치지 않고 급한 마음에 입금부터 하고 본다. 매매를 하면서 수익이 나지 않는다면 금액을 줄여서 매매하거나 반드시 휴식을 하고 자신의 매매를 복기하는 과정을 거쳐야 한다. 자신의 거래기법이 완성되기 전까지는 최소한의 돈으로만 거래하는 것이 중요하다. 계좌에 수익이 아닌 지속적으로 손실이 난다는 것은 본인의 실력이 아직 부족하거나, 또는 시장상황이 어렵다는 반증이기 때문이다.

2. 지속적인 실력 향상이 가능하다

미팅을 100번, 소개팅을 100번 하다 보면 상대방을 대하는 매너나 데이트 코스 등이 몸에 익을 것이다. 그러나 결혼생활을 잘하는 법을 경험으로 배우기는 어렵다. 결혼을 수십 번 해 본 사람은 이 세상에 거의 없기 때문이다. 트레이딩의 특성상 매매 횟수가 장기투자보다는 많을 수밖에 없다. 그러므로 트레이딩 단기매매는 가치투자와는 달리 짧은 시간에 많은 경험을 쌓을 수 있다. 물론 무조건 많이 한다고 실력이 느는 것이 아니므로, 변화하는 매매의 수급과 재료 분석에 대한 치열한 연구가 필요하다.

실제로 단기매매로 수익을 내기 위해서는 기회가 왔을 때 진입해서 수익을 낼 수 있는 능력, 잘못된 매매를 했을 때 손실을 줄이고 빨리 빠져나올 수 있는 능력, 매매할 것이 없을 때 휴식을 취하는 절제력 등 다양한 능력이 필요한데 이 세 가지를 모두 갖추기 위해서는 피나는 노력이 필요하다. 그러나 한 번 궤도에 오르고 나면 시장 상황과는 무관하게 지속적인 수익이 가능한 것이 트레이딩의 매력이다. 엄청난 폭락장이나 지루한 조정장세가 아닌 이상 지수가 내리는 약세장에서도 항상 강세를 보이는 업종이나 종목은 나오기 때문이다.

3. 오래 기다릴 필요가 없다

매수 후 수개월 또는 수년이 지나야 잘한 선택인지 못한 선택인지 확인이 가능한 가치투자와는 달리 트레이딩의 시험 채점은 실시간으로 반영된다. 시장이라는 선생님은 정답을 고른 사람에게는 즉시 수익이라는 상을 주고, 오답을 고른 사람에게는 손실이라는 벌을 내린다. 트레이딩의 특성상, 사자마자 물리면(손실을 보면) 대부분 그 판단은 잘못된 것이다. 즉 나중에 오른다고 해도 진입 시점을 잘못 잡은 것이니 실패한 매매가 된다.

트레이딩은 주식의 실적, 내재가치보다는 시장의 심리, 매수와 매도의 수급을 정확히 판단하는 사람이 승리하는 방법이므로 비교적 단기간에 승부가 갈린다. 길어도 수일 내 승부를 볼 수 있는 게 트레이딩이고, 트레이딩과 궁합이 맞는다면 그 시기의 인기주를 매매하면서 지루하지 않은 주식투자를 이어갈 수 있다. 대통령 선거를 앞둔 시기일 때는 대선 관련주를 매매하고, 친환경 전기차 테마주가 인기일 때는 2차 전지 배터리 관련주를 매매하며, 코로나19가 대유행할 때는 백신 관련주나 진단키트 관련주를 매매하는 것이 시장의 트렌드에 맞는 트레이더다. 테마주가 아니라고 해도 대한민국은 국제정세의 영향과 세계 경기의 영향을 많이 받는 수출 주도형 국가이므로, 대한민국의 주식시장은 태생적으로 변동성이 클 수밖에 없다. 한국의 환경에서 한국주식을 거래한다면, 트레이딩처럼 변동성 매매를 하는 것이 적당하다는 게 나의 생각이다. 그러나 트레이딩은 재미로 하는 온라인 게임이 아닌, 자신의 자본을 걸고 하는 진검승부이기 때문에 반드시 그에 걸맞은 실력과 노력이 필요하다는 것을 반복해서 강조한다.

4. 적은 돈으로 큰돈을 만들 수 있다

굳이 신용, 미수, 주식담보대출을 사용하지 않아도 트레이딩 실력이 오른다면 적은 돈으로 큰돈을 만들 수 있다. 적은 수익이라고 해도 그것을 복리로 지속적으로 쌓는다면 1천만 원도 10억까지 가는데 오랜 시간이 걸리지 않는다. 즉 얼마로 시작했느냐보다는 실력이 있는지의 여부가 더 중요한 분야가 트레이딩이다. 물론 이 정도의 경지에 오르려면 엄청난 노력이 필요하다.

속된 말로 "깡통을 세 번 차고 한강에 두 번은 다녀와도 될까 말까"한 게 트레이딩 고수다. 그러나 나는 직장인들에게 열정이 있다면 한 번쯤 도전해 보라고 권한다. 잘 되면 잘 되는대로 좋고, 안 되면 안 되는 대로 다른 투자방법으로 빨리 돌리는 게 낫기 때문이다. 당연히 반복되는 이야기지만 트레이딩에 열정과 재능이 있는지를 확인하는 데 있어서 큰돈이 입금되어서는 절대로 안 된다. 자신이 트레이딩에 맞는지, 안 맞는지 확인하고 소액으로 테스트 매매를 수개월~수년간 거친 이후 지속적인 수익이 나오는지 확인한 다음 투자금액을 늘려야 한다.

내가 아는 트레이더들은 대부분 수백만 원으로 수십억 원을 만들었다. 이런 사례는 그렇게 새삼스럽지도 않은 게 최근에는 주식이 아닌 코인 역시 비슷한 사례가 종종 나오기 때문이다. 물론 이는 성공사례고 실패사례가 훨씬 더 많다. 그러므로 혼신의 에너지를 쏟아서 도전할 수 있는 사람만 트레이딩을 추천한다.

트레이딩의 단점

1. 에너지가 많이 든다

마치 잠시도 날갯짓을 멈추지 않는 벌새처럼 트레이딩을 잘하려면 하루 종일 주식 생각만 하고 살아야 한다. 미국의 주식 동향, 외국인 수급은 물론이고 전반적인 시황부터 개장 전 매매종목 준비, 개장 전에 뜨는 모든 뉴스와 신문기사, 전자공시, 방송 등을 체크하고 끊임없이 새로운 '재료'를 찾기 위해서 눈에 불을 켜고 있어야 한다. 트레이딩은 실시간 스포츠와도 같아서 잠시만 집중력을 잃어도 곧 손실로 이어진다. 이는 비교적 적은 에너지가 드는 장기투자에 비해서는 확실히 단점으로 볼 수 있다. 그러나 단기간 수익을 원하는 성향의 사람들은 지루한 장기투자보다는 변동성이 큰 주식의 트레이딩을 선호하는 경우가 많다.

2. 직장생활과 병행하기 힘들다

트레이딩은 매매기법마다 차이는 있지만 지속적인 주가의 모니터링이 필요하다. 변동성이 큰 주식의 특성상 급등과 급락이 순식간에 일어날 수 있기 때문이다. 특정 종목을 매수하고 나서 오전 회의에 들어갔는데 회의 끝나고 보니 급락해 있는 종목을 보고 허탈해서 일에 집중이 되지 않은 경험은 직장인이라면 분명 있을 것이다. 주식을 매수하고 나서는 내가 생각한 대로 주가가 움직이는지 끊임없이 확인하고 또 확인해야 하기 때문에 트레이딩 이외의 일상생활을 하기가 어렵다. 이는 직장업무에 매진해야 하는 직장인들에게는 치명적인 단점이라고 할 수 있다. 그러나 자신이 트레이딩에 재능이 있고, 일과 매매를 병행할 수 있다면 한번쯤 도전해 보자. 꼭 잦은 매매를 해야만 트레이딩을 잘할 수 있는 것이 아니고 자동 로스컷 설정 등 안전장치를 하고 적은 매매 횟수로도 수익을 내는 부지런한 직장인들도 있다. 직장인에게는 트레이딩보다는 가치투자가 지속가능한 방법이라고 생각하지만, 개인적인 환경이나 성향의 차이가 있으니 참고할 필요는 있다. 또한 국내주식 말고도 해외선물이나 해외주식 등 야간에 거래가 가능한 트레이딩도 있으니 알아 두자.

3. 매매중독에 걸릴 수 있다

트레이딩은 타이밍 싸움이다. 좋은 시기에 좋은 주식을 좋은 타이밍에 사서 팔고 나오는 게 트레이딩의 목적이다. 즉 트레이딩 투자의 이유는 수익을 내기 위해서지, 매매를 자주 하기 위해서가 절대 아니다. 그러나 습관처럼 사고팔기를 반복하는 사람들이 있다. 트레이딩의 좋은 기회는 매일 매시간 나오지 않는다. 매매 스타일에 따라 다르겠지만, 매매해서 수익을 내기 어려운 시기가 있다. 그럴 때는 매매를 쉬어야 한다.

그런데 매일 매매를 하지 않으면 불안한 사람들이 많다. 매매 중

독인 것이다. 이런 사람들은 절제력을 훈련할 필요가 있다. 한 달에 한 번이 되었든, 하루에 다섯 번이 되었든 자신의 실력으로 수익을 낼 수 있는 좋은 기회가 올 때까지 절제하고 인내하는 것이 트레이딩의 핵심이다. 자신의 승률이 떨어진다면 매매 횟수를 줄이고, 투자금을 줄이고, 매매를 쉬며 다시 심기일전하는 시간을 가질 필요가 있다. 지나치게 잦은 매매는 수익률을 떨어뜨리고, 수수료와 세금으로 자산을 점점 갉아먹는다는 것을 명심해야 한다.

가치투자

가치투자는 저평가된 주식을 매수해서 주식의 주가가 제 가치를 찾았을 때 매도해 수익을 실현하는 투자다. 일반적으로 주가가 제 가치를 찾기 위해서는 시간이 오래 걸리므로 가치투자의 기간 역시 최소 수개월에서 길게는 수년이 걸릴 가능성이 크다.

예전에는 실적 대비, 자산 대비 저평가된 주식을 찾는 게 가치투자의 트렌드였지만 지금은 자산 가치보다는 매출과 이익의 성장성을 주로 본다. 즉 가치투자라는 게 꼭 절대적인 PER(주가수익비율)이나 PBR(주가순자산비율) 대비 저평가라는 잣대로 계산하는 것은 요즘 트렌드에 안 맞는다. 그보다는 향후 예상되는 매출과 성장성, 이익대비 현재가치가 저렴하다면 매수 후 주가가 오를 때까지 기다리는 투자가 최근 트렌드에 가깝다. 어떤 주식투자든 마찬가지지만, 가치투자의 핵심은 적정 가치 대비 '싸게' 사는 게 중요하다. 트레이딩의 경우 비싸게 사도 더 비싸게 파는 방식, 그러니까 어깨에 사서 머리에 파는 것도 가능하다. 그러나 가치투자는 기본적으로 많이 올라있는 종목을 매입하지 않는 것이 원칙이다. 아무리 좋은 주식이라고 해도 비싸게 사는 순간 리스크가 월등히 높아지기 때문이다.

워런 버핏의 스승인 벤저민 그레이엄은 가치투자의 아버지이자 원조 격이다. 벤저민 그레이엄은 자신의 저서 《현명한 투자자》(벤저민 그레이엄, 국일증권경제연구소)에서 '안전 마진'이라는 개념으로 "우량한 회사의 본질 가치 대비 충분히 싼 가격으로 매수하는 것"을 강조한다.

그러나 좋은 종목을 찾는 것부터가 트레이딩과는 또 다른 방식으로 고생을 감수해야 한다. "냇가에서 최대한 많은 돌을 뒤집어 본 사람이 더 큰 가재를 잡는다"라는 말처럼 가치투자를 할 만한 종목을 찾기 위해 전업투자자들은 수시로 IR담당자(주식담당자, 속칭 주담)에게 전화를 해 보고, 기업설명회도 가 보고, 회사에 방문해서(탐방이라고 부른다) 기업의 실적과 사업현황을 낱낱이 확인한다. 가치투자자들의 머릿속에는 모든 업종의 영업현황, 예상실적, 매출액 등이 정리되어 있고 역시 트레이더와는 다른 방식으로 하루종일 어떤 종목을 사야 많이 오를지 공부하고 연구한다. 차트를 보기보다는 기업의 핵심인 재무제표를 분석하는 데도 심혈을 기울인다. 과거보다 성장주로 시장의 트렌드가 쏠려 있기 때문에 가치투자를 한다고 해도 시장의 트렌드에 맞는 종목을 발굴하지 않는다면 소외되기 쉽다.

저평가된 종목을 무작정 사서 오래 기다린다고 해서 주가가 오르는 게 아니라, 성장하는 주식을 싸게 사서 오랜 기간 보유하는 것이 가치투자의 핵심인 만큼 변화하는 트렌드에도 민감하고, 나름의 선구안을 지니고 있어야 가치투자에 성공할 수 있다.

가치투자의 장점

심혈을 기울여서 좋은 종목을 발굴한 후 성장세가 꺾이지 않는다면 영원히라도 보유하는 게 가치투자의 원칙이기 때문에 10루타(10배 상승)도 운과 실력이 맞아떨어지면 가능한 게 가치투자의 가장 큰 매력이다. 즉 종목만 잘 고른다면 장기간 보유하며 큰 수익을 올릴 수 있다. 실제로 워런 버핏은 1987년 블랙먼데이 때 폭락하는 코카콜라 주식을 대량 매집했고 2021년까지도 보유하고 있다.

그리고 또 하나의 큰 장점은 비교적 트레이딩보다 정신적인 체력소모가 덜하다는 것이다. 가치투자라고 해서 주식에 신경이 덜 쓰이는 건 아니지만, 적어도 매일 매일의 주가등락에는 신경을 쓰지 않는 게 가치투자이기 때문이다. 직장인이라면 직장생활과 병행하며 할 수 있는 게 그나마 가치투자다. 트레이딩은 실시간 시세변동을 체크해야 하므로, 직장생활과 함께 매매를 지속하는 것은 소수의 사람만 가능하기 때문이다.

가치투자의 단점

가치투자의 단점은 공부를 많이 해야 한다는 것이다. 과거 상한가 매매로 수십억을 벌었던 트레이딩의 선수는 재무제표를 열심히 보냐는 나의 질문에 "적자든 흑자든 신경 쓰지 않는다. 대주주 지분 정도나 물량 체크를 할 뿐이고, 오로지 수급과 재료의 가치에 집중한다. 단, 관리종목, 상장폐지 등이 되는 3월경에는 부실주를 매매하지 않는다"라고 이야기했다. 가치투자자의 관점에서 볼 때는 기겁을 할 일이다. 그러나 이는 철저히 트레이딩에 집중한 관점이고, 가치투자는 매매의 방향성 자체가 다르므로 동일하게 비교할 수는 없다. 물론 트레이딩을 할 때도 갑작스러운 전환사채[5] 물량의 상장 등 여러 가지 일정은 체크해야 하지만 이 역시 수급과 관련된 내용이지 기업이 얼마의 매출을 냈고, 얼마의 이익을 냈으며, 향후 매출이 얼마나 늘어날지를 따지면서 매매하지는 않는다. 그러나 가치투자는 기업의 내재가치를 분석하고 저평가된 종목을 찾아내는 것이 투자성패의 90%

---

5 사채로서 발행되었지만 일정 기간 경과 뒤 소유자의 청구에 의해 주식으로 전환할 수 있는 사채이다(출처: 네이버 지식백과).

를 좌우하기 때문에 기업의 수급보다는 내용 자체를 중시할 수밖에 없고 당연히 많은 학습량이 요구된다. 모든 증권사의 애널리스트 보고서는 기본이고, 수시로 기업탐방과 IR자료, 과거사와 경쟁사 분석까지 끝없는 공부가 요구되는 게 가치투자의 단점 아닌 단점이다.

또한 일반적으로 가치투자자들은 보수적이기 때문에 메타버스 관련주나 전기차 관련주, 바이오 관련주처럼 실적 대비 주가가 고평가된 종목을 매수하기 어렵다. 그런데 최근 5년간 미국은 물론이고 대한민국 역시 가치주보다는 성장주가 시장의 트렌드고, 재무구조가 나쁘고 적자가 지속되는 종목이 오로지 기대감이 높고 성장성이 높다는 이유로 급등하는 경우가 많았다. 즉 가치투자만 하다 보면 시장에서 소외되기가 쉽다는 것이다. 최근에는 재무제표로 표현할 수 없는 무형 자산이 현대 기업의 주요 동력이고, PBR(주가순자산비율) 같은 회계의 관점으로는 주가의 성장성을 제대로 반영하기 어렵다. 가치투자 자체가 틀렸다기보다는, IT의 급격한 발달과 빅테크 및 4차 산업혁명의 트렌드에 기존 가치투자 모델이 잘 먹히지 않는다는 것이므로, 가치투자를 한다고 해도 새로운 트렌드를 반영해 가며 투자해야 한다. 결국 누군가가 내가 산 주식을 더 비싸게 사는 게 투자의 핵심이기 때문에, 다른 사람들이 매력적으로 느끼지 못한다면 아무리 저평가되어 있어도 계속 저평가를 받을 수도 있는 게 주식시장의 생리이기 때문이다.

트레이딩이 되었든 가치투자가 되었든 중요한 것은 어떤 매매를 하더라도 반드시 본인 스스로 수익모델을 만들고 나서 시장에 참여해야 한다는 것이다. 남에게 의존하면 단기적으로 용돈 정도는 벌 수 있겠지만 장기적으로는 백전백패다. 주식의 고수라고 해도 시시각각 변화하는 상황에 따라서 실시간으로 대응하기 바쁘다. 나 역시 종목을 추천하기도 하는 영업직원이지만 주가의 변화무쌍한 변동성은 실시간으로 대응하기가 정말 힘들다. 또한 누군가를 리딩하고 추천하는 것부터가 진짜 고수라면 해야 할 이유가 없다. 그러므로 설령 종목 추천을 받았더라도 스스로 충분히 공부하고 자신만의 종목으로 소화하면서 사야 하는 이유, 손절 기준, 매매일지 등을 써가며 매매하도록 하자.

기본적으로 트레이더라면 종목 발굴은 스스로 하는 것이 원칙이다. 부지런하지 않은 트레이더는 자연히 시장에서 도태된다. 부지런해도 살아남기 힘든 곳이 트레이딩이고, 가치투자 역시 마찬가지다. 핵심은 트레이딩이든 가치투자든 상당한 열정과 노력이 뒷받침되지 않고서는 생존할 수 없는 게 주식시장이라는 사실이다. 단지 시장이 좋아서, 운 좋게 종목을 잘 골라서 수익을 낸 것은 초심자의 행운일 뿐이고 산전수전 공중전을 다 거친 프로들이 바글바글한 이 거친 정글 속에서 생존하기 위해서는 스스로 살아남을 수 있을 정도의 실력을 갖추는 것이 필수다.

1. 트레이딩은 재료의 가치, 매수세와 매도세의 우열을 이용한 단기매매 기법이다.

2. 가치투자는 주식의 미래가치 및 성장성을 분석해서 저평가된 주식을 장기보유하는 기법이다.

3. 각자의 매매스타일에 따라 자신만의 수익모델을 만들어야만 주식시장에서 승리할 수 있다.

4. 큰 열정이 있어야 많은 노력과 인내심이 필요한 주식투자에서 성공할 수 있다.

5. 절제력을 훈련해야 불필요한 매매를 피하고 좋은 기회를 포착할 수 있다.

주식투자로 성공하기 위한 세 가지 핵심 무기

1. 열정

어떤 분야든지 잘하기 위해서는 많은 노력과 시행착오가 필수다. 재능이 있는 사람이라면 시행착오를 줄일 수 있지만, 일반인이 경쟁력을 갖추기 위해서라면 당연히 남들보다 더 열심히, 더 많은 시간을 투자해야 한다. 주식투자도 주식 자체를 좋아하고 즐길 수 있어야 수익을 내는 즐거움이 따라오는 것이지, 오로지 돈만 보고 덤비면 잘되기가 어렵다. 사실 '열심히'라는 말로는 충분히 설명할 수 없다. 그 분야에 미쳐야 한다. 큰돈을 번 한 트레이더는 한 가지 매매기법을 연구하기 위해 1년 동안 오로지 집에서 차트만 보고 매매연구만 하며 두문불출했다고 한다. 결국 열정을 바탕으로 강한 정신력과 승부욕을 갖추어야 주식투자에서도 승리할 수 있다.

2. 절제력

주식투자의 고수들은 대부분 포커나 골프를 잘 친다. 매매의 정점에 오른 사람들은 자기관리도 뛰어나고 심리전에 능하다. 기회가 올 때까지 참고 있다가 좋은 기회가 오면 인정사정 없이 베팅하는 베팅감각, 잘못된 매매에 있어서 미련 없이 털어버리는 냉정함 등 승부사의 특징을 모두 갖췄다. 내가 좋아하는 영화 <에너미 앳 더 게이트>는 2차 세계대전 저격

수의 이야기를 다룬 내용이다. 뛰어난 스나이퍼들은 혼자 고독하게 며칠간 꼼짝도 하지 않는 데 훈련되어 있다. 이들은 외로움도 잘 안 탄다. 좋은 기회가 올 때까지 며칠이든 잠복하고 목표물을 기다리는 것이다.

이처럼 주식으로 번 큰돈을 다 날리지 않고 지키기 위해서는 매매에 대한, 자금에 대한 절제력이 필요하다. '절제'가 아니라 '절제력'인 이유는 이 능력 역시 마음만 먹는다고 갖춰지는 것이 아니라 훈련을 통해서 학습되고 키워야 하는 능력이기 때문이다. 남들이 몇 배를 벌었든 개의치 않고 자신만의 수익모델로 꾸준히 수익을 쌓아가는 사람들이야말로 진정한 시장의 고수다.

3. 경험

아무리 음악 신동이라고 해도 피아노를 한 달 만에 다 배워서 유명한 피아니스트 조성진이나 손열음처럼 되는 것은 불가능하다. "1만 시간의 법칙"이라는 유명한 문구에도 나오듯이 노력과 성실함이라는 그릇을 다 채우고 나서야 의미 있는 성장이 가능하다. 강세장, 약세장, 횡보장의 경험과 수익의 기쁨과 손실의 고통을 모두 충분히 경험해야만 주식으로 지속적인 수익이 가능하다. 특히 자신만의 수익모델로 쌓아온 경험이 중요한데, 한 가지 매매기법으로 반복적인 수익을 낼 수 있는 누적된 경험(record)이야말로 매매의 성공률을 높일 수 있는 기반이 된다. 수익에 대한 기록은 물론이고, 잘못된 매매로 인한 손실 역시 매일 매매일지를 쓰면서 기록해 놓으면 매매 실력을 높이는 데 큰 도움이 된다.

2장

한국주식으로
수익을 내려면

장기투자의 허상

한때 '우량주 장기투자'가 유행하던 시절이 있었다. 매출과 영업이익이 꾸준히 우상향하는 대형주를 계속 보유하면, 지속적으로 복리 이익을 얻을 수 있다고 믿었기 때문이다.

대표적인 우량주 장기투자의 예로 삼성전자를 들 수 있다. 삼성전자의 2000년 초반 주가는 6,000원, 2021년 11월의 주가는 72,800원이다(액면분할기준). 21년간 12배 이상 오른 것이니 당연히 좋은 성과라고 할 수 있다. 차트에 나오지 않은 배당금 등을 합치고, 배당금으로 삼성전자를 샀다면 그 수익률은 더 높을 것이다. 그러나 이는 결과적으로 잘된 경우일 뿐이다. 삼성전자가 아닌 다른 우량주를 골랐다면 그 결과는 시원치 않은 경우가 많다.

내가 대학생이었던 2005년은 디스플레이 업종의 호황이었고, LG필립스LCD(현 LG디스플레이)가 시가총액 4위까지 오르는 기염을 토했다. 그러나 현재 LG디스플레이는 16년 전 주가의 절반에도 채 못 미친다. 또한 그 당시 강세를 보이던 현대제철, POSCO, 대우건설 등 전통적인 굴뚝주는 고점을 찍고 추세적으로 하락하는 모습을 보이며 장기투자하는 주주들을 힘들게 했다. 반면 새로운 시대에 적응한 NAVER, 카카오뱅크, 셀트리온, 크래프톤 등 15년 전에는 작은 회사였거나 존재하지도 않았던 회사였는데, 2022년 초 이들이 시가총액 상위권을 차지하고 있다.

큰 기업에 투자하면 안전할 것이라는 생각과는 달리 대우중공업, 동아건설, 한진해운 등 유명했던 대형주들이 상장폐지가 되는 것을 직접 지켜본 나는 우량주 장기투자는 허상이라고 생각한다. 우량주 장기투자라는 것은 어떤 종목이 우량주고, 장기투자의 기간이 얼마 동안인지 명확하게 설명할 수 있어야 하는데, 누구도 그것에 대해서 설명할 수 없다. 코스닥의 장기투자는 훨씬 더 힘들다. 20여 년 전 닷컴 버블 때 큰 시세를 보였던 기술주들은 대부분이 역사 속으로 사라졌고, 중국원양자원, 신라젠, 태웅 등 유명했던 종목들이 거래 정지되거나 상장폐지되었다.

이런 것들을 살펴볼 때 종목을 잘 골라서 장기투자를 한 일부 사람들은 좋은 성과를 거두었겠지만, 대부분은 그렇지 못했다는 것을 알 수 있다. 결과적으로 테마를 타는 중소형주는 말할 것도 없고, 대형주 역시 주도주가 자주 바뀌기 때문에 특정한 우량주를 정해 놓고 장기투자하는 것은 좋은 결과를 가져오기 어렵다.

안전성보다는 성장성

주식투자에 크게 성공한 경제학자 케인즈가 말했듯이 주식투자에서의 성공은 미인대회와 같다. 내 눈에만 예뻐 보이는 게 아니고 다른 사람 눈에도 예뻐 보여야 비싼 값에도 주식을 사려는 사람들이 몰릴 것이고 그래야만 주식으로 돈을 벌 수 있다. 그렇다면 다른 사람들이 어떤 조건으로 주식을 예쁘게 보는지를 알아낼 수만 있다면, 주식투자는 성공한 것이나 다름없다.

예전에도 그랬지만, 지금 시대는 더더욱 '성장성'이 가장 주식의 매력도를 높이는 요인이다.

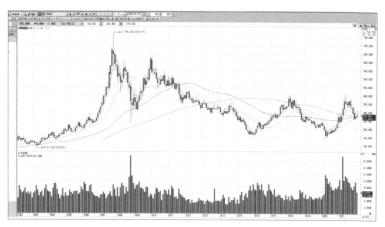

POSCO 20년 장기투자 　　　　　　　　　　　　　　　출처: 교보증권 HTS

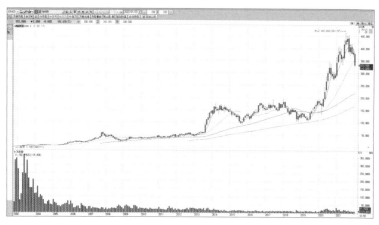

NAVER 20년 장기투자 　　　　　　　　　　　　　　　출처: 교보증권 HTS

　　과거 10년간 POSCO, GS, 한국가스공사, 기업은행, KT, 삼성카
드 등에 투자했다고 생각해 보자. 위 종목들은 누구나 이름만 들으면

아는 우량주다. 누가 봐도 망하지 않을 정도로 매출이 안정적이고 충분한 순이익과 현금을 가진 회사지만, 10여 년간 제자리걸음 또는 하락세를 지속해 왔다. 이들 종목에 장기투자를 했다면 인플레이션에도 못 미치는 상승률로 쓰린 속을 부여잡을 수밖에 없을 것이다. 결국 시장이 원하는 것은 '성장성'이지 '안전성'이 아니라는 것을 반증하는 사례다.

산업의 변화는 우리 예상보다 빠르고, 승자 독식의 성격에 따라 오르는 주식이 지수상승폭의 대부분을 독식한다. 종합주가지수가 2000에서 3000으로 올랐다 해도, 대부분의 상승은 카카오, NAVER, SK하이닉스 등의 주도주가 지수를 올린 것이다. 따라서 주식투자의 성공요소는 '망하지 않을 회사(안전성)'를 고르는 것보다 '앞으로 시장을 선도하고 독식할 회사(성장성)'에 집중하는 것이 핵심이다.

그렇다면 성장성이 있는 회사를 어떻게 찾을까? 중장기적으로는 신고가를 기록하고 120일 이동평균선을 상회하며 사람들의 관심을 받고 있는 종목이다. 종목 선정의 기준은 '오를 것 같은' 종목이 아닌 '오르고 있는' 종목 중에서 선정하는 것이다. 대형주가 아닌 중소형주라면 거래량이 급증하며 상한가를 기록하고 테마의 중심에 있는 종목이다. 단기매매를 하든 중장기매매를 하든 강한 종목에 따라붙는 것이 중요하다. 확실한 손절매를 단행할 수 있다면, 올라있는 종목에 올라타는 것을 너무 두려워할 필요는 없다. 손실기준이 5%

라면 5% 손실로 확정되지만, 오를 때는 수백%의 수익도 가능한 것이 주식시장이기 때문이다. 저평가된 종목을 발굴한다고 주가가 낮고 거래량이 없는 종목을 매수하는 사람들도 많지만 내부자가 아닌 이상 그 종목이 언제 오를지 어떻게 알겠는가. 장기투자에서도 시간 가치를 감안해야 한다.

직접투자의 성공은 가장 잘 달리는 말에 올라타는 것이 목표여야 하고, 그것이 어렵다면 간접투자를 하는 것이 낫다. 주식투자의 속성 자체가 위험을 무릅쓰고 큰 수익을 내는 것을 목표로 해야지, 채권시장처럼 원금보장의 안전성을 추구하는 것이 아니라는 점을 명심하자. 지나치게 안전한 것을 찾다가는 수익을 내기는커녕 오히려 시장의 중심에서 소외되기 쉽다. 시장은 항상 옳기 때문에 나 스스로 시장의 미래를 예측하기보다는 시장의 흐름을 타는 것이 좋다. 또한 시장 앞에 겸손해야 하며 시장과 맞서지 않는 것도 중요하다. 수익도, 손실도 시장이 결정하기 때문에 이를 잘 이용해야지, 싸워서 이기려고 해서는 안 된다.

호랑이를 잡으려면 호랑이 굴에

개인투자자들이 직접 주식투자를 하는 이유는 시장수익률보다 월등히 높은 수익률을 올리고 싶기 때문이다. 시장수익률에 만족한다면 굳이 직접투자를 할 필요가 없고, 미국 S&P500지수 또는 코스피200지수를 추종하는 ETF를 사면 된다. 어떤 사람들은 "은행이자율보다 더 벌면 만족해요"라고 하는데, 이런 사람들은 한국주식을 거래하면 안 된다. 변동성이 크고 태생적으로 안정적이지 않은 한국주식시장은 차라리 '투기적'으로 거래하는 것이 초과수익을 볼 기회를 얻을 수 있다. 호랑이를 잡으려면 호랑이 굴에 들어가야 하듯이 의미 있는 큰 수익을 올리기 위해서는 시장의 주도주에 따라붙어야 한다. 손절매 기준만 엄격하게 지킨다면, 20일선을 돌파하며 신고가를 갱신하는 종목에 따라붙는 매매가 가장 큰 수익을 낼 수 있는 전략이다. 나 혼자 저평가된 종목을 사 놓고 기다린다 한들 언제 주식이 오를지 기약이 없고, 1년이 지나 5%가 올랐다고 해도 기회비용의 관점에서는 실패한 투자나 마찬가지일 뿐이다.

주식투자는 위험자산이므로 큰 수익률을 올리는 것을 목표로 해야 한다. 은행이자보다 조금 나은 수익을 내기 위해 매매하다가는 시장 리스크에 노출되는 기회비용과 시간, 노력을 너무 많이 소모하기 때문에 소탐대실이 될 수 있다는 것을 잊지 말자.

한마디로 한국주식은 한국주식답게 거래해야 한다. 한국주식답게 거래한다는 것은 'BUY AND HOLD(사서 계속 보유하고 있기)'보다는 '트레이딩' 또는 '모멘텀 투자[6]'가 맞다는 뜻이다. 트레이딩이라고 해서 매일매일 주식을 사고팔라는 것이 아니다. 지난 15년간의 경험으로 볼 때, 그때그때 인기주에 따라붙는 방식으로 시장의 주도주를 따라가거나, 현금 비중을 유지하면서 지수가 폭락했을 때만 선별적으로 낙폭 과대주를 매수하는 것이 최고의 수익을 안겨 줬다. 수출로 성장하는 한국경제의 성격과 지정학적 위치, 기축통화가 아니라는 점, 내수가 취약하다는 특징은 향후 한국 주식시장이 많은 변동성에 노출되어 있다는 것을 의미한다. 어차피 주식을 사 놓고 속 편하게 오래 기다리는 전략이 힘들다면, 지수에 의존하는 장기투자보다는 시장의 주도주를 관찰하고 매매하며 이에 대해 지속적인 모니터링을 해야만 한국주식에서 의미 있는 성과를 거둘 수 있다.

한국주식 장기투자로도 성공한 사람들이 많다는 반론이 있을 것이다. 물론 그렇다. 그러나 나는 장기투자를 할 것이라면, 미국지수에 장기투자하는 것이 성공할 확률이 더 높다고 생각한다. 15년 전 시가총액 상위종목 중 장기투자해서 의미 있는 성과를 얻은 경우는 몇 종목 없다는 것이 국내 대형주의 현실이고, 산업의 급격한 변화는 기존 대형주를 제치고 신규 상장하는 대형주(크래프톤, 카카오뱅크 등)에

---

6 지난 몇 개월간 상승세를 보인 주식을 추격매매하는 방식으로 기업의 역량이나 실적을 바탕으로 투자하는 전통적 방식과 대비된다(출처: 시사상식사전).

게 쉽게 자리를 내 주기 때문이다.

한국주식은 지수나 해외시황과는 상관 없이 그때그때의 인기 재료주에 편승해서 수익을 올리는 기법이 가장 수익률도 높고 오히려 더 안전하다. 한국주식을 거래할 때 가장 스트레스 받는 상황은, 내가 가진 종목이 외부악재(미국주식 급락, 중국주식 급락, 북한 핵실험 등)로 인해서 하락하는 것이다. 적어도 개별주 트레이딩을 한다면 엄청난 폭락장이 아닌 이상 자신이 스스로 진입과 청산의 시점을 선택할 수 있으므로 '항상' 주식을 보유하는 전략보다 더 안전할 수 있다. 특히 좋은 종목이 없는 경우에는 그냥 현금을 보유하면서 관망하면 된다. 항상 주식을 가득 들고 있어야 한다는 생각을 버리자. 지수가 지속적으로 상승하는 미국 주식시장이라면 그 상승폭을 얻기 위해서라도 항상 주식을 보유하는 전략이 옳을 수 있지만, 아쉽게도 한국의 주식시장은 미국 주식시장과 많이 다르다.

또한 손실을 줄이는 대응능력은 매우 중요하다. 주식 매매를 할 때는 자신만의 손절매 기준은 반드시 지켜야 한다. 손절매를 못하는 사람은 트레이딩을 해서는 안 되며, 미국 ETF에 장기투자하는 것이 오히려 나은 결과를 가져다줄 것이다. 주식투자의 성공 원인은 여러 경우가 있지만, 실패의 원인을 살펴보면 손절매에 실패하고 손실을 관리하지 못했다는 공통점이 있다. 만약 손절매가 반복되고 손실금액이 늘어난다면 매매를 중단하고 계좌에서 90%의 자금을 출금하며 소액으로만 투자하고 시장을 관망해야 한다. 아무리 주식투자의 고수라고 해도 횡보장과 폭락장에서는 큰 수익을 낼 수 없기 때문이다.

각자에게 맞는 투자 스타일로

나는 한국 주식시장에서는 단기투자를 추구하는 편이지만, 사람마다 다르다. 즉 단기투자가 맞는 사람이 있고, 장기투자가 맞는 사람이 있다. 따라서 각자 자신에게 맞는 투자 스타일을 갖는 게 중요하다.

투자를 시작할 때 자신만의 수익모델을 만들어 보자. 예를 들어 직장인인 내게 200만 원이 있다면, 연초에 증권사에서 계좌를 2개 만들어서 100만 원은 장기투자, 100만 원은 단기투자를 해보는 것이다. 매매일지를 쓰면서 이 종목을 왜 샀는지, 얼마나 오를거라 생각하는지, 매도할 때는 어떤 이유로 매도하는지, 손절매 기준은 어떻게 정했는지 등을 상세히 적어간다. 그렇게 매매할 때마다 기록한다면 감정적인 뇌동매매를 피하고 빠른 손절매로 손실 역시 최소화할 수 있다. 사람은 감정에 휘둘리기 쉽고, 그때그때의 상황을 전부 기억하지 못한다. 그러므로 투자일지를 손으로 쓰거나 엑셀을 통해 그날그날의 매매 상황을 기록해 보자. 분명 매매 실력이 늘어나는 것을 경험할 수 있을 것이다.

또한 누군가에게 추천받는 게 아닌, 스스로 종목선정의 기준을 정하고 목표수익률과 손절매 기준을 정해서 시장을 이길 수 있는 매매를 할 수 있도록 노력해야 한다. 직접투자를 하려면 시세를 계속해서 살피고, 재료를 연구하고 시황을 관찰해야 하므로 상당한 공부와 에너지가 필요하다. 1년 후 장기투자와 단기투자 계좌 중 어떤 것이 더 높은 수익을 냈는지, 그리고 지수보다 더 높은 수익을 냈는지 아닌지 확인해 보자. 자신에게 맞는 투자법을 먼저 익히고 나서 그것을 갈고 닦아야지, 다른 사람의 투자법을 따라하는 방법으로는 실력이 늘 수 없다. 이런 노력이 힘들거나 노력을 해도 시장수익률에 미치지 못한다면, 직접투자보다는 간접투자로 돌리는 게 낫다. 주식시장은 자신의 소중한 돈을 걸고 투자하는 진검승부이며, 고상한 취미 생활이 아니기 때문이다. 나의 경우 한국주식은 인기주를 좇아서 테마주를 거래하고 손절매 라인에 닿을 시 미련 없이 손절매하는 방식으로 수익을 올릴 수 있었다.

검은 고양이든, 흰 고양이든
쥐를 잘 잡는 고양이가 좋은 고양이

어떤 매매기법이든, 자신에게 지속적인 수익을 가져다 줄 수 있는 투자가 좋은 투자다. 주식투자의 목적은 돈을 벌기 위한 것이므로, 어떤 매매를 한다고 해도 시간이 지날수록 오히려 손실이 반복되고 있다면 투자방법을 바꿔야 한다. 또한 전문가에게 너무 의존해서도 안 된다. 누군가의 정보에 의존하는 순간 판단력이 흐려지고 자기주도적인 매매가 불가능해진다. 그러나 아직도 많은 사람이 스스로 노력해서 수익을 내기보다는 귀동냥을 하거나 방송에서의 추천, 유료리딩에 의존하는 경우가 많다. 투자는 수학이나 과학 공식이 아닌 살아 움직이는 생명체와 같으므로 정답이 있을 수가 없다. 스스로의 실력으로 벌지 않는 돈은 반드시 시장이 다시 빼앗아 간다는 것을 명심하자. 자신만의 매매기준, 매매기법, 자금관리능력과 종목선정능력을 갖춘다면 험난한 주식시장에서도 수익의 기쁨을 누릴 수 있을 것이다.

📑 STUDY POINT

1 한국주식은 변동성이 매우 크고 장기투자로 성공하기 어렵다.

2. 주식투자 성공의 핵심은 성장성이지, 안전성이 아니다.

3. 시장을 이기는 초과수익을 내려면 반드시 주도주를 거래해야 한다.

4 매매일지를 쓰고 장·단기계좌를 함께 운용하며 자신의 스타일을 찾자.

5. 시행착오를 겪더라도 스스로 독립적으로 판단하고 행동해야 실력을 늘릴 수 있다.

3장

한국주식은 ○○○으로 투자해야 한다

○○○ 속에 들어가야 할 정답은 무엇일까? 바로 ISA다.

근로소득세는 물론이고, 부동산 양도세 및 주식거래세 등 어떤 소득에서도 세금을 피하기란 어렵다. 미국 건국의 아버지 중 한 명이자, 100달러 지폐의 주인공이기도 한 벤자민 프랭클린도 "사람이 피할 수 없는 것은 죽음과 세금이다"라는 명언을 남겼다. 즉 세금의 문제는 비단 부자뿐 아니라 모든 직장인의 재테크 수익률을 직접적으로 좌지우지하는 부분이므로, 어떤 투자를 하든 최대한 절세를 하는 것이 가장 중요하다. 주식거래의 가장 큰 장점이자 매력은 매매차익에 대한 양도세가 없다는 것이다. 대신 매도할 때마다 2021년 9월 기준 0.23%의 증권거래세가 있지만 잦은 매매를 하는 사람에게나 큰 부담이고, 장기투자를 하는 사람들에게는 별 상관이 없다. 그런데 이제 대한민국은 주식거래세에서 양도세로 세제가 개편되는 과도기를 겪고 있다. 미국주식과는 달리 아직 한국주식은 양도세가 없지만, 2023년부터 주식투자 수익금이 5천만 원이 넘으면 그 초과분의 20%를 양도세로 세금을 납부해야 한다. 5천만 원까지는 비과세가 유지되지만, 투자금액이 큰 사람들은 세금을 피하기 어려워진 것이다.

그런데 정부가 2021년 7월 26일 발표한 세제개편안에는 "ISA계좌에서 주식과 주식형 펀드에 투자하고 난 뒤 발생한 수익에는 세금을 매기지 않겠다"는 파격적인 내용이 있다. 한마디로 ISA계좌로 주식, 주식형 펀드를 거래하면 죽음만큼 피하기 힘든 세금을 피할 수 있다는 이야기다. 세금혜택이 매우 크기 때문에 ISA를 아는 사람과 모르는 사람은 장기적으로 수익률 격차가 벌어질 수밖에 없다. 지금은 2023년이 되지 않았기 때문에, 아직 ISA에 대한 사람들의 큰 관심은 없지만, 정부의 의도대로 세제 혜택을 얻기 위해서 조만간 ISA계좌로 투자하는 것이 대중화될 것이다.

ISA란 무엇인가

ISA의 공식 명칭은 '개인종합자산관리계좌Individual Savings Account'로 서민의 자산증식을 위해서 2016년 3월에 도입된 금융상품이다. 하나의 계좌에 예금, 펀드, ELS, ETF, 리츠 등 다양한 금융상품을 담을 수 있으며, 발생한 이자소득과 배당소득에 대해서 비과세 혜택을 주는 상품이다. ISA는 신탁형, 일임형, 중개형 세 가지가 있는데, 여기서는 2021년 새로 도입된 '중개형 ISA'에 대해서만 구체적으로 설명하겠다.

ISA 가입조건 및 한도

① 가입조건 : 19세 이상 거주자 또는 직전 연도 근로소득이 있는 만 15~18세로 가입자격에 소득 제한이 없다. 직전 3년 동안 한 번이라도 금융소득종합과세 대상이면 가입이 안 된다. 연간 근로소득 5천만 원 이하, 사업자는 3,500만 원 이하의 경우 서민형 가입이 가능하다.

② 유지조건 : 세제혜택을 받기 위해서는 3년 이상 유지해야 한다. 유지조건을 못 지키면 세제혜택이 없어진다. 직접 입금한 원금 부분만큼은 언제든지 출금 가능하다. 가입기간은 3~10년으로 선택이 가능하다.

③ 입금한도 : 입금액에는 최소금액 제한이 없어 1천 원이든 100

만 원이든 소액도 가능하다. 한도는 연 2,000만 원으로 최대 5년이며, 최대 1억 원까지 입금이 가능하다. 입금한도는 계좌를 개설한 연도기준이므로 개설만 먼저 해 놓으면 가입년도가 늘어남에 따라 가입한도도 늘어난다. 입금한도를 다 못 채워도, 남은 한도는 다음 해로 이월된다는 장점이 있다.

	일반형	서민형
가입대상	19세 이상 국내거주자 또는 15세 이상 19세 미만이지만 직전 연도에 근로소득이 있었던 사람	
연소득범위		근로소득 5,000만 원 이하 종합소득 3,500만 원 이하
비과세범위	200만 원	400만 원
가입제한	직전 3년 중 한 해라도 금융소득 종합소득과세 대상자 (금융소득이 연 2,000만 원을 넘은 경우)였다면 가입 불가	

ISA의 장점

1. 배당주 등 금융소득에 대한 세제혜택

가입부터 해지까지 이익과 손실을 합산 후 순소득에 한해서 200만 원(서민형은 400만 원)까지 비과세, 넘는 부분은 9.9% 저율 분리과세가 된다. 세제혜택을 받는 것은 최소 가입기간을 다 합쳐서 해지할 때 한 번이다. 원래 이자나 배당소득세의 세금 또는 해외 ETF의 수익금에 대해서는 15.4%를 부과했으나 이 세율이 9.9%가 되었다.

2. 수익과 손실에 대한 손익통산

ISA 내에서 발생하는 모든 손익을 통산해 준다는 것이 ISA계좌의 차별적인 장점이다. 예를 들어서 ISA 투자자가 주식투자로 1천만원 손실을 보고 ELS투자로 600만 원의 수익을 냈다면 총 손실은 400만 원이므로 이 투자자는 세금이 없다. 그러나 일반 주식계좌로 위와 같은 경우라면 주식투자로 손실을 본 것에 대해서는 아무런 보상이 없고, ELS 투자수익의 600만 원에 대해서 15.4%의 금액, 즉 924,000원의 세금을 납부해야 한다.

손익통산은 계좌해지 시에 하게 되고, 손익통산 후 수익이 난다고 해도 200만 원까지는 세금이 없고(서민형은 400만 원), 초과분은 15.4%가 아닌 9.9% 분리과세를 적용한다.

	일반계좌	ISA계좌
주식투자	-1,000만 원	-1,000만 원
ELS투자	+600만 원	+600만 원
최종손익	-400만 원	-400만 원
세금정산대상	600만 원 수익에 대한 세금 (600만 원 × 15.4% = 924,000원)	세금 없음

3. 2023년부터 주식, 주식형 펀드의 매매차익 비과세

ISA계좌로 주식거래를 해야 하는 가장 큰 이유는 향후 있을 주식과 주식형 펀드의 매매차익 비과세를 받기 위해서다. 2021년 7월 26일 발표한 세법 개정안 문구를 살펴보면 "오는 2023년부터 5천만 원을 넘는 금융투자소득에 대해 20%(과세표준 3억 원, 초과분은 25%) 세율로 과세가 시작되는데, ISA의 경우는 공제한도 없이 비과세 혜택이 주어진다"라는 내용이 있다.

예를 들어 2021년에 계좌개설을 하면 2023년까지 6천만 원까지 비과세 한도가 된다(2천만 원 + 2천만 원 + 2천만 원). 2023년까지 2천만 원씩 입금해서 6천만 원이 되었고, 1억 원의 수익을 얻었다고 가정하자. 일반 증권계좌라면 수익금 1억에 대해서 5천 공제를 하고, 5천에 대한 20% 세금인 1천만 원을 납부해야 한다. 그러나 ISA계좌라면 1년 한도가 2천만 원이므로 3년간 6천만 원을 입금해서 수익을 냈다면 1억에 대해서는 전액 비과세, 즉 세금이 0원이 된다.

ISA의 세제혜택 중 가장 중요한 것은 2023년부터 개시되는 상장주식 비과세혜택이다. ISA계좌로는 안 낼 수 있는 세금을, 일반 주식계좌로는 내야 하기 때문이다. 정부가 발표한 파격적인 세제혜택은 2023년 1월부터 적용된다. 2023년 1월 1일부터 대주주가 아니라고 해도 모든 주주는 양도소득세를 내야 한다. 지금은 주식에 대한 양도세가 없지만 2020년 말부터 양도세 체계가 바뀌었기 때문에 현재 여유자금이 없다고 해도, 계좌개설만 먼저 해 놓고 입금은 천천히 해서 한도를 늘리는 것이 좋다(가입연수에 따라서 매년 2천만 원씩 입금한도가 늘어난다).

4. 연금저축으로 이체 및 추가절세 가능

원래 연금계좌는 연금저축과 IRP를 합쳐서 연 1,800만 원까지만 납입이 가능한데, ISA만기 자금을 연금계좌로 이체한다면 ISA에서의 이체 금액만큼 연금계좌의 납입한도를 추가로 늘려 준다. 이미 연금계좌 납입한도(연금저축, IRP 모두 연 1,800만 원)를 다 채운 사람도 ISA 만기자금을 연금계좌로 이체하는 데 제한이 없다(자금이체는 ISA 계약 기간 만료된 날부터 60일 이내에 해야 함).

ISA 만기자금을 연금계좌로 이체했을 때 발생하는 절세효과는 두 가지로 볼 수 있다.

1) 세액공제 혜택

연금계좌로 이체한 만기자금 중 10%, 최대 300만 원에 대해서 추가 세액공제가 가능하다. 근로소득 기준 5,500만 원 이하라면 세액공제율은 16.5%가 적용되고, 이보다 소득이 많으면 13.2%를 공제받게 된다. 예를 들어 만기자금 3천만 원을 연금계좌에 이체한다면 10%인 300만 원의 세액공제를 받게 된다. 연봉 5,500만 원 이하의 경우 [300만 원 × 16.5% = 495,000원], 소득이 그 이상인 사람은 [300만 원 × 13.2% = 396,000원]의 세금을 추가로 절세할 수 있다.

2) 추가절세 가능

ISA가 만기가 되었을 때 손익통산 후 순소득에 대해서 일반형 200만 원, 서민형 400만 원의 비과세혜택과, 비과세 한도 초과금액은 9.9%로 분리과세 되는 것은 위에서 이미 언급했다. 추가로 절세를 받고 싶다면 만기 금액을 연금계좌로 이체한 후, 55세 이후 연금수령 시 3.3~5.5%의 연금소득세로 더 저렴한 세율을 적용받을 수 있다.

ISA로 투자 가능한 자산

ISA로 매매 가능한 자산에는 예금, 적금, RP 펀드, ETF, ELS, 리츠 인프라펀드, 국내주식 등이 있다. 또 매매 불가능한 자산으로는 선물, 옵션, 해외주식, 해외선물 등이 있다.

ISA계좌의 주의사항

ISA는 해외주식투자가 불가능하다. 단 국내에 상장된 해외 ETF는 매매가 가능하다. ISA는 3년 이상의 계좌유지 조건이 있다. 납입

원금한도는 중도 인출이 가능하며, 그 이상의 인출을 하려면 해지를 해야 한다. 3년을 못 채우고 해지하면 세제혜택은 없고 15.4% 세금을 내야 한다. 세제혜택 때문에 가입하는 것이므로 이 점에 유의하자.

ISA가 만기가 되면 해지, 연장, 또는 IRP나 연금저축으로 이전의 세 가지 선택이 가능하므로 상황에 맞는 최적의 선택을 하자. ISA는 모든 금융기관 포함 딱 하나만 개설이 가능하다.

이처럼 ISA는 금융투자로 인한 세금을 획기적으로 절약할 수 있게 해 주며, 과세대상 소득에 대해 기본공제 200만 원은 물론이고 공제금액 이상의 수익도 저율로 분리과세가 되므로 배당주투자, ETF투자의 절세효과가 크다. ISA계좌 활용의 초창기에는 주로 배당주식의 배당소득세를 절세하려는 목적으로 ISA계좌가 사용되었지만, 그다지 대중적이지는 않았다. 그러나 정부의 파격적인 세제개편안 발표 후 ISA계좌를 이용한 투자는 필수가 되었다.

향후 2023년 이후 주식 양도세가 현실화되면 ISA의 절세기능은 더욱 부각될 것이므로 투자금이 적어도 계좌개설은 미리 해 놓도록 하자. 실제로 ISA의 상위호환이라고 할 수 있는 미국의 401(k) 등의 퇴직연금 등은 납부금액만큼 소득에서 공제하므로 절세의 효과가 매우 크다. 그동안 비과세의 영역이었던 주식투자 역시 세금의 시대가 다가오고 있다. ISA계좌를 꼭 만들어서 불필요한 세금은 최대한 절세할 수 있도록 하자.

📑 STUDY POINT

1. ISA계좌를 통한 주식거래는 향후 주식 양도세를 피할 수 있는 유일한 방법이다.

2. 세제혜택에는 3년 이상의 가입 기간이 필요하며 연간한도는 2천만 원, 5년간 1억 원이다.

3. ISA계좌를 이용해서 손익통산(손실과 수익을 상계)이 가능하므로 추가 절세가 가능하다.

4. 당장 목돈이 없다고 해도 계좌개설만 미리 해놓으면 1억 원의 비과세혜택이 가능하다.

ISA 심화학습

1. 주식투자 금액이 크다면 계좌를 분산시키자. ISA계좌 1개씩은 꼭 개설해서 2023년 이후 발생할 수 있는 양도세를 안 내거나 최대한 줄여 보자. 예를 들어 3억 원으로 주식투자를 한다면 1억 원 한도까지 ISA로 투자하고, 남은 2억 원으로 일반 증권계좌에서 투자할 수 있다.

2. ISA 역시 명의 분산이 가능하므로 부부명의 모두 가입해서 배우자와 투자금을 나눈다면 양두세를 추가로 더 절약할 수도 있다. 예를 들어 2억 원으로 주식투자를 한다면 각각 ISA계좌를 1억씩 2명으로 분산해서 양도세를 0으로 만들 수 있다.

3. ISA 비과세한도 200만 원(서민형 400만 원)을 다 채우고 3년이 지났다면 해지 후 다시 만들자. ISA계좌를 그대로 연장한다고 해서 혜택이 늘어나지는 않지만, 해지하고 나면 다시 비과세 한도가 생긴다.

4. 당장 목돈이 없다고 해도 ISA 한도는 1년에 2천만 원씩 늘어난다. 따라서 계좌개설만 해 놓고 5년 후에 1억 원을 입금해도 1억 원 전부 매매수익에 대해서 비과세 혜택이 가능하므로 계좌만이라도 먼저 만들어 놓는 것이 좋다.

4장

배당은
거짓말하지 않는다

　국내 주식투자를 하는 사람들은 항상 미국증시의 시황에 촉각을 기울이게 된다. 연방준비은행(FED)의 기준금리 인하와 인상, 미국 대선의 결과가 대한민국에 미치는 영향, 미·중 무역전쟁으로 인한 주식시장 영향 등 국내 주식시장은 미국증시의 영향을 대단히 많이 받기 때문이다. 미국과 관련된 경제 단어를 한번 연상해 보자. 양적완화(유동성을 늘리는 것), 테이퍼링(양적완화속도를 줄이는 것), S&P500지수, 나스닥지수, 시카고CME선물거래소, 국제유가의 기준이 되는 크루드오일(서부텍사스산 중질유), 1920년대의 대공황, 2008년 서브프라임 모기지 금융위기, 전설적인 펀드매니저 피터린치, 주식투자 역사상 최고의 투자자 워런 버핏, 그린스펀, 버냉키, 옐런, 파월 등의 연준 의장 등 수

많은 단어가 내 머리를 맴돈다. 미국은 비행기를 타고 10시간도 넘게 가야 하는 태평양 너머의 나라이지만, 현재 대한민국에 정치, 경제, 사회, 문화적으로 가장 많은 영향을 주고 있는 나라인 것이다.

실제로 금융뿐만 아니라 소비재 역시 미국은 우리에게 가장 친근한 나라다. 밖에 나갈 때는 테슬라 전기차를 타고, 스타벅스DT 매장에 들러 콜드브루를 한 잔 주문하며, 맥도날드에서 햄버거와 코카콜라를 포장한다. 집에서는 줌으로 온라인 회의와 원격근무를 하고 P&G의 질레트 면도기로 면도를 한다. 오프라인 매장으로는 코스트코에서 장을 보고, 온라인으로는 애플의 아이폰을 이용해 아마존으로 직구 쇼핑을 즐긴다. 코로나19 예방접종을 위해 모더나와 화이자 백신 주사를 맞는다. 혹시 열이 날 걸 대비해서 존슨앤존슨의 타이레놀을 구비해 놓는다. 틈틈이 구글의 자회사 유튜브를 통해 게임방송을 본다. 여행 다녀온 사진을 페이스북의 자회사 인스타그램과 메타 플랫폼스(구 페이스북)에 올린다. 이는 대한민국 3040의 자연스러운 일상이다. 이처럼 미국주식은 우리의 삶에 아주 깊숙이 들어와 있다.

그런 관점에서 볼 때 미국주식투자는 특별한 일이라기보다는 당연한 일이 될 수도 있다. 미국 주식시장은 세계 주식시가총액의 절반이 넘는 규모로, 실질적으로 세계 금융을 좌지우지하고 있다. 2021년 12월 15일 기준 대한민국의 시가총액(거래소 2,227조 원 + 코스닥 436

조 원 = 약 2,663조 원)은 미국 애플(AAPL) 단 한 회사의 시가총액(약 3,381 조 원)보다 적다. 내가 미국주식투자를 강력히 권하는 이유는 단지 미국이 대한민국에 주는 영향이 크기 때문만은 아니다. 만약 그런 이유라면 중국 주식이나 일본주식 역시 좋은 투자대상이 될 수 있을 것이다.

미국주식에 투자해야 하는 이유는, 미국이 전 세계에서 가장 발달하고 세련된 자본시장을 가지고 있기 때문이다. 대한민국의 주식시장 역시 점점 주주를 위하는 문화가 자리잡고 있고, 배당금 역시 늘어나는 추세지만, 아쉽게도 미국에 비하면 아직 미흡한 점이 많다. 통상 수익률과 리스크는 반비례한다고 알려져 있다. 그런데 수익률도 높고, 다른 나라보다 상대적으로 리스크도 낮은 투자대상이 있다. 그것은 바로 미국주식이다. 자사주 매입을 통해 주주가치를 높이고, 꾸준하고 예측 가능한 배당금을 지급하며, 투명한 공시를 통해 투자자들의 신뢰를 얻는다. 무엇보다도 미국주식은 달러화로 결제되고 배당금 역시 달러로 나오기 때문에 주기적으로 반복되는 원화가치 폭락과 달러가치 폭등의 리스크를 막아줄 수 있다. 최근 들어 해외주식 투자가 대중화되면서 해외주식 계좌개설이 급격히 늘었지만, 아직도 대한민국 직장인들의 투자자산은 국내주식 위주의 투자가 일반적이다. 나는 국내주식 30%, 미국주식 70% 비중으로 분산투자를 하고 있고, 미국주식은 ETF와 배당성장주, 고배당주를 나누어서 투자하고 있다.

미국주식에 투자해야 하는 이유는 세계의 경제 흐름을 좀 더 빨리 공부하고 이해하기 위해서도 있다. 대한민국이 금리를 올린다고 미국이 금리를 올리지는 않지만, 미국이 금리를 올리면 대한민국은 금리를 올려야 할 수도 있다.

아침마다 미국의 시황을 확인하는 것보다 직접 미국주식에 투자하면서 피부로 체감하는 것이 한국주식을 공부하는 데도 더 도움이 된다. 영어를 잘 못해도 상관없다. 네이버 금융, 각종 주식카페, 미국주식 투자서적, 유튜브, 애플리케이션 등 정보는 차고 넘친다. 과거에는 미국주식 직접투자가 거래도 어렵고 수수료도 비쌌으며, 정보도 너무 부족했다. 그러나 이제는 그런 제약조건이 모두 사라지고 누구나 쉽게 투자할 수 있다. 밤에 자기 전 누워서 미국 주식시장의 시세를 스마트폰으로 체크하고 매매를 하는 내 모습은 증권회사에 입사할 때만 해도 상상하기 힘들었다.

미국주식의 네 가지 종류

1. 성장주

구글 알파벳, 애플, 아마존, 메타플랫폼스(구 페이스북), 테슬라, 마이크로소프트, 넷플릭스 등 미국주식의 가장 큰 시가총액을 차지하는 플랫폼 기업들이 이를 대표한다. 과거에는 에너지, 제조, 금융업 등이 미국의 경제를 이끌었지만 지금은 플랫폼을 이용해서 전 세계를 장악하고 독점하는 빅테크 기업들이 미국 주식시장의 성장을 주도하고 있다. 빅테크가 아니라고 해도 전 세계의 투자자금이 몰리는 곳이 미국인 만큼 페이팔, 엔비디아, 쇼피파이, 유니티 소프트웨어 등 새로운 혁신기업들이 즐비한 곳이 미국의 주식시장이다.

성장주인 만큼 주가는 대부분 많이 올라있는 상황이고, 수익을 배분하는 배당금은 지급하지 않거나, 준다고 해도 적은 금액만 지급한다. 지속적으로 시장점유율을 높이고 이익을 재투자해서 경쟁업체를 따돌려야 하는 만큼 주주들에게 돈을 되돌려 줄 여력이 없기 때문이다. 대신 높은 주가 상승률로 주주들에게 보답한다고 생각하면 된다. 성장주라고 해도 애플, 마이크로소프트 등은 매년 배당금을 올려 주는 등 이미 시장의 독점력을 구축한 기업이기에, 배당성장주에 가깝게 분류하는 사람들도 있다. 저금리와 저성장 시대가 지속되며 최근 10여 년은 성장주가 단연 주식시장을 주도했다.

실제로 2008년 금융위기 이후 구경제를 대표했던 에너지, 제조업, 금융업 등은 성장이 정체된 반면, 4차 산업혁명의 태동기에 맞춰 구글, 애플, 아마존, 마이크로소프트, 테슬라 등 빅테크의 플랫폼 경제 시대가 오며 기술주 위주의 나스닥지수는 다우지수와 S&P500지수의 상승률을 한참 상회하고 있다.

성장주 투자의 경우 나는 개별종목보다는 ETF를 통해서 접근한다. 마치 자율주행하는 테슬라 자동차의 오토파일럿처럼 알아서 좋은 종목을 골라서 배분하기 때문에 개별종목 변동에 대한 신경이 덜 쓰인다는 것이 가장 큰 장점이다. 아무래도 대부분의 성장주는 나스닥지수에 포함되어 있고, 나스닥 종목들은 높은 성장성만큼이나 주가의 변동성도 크고, 배당금도 거의 없기에 시세의 하락을 견디는 것이 쉽지 않다는 경험적인 이유도 있다.

2. 배당성장주

자본시장의 역사가 오래된 만큼, 미국은 배당주의 역사도 깊다. 50년 이상 배당금을 유지 혹은 성장시킨 배당왕, 25년 이상 배당금을 성장시킨 배당귀족(S&P500지수 한정), 25년 이상 배당금을 올려 준 배당챔피언, 10년 이상 배당금을 올려준 배당성취자 등 다양한 배당성장주가 존재한다. 배당성장주에 투자하는 사람들은 배당금의 크기 자체보다는 배당금의 성장성, 즉 지속적으로 배당금을 올려 줄 수 있는지의 여부와 배당금의 안전성을 중요시한다.

배당금을 올려 준다는 것은 매출과 영업이익이 성장했다는 증거이자 향후 성장성에 대한 자신감의 증표다. 한번 배당을 올리고 나면, 어지간한 악재가 아니면 배당금을 줄이기 어렵다. 배당금을 줄인다는 것은 회사가 큰 어려움에 빠졌음을 고백하는 것이나 마찬가지

이며, 보수적인 배당주 투자자들은 즉시 주식을 매도해 버리기 때문이다.

보수적인 배당주 투자자라면, 2008년 금융위기와 2020년 코로나19 위기에도 굳건하게 배당금을 유지했는지의 여부가 포트폴리오 편입에서 대단히 중요한 요소가 될 것이다. 즉 위기가 닥쳐도 배당금을 줄이지 않을 정도로 재무구조가 튼튼하고 안정적인 순이익을 만들어 낼 수 있다는 것을 입증했기 때문이다. 배당주 투자자들은 주가와 배당금을 비교하며 매수 타이밍을 따지는데, 배당 컷(배당삭감), 배당서스펜드(배당금 지급 중단) 등이 나오면 배당투자자로서는 이런 모든 기준 자체가 무너질 수밖에 없다.

두 가지 예를 들어 보겠다. 가령 2020년 3월 코로나19 위기에서 엄청난 타격을 입은 업종은 에너지(석유)와 항공이었다. 에너지업종의 대표회사인 엑슨모빌(XOM)의 경우 유가가 마이너스를 기록하는 사상 초유의 위기상황에서도 인력삭감과 비용절감 등 뼈를 깎는 노력을 하면서도 배당금을 지켜냈다. 그러나 항공업종의 대표회사인 보잉(BA)은 급격한 경영위기를 견디지 못하고 배당 중단을 선언했다. 그동안 꾸준히 배당금을 올리던 회사였기 때문에 투자자들은 큰 실망에 빠졌지만, 사상 초유의 코로나19 팬데믹 상황에서 보잉 역시 회사의 경영을 정상화하는 것이 더 시급한 과제였을 것이다.

나는 세계적인 음료회사 코카콜라(KO), 미국 통신회사 버라이즌

(VZ), AT&T(T), 친환경에너지회사 넥스트에라에너지(NEE), 제약으로 유명한 애브비(ABBV), 길리어드(GILD), 화이자(PFE), 미국의 대표 은행주인 뱅크오브아메리카(BAC), 웰스파고(WFC), 반도체 설계업체 퀄컴(QCOM) 등에 분산해서 투자하고 있다. 시가배당률은 2~4% 정도로 그리 높지 않지만 성장성과 안정성을 골고루 갖춘 회사들이라 투자하면서 마음이 편하다. 배당성장주의 투자목표는 안정적인 자산증식과 배당금의 두 마리 토끼이기 때문에 매년 조금씩 주식의 수량을 늘리고 있다. 이들 종목은 꾸준히 배당금을 올려주는 배당성장주이므로 내가 은퇴할 때쯤에는 배당금만으로도 여유 있는 삶을 살 수 있으리라 기대하며, 차근차근 계획을 실천하고 있다.

3. 고배당주

말 그대로 배당금을 듬뿍 제공하는 회사다. 대표적으로 에너지, (DBC)-기업대출회사, 모기지리츠(부동산임대업), 담배 회사 등이 이에 해당한다. 이들의 공통점은 버는 돈의 많은 부분을 배당금으로 지급하기 때문에 성장성이 떨어진다는 점이다. 다시 말해 성장성은 낮지만 산업이 성숙기에 있기 때문에 치열한 경쟁에서 이기기 위해 돈을 재투자하기보다는 주주들에게 배당금을 돌려주면서 보답을 하는 종목이다. 시장상황에 따라 다르지만, 통상 5~10% 정도의 시가배당률을 제공하는 종목을 고배당주라고 한다. 즉 1,000만 원어치 고배당주를 산다면, 세전 50~100만 원 정도의 배당금이 3개월마다 네 번으로 나뉘어서 입금된다(미국 배당주의 세금은 15%로, 배당금의 85%가 입금된다). 리얼티인컴(O)이나 트리플포인트벤처그로스(TPVG), 메인스트리트 캐피털(MAIN) 등 매월 배당금을 나눠서 지급하는 회사도 있다.

고배당주는 배당금의 안전성이 배당성장주에 비해서 다소 부족하고, 주가의 성장성 역시 낮은 만큼 비판적으로 바라보는 투자자들도 있지만 나는 개인적으로 고배당주를 매우 좋아한다. 성장주에 비해서는 다소 지루하게 느껴질 수 있으나 매월 들어오는 달러를 보고 있자면 은퇴준비에는 이만한 게 없다는 생각이 든다. 배당금의 안전성 역시 종목과 업종을 분산한다면 리스크를 최소화할 수 있고, 무엇보다도 주가 급락 시에 싸게 매수한다면 10%를 훌쩍 넘는 시가배당률을 경험할 수도 있다. 이쯤에서 나의 실제 사례를 한번 보자.

1) PMT로 20%가 넘는 배당을 받다

2021년 1월 24일 기준 모기지리츠(부동산대출회사)인 페니맥모기지인베스트먼트의 주가(PMT)는 17.2$며, 주당배당금은 1.88$로 시가배당률은 10.93%나 된다. 실제로 2020년 3월 말 코로나19 팬데믹으로 모기지리츠가 급락했을 때 나는 PMT를 9$로 매수했기 때문에 시가배당률은 20%가 넘는다. PMT는 일시적으로 주당 배당금을 기존의 절반 수준인 1$로 삭감했지만, 이내 몇 달 지나지 않아 예전과 같은 금액으로 복구되었다. 배당금뿐만 아니라 100%에 가까운 시세 차익 역시 상당한 수익이다. 예·적금의 금리가 채 2%에 불과한 시대에, 연간 20%가 넘는 배당금을 받는다는 것은 그 자체로 엄청난 매력이다. 모기지리츠에 대해서는 투자자들마다 호불호가 갈리지만, 안정적인 현금흐름을 원하는 미국주식 투자자라면 리츠 섹터[7]는 반드시 포함해야 할 업종임을 잊지 말자.

2) OKE로 13.3%의 배당을 받다

2022년 1월 24일 기준 대표적인 미드스트림 회사(석유 송유관 시설 서비스 제공회사)인 원오크의 주가(OKE)는 58.53$이고 주당 배당금은 3.74$로 시가배당률은 6.39%다. 나는 2020년 9월 OKE를 28.12$에 매수했다. 그 당시 코로나 팬데믹 2차 유행에 대한 우려로 크루드오일 가격이 다시 30$대로 떨어지고 에너지 회사들은 배당삭감을 걱정하는 상황이었다. 그러나 나는 장기적으로 코로나 팬데믹은 해소되고 유가 역시 제자리를 찾을 것이라 생각했고, 리스크를 무릅쓰고 에너지업종의 저가매수를 단행했다. 2021년 현재 OKE는 매입가 기준 13.3%의 배당금을 지급하고 있고, 한 번도 배당을 줄이거나 중단하지 않았다. 매입가 대비 수익률은 108%다. 결과적으로는 거의 바

---

7   특정 주제나 업종별로 종목을 묶어서 그룹화한 것이다.

닥권에 에너지회사를 매입한 셈이다. 배당 중단에 대해서도 전혀 걱정하지 않는다. 물론 세계적으로 탄소배출절감이 트렌드고, 이는 에너지회사의 성장성을 제한할 수 있다. 그러나 역설적으로 이러한 규제는 바이든 정부 들어서 석유에너지의 수요 대비 공급 부족을 만들어 내고 있다. 한때 마이너스까지 떨어졌던 유가는 배럴당 70$가 넘는 상승세를 지속하고 있고, 당분간 에너지 가격의 강세는 이어질 수밖에 없다.

이외에도 알트리아(MO), 엑슨모빌(XOM), 메인스트리트캐피털(MAIN) 등으로도 저가매수에 동참해서 시가 대비 10% 내외의 배당금을 받고 있다. 고배당주 투자에서 주의할 점은, 철저히 저가매수 타이밍을 노려야 높은 배당률을 얻을 수 있다는 점이다. 또한 주가가 내려도 배당금이 유지되거나, 설령 배당금을 줄인다고 해도 이내 회복할 수 있는 업종에 한정해야 한다는 것이다. 한번 배당을 중단하고 나서 다시 전고점 및 전에 지급하던 배당금을 회복하지 못하는 회사들도 있기 때문이다.

고배당주는 전통적인 배당성장주에 비해서는 리스크가 큰 것도 사실이다. 그러므로 한두 종목에 집중투자하기보다는 폭락장이 왔을 때 업종별로, 종목별로 철저하게 분산해서 산다는 마음으로 접근하면 시세차익과 고배당 2마리 토끼를 잡을 수 있다. 배당성장주의 경우 주식의 성장성이 높아도 시가배당률이 2~3%에 불과하기에 3

억 원을 투자해도 세후 월 배당금 50~70만 원 정도밖에 받지 못하는 것이 현실이다. 현금의 여유가 많다면 배당금을 재투자해서 물량을 늘리는 것이 가장 이상적이지만, 40대 직장인들에게는 월급 외의 추가적인 소득과 지출도 필요하다. 나의 경우 고배당주에서 나오는 현금은 환전 후 출금해서 자녀들의 학원비로 사용하고 있다. 그리고 연말 보너스나 성과급이 지급될 때는 다시 고배당주와 배당성장주의 물량을 늘리는 식으로 하고 있다. 노후에 부자가 되는 것도 중요하지만, 월급 이외의 현금흐름이 많아질수록 나와 내 가족의 삶의 질은 한층 더 높아지기 때문이다.

4. 배당우선주

배당컷과 배당중단의 두려움이 있는 사람들이라면 고정배당우선주를 추천한다. 배당우선주는 말 그대로 배당금을 우선 받을 수 있는 권리가 있는 주식을 의미한다. 그 대신 기업의 경영에 참여할 수 있는 의결권이 없지만, 안정적인 배당금을 받을 수 있다는 점에서는 배당우선주도 좋은 선택이다. 시가배당 5~8%의 배당금을 매우 안정적으로 지급하는 현금ATM이 될 수 있기 때문이다. 요약하자면 안정성과 높은 배당금, 이 두 가지가 배당우선주의 장점이다. 특히 근로소득이 끊긴 은퇴자들이나 배당금만으로 생활하려는 파이어족이라면 고정배당우선주를 포트폴리오에 포함시킬 필요가 있다.

고정배당우선주도 JP모건이나 웰스파고 같은 대형은행에서 발행한 종목은 시가배당률이 5% 내외로 높지 않다. 시가배당률과 회사의 안정성은 반비례하므로 각자의 리스크 감수 성향에 따라서 알맞게 투자하면 된다. 그러면 고정배당우선주의 단점도 알아보자.

우선 급격한 금융위기 시 가격 하락의 리스크가 있다. 우선주 역시 주식이기 때문에 큰 위기에서는 가격 하락의 리스크가 있는 것은 사실이다. 또 발행회사에서 매입할 수 있는 권리가 있기 때문에 기준일(통상 발행일로부터 수년 후) 이후에는 우선주를 발행한 회사가 다시 25$에 매입할 수 있다(반드시는 아니고 할 수도 있고 안 할 수도 있음)는 점이다. 그리고 한 번 매입한 사람은 팔아야 할 이유가 거의 없어 거래량이 매우 적은 편이다. 유동성이 적다 보니 호가가 적어 많이 사기도, 많이 팔기도 힘들다. 그리고 한국에서의 우선주와는 달리, 미국의 고정배당우선주의 주가는 액면가인 25$로 고정되어 있으며, 그 이상으로 오르기는 어렵다(일부 보유에 대한 프리미엄으로 25$를 소폭 상회할 수는 있다). 이제 나의 고정배당우선주 투자사례를 살펴보자.

2020년 9월, 나는 NRZ-A, NRZ-B라는 모기지리츠 우선주를 21~22$ 내외로 매수했다. NRZ는 고배당주 투자로 유명한 종목이었지만, 2020년 3월 팬데믹 위기를 견디지 못하고 배당금을 90%나 줄이는 배당컷을 단행했으므로 고배당을 노리고 투자한 투자자들에게는 주가 하락과 배당삭감의 이중고를 안겨 주었다. 그러나 고정배당우선주의 경우 회사가 부도 위기에 있지 않은 한, 주주들이 우선적으로 배당금을 지급받기 때문에 배당삭감이 되는 경우는 드물다.

　2021년 1월 24일 기준 두 종목의 주가는 각각 25.45$, 24.93$로 팬데믹 이전의 주가를 회복했다(고정배당우선주의 주가는 25$를 기준으로 수렴한다). 더 이상 주가가 오를 가능성은 거의 없지만, 매입가 대비 8.28%에 해당하며 꼬박꼬박 지급되는 배당금은 나의 계좌를 풍족하게 살찌운다.

채 부장의 실제 배당금 수령 내역　　　　　　　출처: 채 부장의 교보증권 카카오톡 알림

절대로 배당은 거짓말하지 않는다

나는 성장주 ETF 20%, 배당성장주 40%, 고배당주 30%, 고정배

당우선주 10% 비중으로 미국주식투자를 하고 있다. 아무래도 최근 성장주가 대세인 MZ 세대의 투자에 비해서는 다소 보수적이며 현금흐름을 좀 더 강조하는데, 이는 투자자의 성향에 따라서 조절하면 된다. 개인적으로는 아예 시세차익을 노리는 단타 거래가 아니라면, 소액으로라도 배당금이 들어와야 마음이 편하다. 따라서 장기간 묻어 둘 종목은 시가배당률이 단 1%라고 해도 배당금을 지급하는 회사만 사서 모으는 편이다. 그런 측면에서 나는 최근 투자의 대세였던 아마존, 테슬라 등의 성장주를 매수해서 큰 수익을 내지는 못했다. 성장주 투자는 위에서도 언급했듯이 ETF투자 QQQ와 VOO로 대신하고 있다(QQQ와 VOO는 다음 장에서 설명하겠다).

나의 투자법이 무조건 최고의 수익률을 내는 방법이라고 말할 수는 없다. 하지만 배당금을 조금이라도 주는 종목을 선택해 직접투자를 한다면, 상대적으로 스트레스를 덜 받으면서 투자를 지속할 수 있다. 나는 미래의 불확실한 성장성보다는, 안정적인 현금흐름에 좀 더 집중하는 투자를 좋아한다. 위에서도 강조했듯이, 배당금을 지속적으로 지급한다는 것은 회사가 꾸준히 돈을 벌고 있다는 증거이기 때문이다. 배당주 투자에 관심이 있는 독자라면, 국민연금 기금운용본부 출신의 홍춘욱 박사가 번역한 《절대로! 배당은 거짓말하지 않는다》(켈리 라이트, 리딩리더)를 일독하길 권한다. 결국 꾸준히 성장하는 회사가 장기적으로 주가도 오를 것이고, 지속적으로 배당금도 올려 줄 수 있다.

통상적으로 고정배당우선주는 한창 자산을 불려야 할 40대 직장인들보다는 은퇴를 눈앞에 둔 50~60대에게 더 적합한 현금흐름을 위한 투자대상이다. 특히 주가 상단이 25$로 막혀있어(추가적인 프리미엄이 약간 붙기는 함) 시세차익을 크게 기대하기 힘들기 때문에, 고배당주처럼 위기 시에 저가매수에 가담해서 시세차익과 고배당을 동시에 노리는 쪽으로 접근하는 것이 좋다. 물론 최근에는 40대에도 조기은퇴를 꿈꾸는 사람들이 많으므로 항상 관심 종목에 넣어 놓고 있다가 위기가 왔을 때 싸게 매입해서 시세차익과 고배당의 2마리 토끼를 잡을 수 있도록 하자.

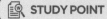

1. 미국주식은 크게 성장주, 배당성장주, 고배당주, 고정배당주로 구분할 수 있다.

2. 일반적으로 배당률과 성장성은 반비례하므로, 가장 선호되는 장기투자는 주가상승과 배당성장의 두 가지 이득을 모두 얻을 수 있는 배당성장주 투자다.

3. 고배당주도 시기를 잘 이용하면 연 10~20%의 배당수익과 시세차익이 동시에 가능하다.

4. 매우 안정적인 배당소득이 필요한 은퇴자라면 고정배당우선주도 좋은 선택이다.

5. 배당을 꾸준히 지급하고, 늘려준다는 것은 회사가 안정적인 성장을 하고 있다는 것과 동일한 의미이며, 이는 주식의 장기보유를 가능하게 해준다.

5장

건초더미에서 바늘을 찾지 말고
건초더미를 통째로 사라

인덱스펀드의 아버지로 불리는 뱅가드펀드 설립자 존 보글은 《모든 주식을 소유하라》(존 보글, 비즈니스맵)라는 책에서 이렇게 주장한다.

"건초더미에서 바늘을 찾으려 하지 말고 건초더미를 통째로 사라."

존 보글의 이야기를 해석하자면 바늘을 찾는 노력 자체가 너무 많이 들고, 바늘을 못 찾고 건초만 뒤지다 끝나는 경우가 비일비재하므로 건초더미 자체를 다 사버리라는 뜻이다.

우리가 직접 주식투자를 하는 이유는 시장수익률을 이기기 위해서다. 즉 시장보다 월등히 많이 오를 종목을 발굴하고 찾아내는 것이 펀드매니저는 물론 전업투자자와 증권사 영업직원을 비롯한 모든 주식투자자의 목표다. 그런데 실제로 수많은 펀드가 장기적으로 시장수익률, 즉 지수를 하회하는 경우가 대부분이고, 극소수의 사모펀드만 시장을 이긴다. 많은 에너지를 들여 좋은 종목을 발굴해 집중 투자한다면 시장을 월등히 이길 수 있겠지만, 일반인이 이런 기업을 찾아서 끝까지 장기투자하는 것은 매우 어렵다. 내가 인덱스펀드를 추천하는 이유는 저비용으로 신경쓰지 않아도 되는 고효율의 투자법이기 때문이다. 놀랍게도 장기적으로 인덱스펀드, 즉 지수 추종만 해도 주식투자자의 상위 10%에 해당한다. 아무 노력도 없이 인덱스펀드만 사 놓고 있어도 상위 10% 그룹에 자동으로 포함된다는 뜻이다. 한번 해 볼 만한 투자이지 않은가.

인덱스펀드를 사라고 주장하면 두 가지 생각이 들 수 있다.

첫 번째, 가장 좋은 종목만 사면 되는데 왜 군이 전부를 다 사야 할까?

두 번째, 인덱스펀드를 사면 가장 좋은 것도 사지만 가장 나쁜 것도 같이 사게 되잖아?

여기에 대해서 각각 설명을 해 보고자 한다. 먼저, 첫 번째 생각에 대한 이유는 간단하다. 건초더미 안에 보물이 너무 많이 들어 있기 때문이다. 쉽게 말해 금도 나오고, 은도 나오고, 사파이어도 나오는 건초더미이기 때문에(구글, 애플, 테슬라, 마이크로소프트 등) 그 자체로 믿고 살 가치가 있다는 것이다. 단, 여러 번 강조하지만 이는 오로지 미국 주식시장에 한정된다. 창의성을 바탕으로 한 혁신이 끊임없이 반복되는 시장은 아직까지 미국밖에 없기 때문이다. 건초더미를 뒤져도 보물이 거의 없거나 간신히 한두 개 정도 찾아낼 수 있는 시장은 투자가치가 떨어진다. 그런 시장은 인덱스펀드보다는 개별종목 트레이딩에 집중하는 것이 더 낫다. 의미 있는 수익률을 꾸준히 제공할 수 있는 곳이라면 시장 자체를 사는 것도 매우 좋은 방법이다.

다음 두 번째 생각에 대해 답을 하자면, 인덱스펀드는 매년 종목 조절을 통해 가장 나쁜 종목은 자동으로 제외된다. S&P500은 경쟁력이 떨어지는 종목은 빼고, 성장하는 종목으로 그 자리를 채운다. 인덱스펀드도 이와 같다. 투자대상의 관점으로 보면 아주 효율적이고 합리적인 방법이다. S&P500종목의 퇴출 사유는 시가총액(82억 달러)에 미달, 파산, 다른 기업에 인수될 때, 분사될 때 등에 해당하는데 주로 지속적인 주가 하락으로 인해 자연스럽게 퇴출되는 경우가 일반적이다. 즉 세상이 앞으로 어떻게 바뀌든 성장하는 종목은 자연스럽게 인덱스펀드를 따라가고, 정체되는 종목은 제외된다는 것이다. 그래서 최근 90년간 미국 S&P500지수는 연평균 9%가 오를 수 있었던 것이다. 다시 말해 인덱스펀드는 미국이 성장하기만 한다면 그 과실을 그대로 가져가는 자동투자장치가 될 수 있다. 그것도 아주 저렴한 가격으로 신경을 거의 안 쓰고 말이다!

인덱스펀드는 크게 두 가지 장점을 지닌다. 첫째, 비용이 아주 저렴하기 때문에(뱅가드 S&P500 ETF 기준 연 0.03%) 장기투자를 할수록 수익이 극대화한다는 것이다. 둘째, 에너지가 전혀 들지 않는다는 것이다. 시장을 이기려는 액티브active 투자가 아니라 시장을 따라가는 패시브passive 투자이기 때문에 투자자들은 신경 쓰지 않고 적립식으로 ETF를 사 모으면 그만이다. 바쁜 직장인들은 개별종목 공부를 할 시간이 없고 직접투자의 결과가 시장수익률을 하회하고 있다면 S&P500지수 추종 ETF에 매월 일정 금액을 적립식으로 사 모으면서 신경을 끄는 게 가장 효율적인 투자다. 그러면 ETF에 대해 알아보기로 하자.

ETF란 무엇인가?

ETF란 Exchange Traded Fund의 약자로 교환 및 거래가 편리하도록 상장해 놓은 지수형 펀드를 말한다. 즉 S&P500 ETF를 매수한다는 것은 미국 S&P500지수를 그대로 따르도록 만들어 놓은 상장지수 펀드를 산다는 것을 뜻한다. 매수, 매도가 주식처럼 자유로우며 액티브 펀드처럼 환매수수료가 있거나 환매하는 데 긴 시간이 걸리지 않고, 보유비용 역시 액티브 펀드에 비해 매우 저렴하다. 이런 여러 장점으로 인해 최근에는 시장을 이겨서 초과 수익을 얻으려는 공모펀드 시장이 쇠퇴하고 패시브 펀드를 상징하는 지수추종 ETF가 인기를 끌고 있다. 액티브 펀드로 불리는 펀드매니저가 운용하는 펀드조차도 기본적으로 지수를 추종하면서 추가수익을 플러스알파로 내기 위해 노력하는 정도다.

ETF의 종류

다양한 ETF가 있지만 여기서는 가장 대표되는 것들만 소개하겠다.

1. S&P500지수

S&P는 스탠더드 앤드 푸어스 Standard&Poor's 라는 신용평가 회사의 이름이며, 500은 미국주식 대형주 상위 500개를 의미한다. S&P500지수는 미국 주식시장을 대표하는 지수로 인정받으며, 수많은 지수추종 ETF의 기본이 된다. ETF의 상위 10개 종목으로는 애플, 마이크로소프트, 아마존, 메타플랫폼스, 테슬라, 구글알파벳A,C, 버크셔해서웨이B, JP모건 등이다. 이를 볼 때 미국 주식시장의 주류가 금융주

를 제외하고는 4차 산업혁명을 대표하는 플랫폼 기업으로 구성되어 있다는 것을 확인할 수 있다.

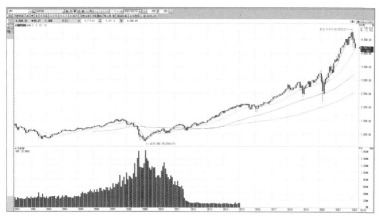

S&P500지수 인덱스펀드

출처: 교보증권 HTS

-SPY : 전 세계에서 시가총액이 가장 큰 ETF로, 스테이트 스트리트State street라는 자산운용사에서 운용하고 있다. SPY ETF는 1993년 1월 상장된 지수로 30년 가까이 긴 시간을 이겨 낸 신뢰성 있는 지수다. 운용보수는 연 0.095%로 세계 2위 자산운용사인 뱅가드의 VOO(0.03%), 세계 1위 자산운용사인 블랙록의 IVV(0.03%)에 비해서는 다소 운용보수가 비싼 편이다. 나는 IVV를 선호하는데, 블랙록 종목 자체에 대한 투자도 병행하고 있기 때문이다. 3종목 모두 S&P500지수를 추종하는 대표 종목이므로 취향에 맞게 선택하면 된다. 2021

년 10월 25일 기준 이 세 가지 ETF들은 400달러를 상회하므로 1주만 사려고 해도 원화 45만 원 이상이 필요하다. 좀 더 적은 금액으로, 좀 더 낮은 보수로 S&P지수를 추종하려면 SPLG(운용보수 0.03%)에 투자하는 것도 좋다. 이것은 1주에 8만 원 정도면 살 수 있으므로 비교적 부담이 적다.

S&P500지수의 레버리지 및 인버스 상품으로는 3배를 추종하는 UPRO/SPXL, 2배를 추종하는 SSO, -1배를 추종하는 SH, -2배를 추종하는 SDS, -3배를 추종하는 SPXU 등이 있다. 단, 레버리지 ETF의 경우 일반적인 지수추종 ETF보다 수수료가 더 비싸고, 장세가 지속적으로 횡보하거나 등락을 거듭할 경우 성과가 좋지 않으므로 주의해야 한다. ETF에 투자하는 전략 자체가 고위험 고수익이 아닌, 저비용 저노력으로 상위 10%의 수익을 얻으려는 전략이라는 점을 잊지 말자. 국내주식시장에서 거래하려면 TIGER 미국 S&P500 종목을 참고하면 된다.

2. 다우지수

다우존스지수는 미국시장을 대표하는 대형주 30개로 구성되어 있고, 뉴욕증권거래소에 상장된 운송과 유틸리티 산업을 제외한 나머지 산업을 대표하는 30개 종목으로 구성되어 있다. 종목 수가 30개에 불과하기 때문에 시장 전체의 동향을 정확하게 파악하지 못한다는 단점이 있고, 편입 종목 구성 역시 가격 가중방식으로 시가총액 대신 주가만 반영해 지수를 산출한다. 편입 종목의 주가가 높을수록 더 큰 비중을 차지하는 방식이므로, 시가총액 가중방식인 S&P500지수에 비해서 다소 정확성이 떨어진다. 또한, 다우지수는 구글 알파벳이나 아마존, 페이스북 등 시장을 대표하면서 시가총액이 큰 기술주 등이 포함되어 있지 않기 때문에 미국시장을 대표하기에는 다소 어려움이 있다. 그러나 다우지수는 1884년에 시작된 만큼 오랜 전통으로 미국 주식시장의 역사를 상징적으로 대변하는 도구로 이해하는 것이 좋다.

다우지수는 금융, 헬스케어, 산업재, 정보기술, 경기소비재, 필수소비재, 통신서비스, 에너지, 기초소재 등 구경제를 대표하는 산업별 대표 종목으로 구성되어 있다. 유나이티드 헬스, 골드만삭스, 홈디포, 암젠, 마이크로소프트, 캐터필러, 맥도날드, 보잉, 비자, 세일즈포스닷컴, 허니웰, 3M, 월트디즈니, 존슨앤존슨, JP모건, 아메리칸 익스프레스, 월마트, P&G, 나이키, 애플, 셰브론, 머크 등이 30여 개의 대표 종목이다.

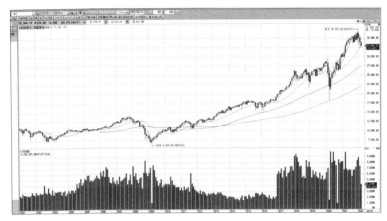

다우존스지수 인덱스펀드
출처: 교보증권 HTS

 -DIA : 다우존스지수를 1배로 추종하는 ETF로, 운용보수는 연 0.16%다. 테크기업들의 비중이 높지 않은 편으로 보수적인 투자성향에 적합하다. DIA의 10년 연평균 수익률은 13.18%로 충분히 좋은 성과를 보이고 있으며, 유나이티드 헬스 및 골드만삭스, 홈디포 등 대형산업, 금융, 헬스케어의 비중이 크다. 연 1.65%의 비교적 높은 배당률 역시 DIA만이 가진 매력이다(배당률은 ETF의 주가에 따라 달라질 수 있음). 다른 ETF와의 차별점은 분기 배당이 아닌 월 배당금을 지급하는 것으로 배당성장과 지속적인 현금흐름을 추구하는 투자자들이 선호하는 편이다. 적은 변동성과 안정적인 배당성장 및 꾸준한 배당금을 선호한다면 DIA도 충분히 좋은 대안이 될 수 있다.

3. 나스닥지수

나스닥은 뉴욕 증권거래소에 이은 세계 2위 규모의 거대한 증권거래소의 이름이고, 벤처기업 중심의 미국 주식시장을 의미한다. 여기에 상장된 종목만 모아서 지수를 산출한 것이 나스닥지수다. 그 거대한 규모는 나스닥에 상장된 종목 하나하나가 웬만한 나라의 시가총액에 육박하는 덩치를 자랑한다. 대한민국 시가총액보다 큰 스티브잡스의 애플, 윈도우로 잘 알려진 빌게이츠의 마이크로소프트, 세계 최대의 전자상거래 기업 아마존, 전기차의 대명사 일론 머스크의 테슬라, 유튜브와 검색엔진으로 유명한 구글, 메타버스의 페이스북, 핀테크의 대명사 페이팔, 오징어게임으로 더욱 주가를 올린 넷플릭스, 4차 산업혁명의 대명사 엔비디아 등 이름만 들어도 쟁쟁한 회사들로 가득한 거래소다. 미국 IT업계를 선도하는 FAANG(페이스북, 아마존, 애플, 넷플릭스, 구글)이 모두 나스닥지수 안에 포함되어 있다는 걸 생각해 보면, 나스닥지수는 미국의 혁신 그 자체를 의미한다. 과거 1999년 말부터 2000년 초반 인터넷 열풍에 힘입어 나스닥지수에는 거대한 거품이 있었고 오랫동안 그 후유증을 앓았지만, 이제 나스닥 시가총액의 대부분을 차지하는 종목들은 그 수익성이 검증되었고, 이제는 그 성장성을 누구에게나 인정받고 있다.

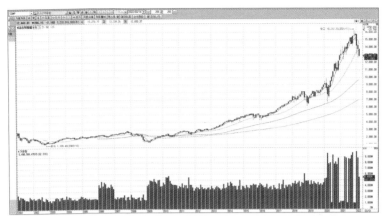

나스닥지수를 추종하는 ETF　　　　　　　　　　　　　　　　출처: 교보증권 HTS

-QQQ : QQQ는 대표적인 나스닥지수를 추종하는 ETF로, 1999
년 3월 자산운용사 인베스코에서 출시되었다. 정확하게는 나스닥
지수 그 자체가 아닌, 시가총액 상위 100개 종목을 추종한다. 즉 나
스닥 100지수를 추종하는 ETF다. 시가총액 순위로 포함되기 때문
에 애플, 마이크로소프트, 아마존닷컴, 테슬라, 알파벳, 페이스북, 엔
비디아, 페이팔, 넷플릭스 등 TOP10 기업의 비중이 50% 이상이다.
S&P500지수를 추종하는 VOO와 비교해 보면 금융, 소매, 필수소비
재, 제조, 에너지, 유틸리티 등의 업종이 QQQ에는 제외되어 있지만,
그럼에도 불구하고 VOO와 QQQ의 상위 10개 편입종목은 거의 동
일하다(워런 버핏의 버크셔 해서웨이만 제외).

　　QQQ의 10년 평균 수익률은 무려 21.25%로 10년 전에 QQQ에

1억 원을 투자했다면, 10년 후에는 8억 2천만 원이 되어 있다는 것이다. 그야말로 경이적인 상승률을 보이고 있다. QQQ의 운용보수는 연 0.2$다. 좀 더 저렴한 수수료를 원하는 독자들이라면, 2020년 10월 출시된 QQQM(운용보수 0.15%)에 관심을 가져보는 것도 좋다. 동일한 운용사에서 나스닥 100지수를 추종하도록 설계되었으므로 거의 유사하다고 보면 된다. 국내주식시장에서 거래하려면 TIGER미국나스닥100 종목을 참고하면 된다. 그 외에 나스닥지수를 2배로 추종하는 레버리지 ETF로 QLD, 나스닥지수를 3배로 추종하는 레버리지 ETF로 TQQQ가 있다.

4. 기타 ETF

1) 배당주 ETF

배당주 투자를 하고 싶지만 종목을 직접 고르는 것이 힘들다면 다음 ETF에 관심을 가져보자.

① 고배당주 ETF DVY : 금융, 유틸리티 위주의 ETF로 100여 개의 종목에 분산투자한다. 배당률은 4.19%, 운용보수는 0.39%로 다소 높은 편이다.

② 배당성장주 ETF VIG : 10년 이상 연속으로 배당금을 인상한 기업 중 시가총액을 바탕으로 한 지수를 추종한다. 마이크로소프트, 월마트, 비자, 존슨앤존슨 등 배당금의 안전성과 성장성을 동시에 추

구한다. 배당률은 1.84%, 운용보수는 0.06%로 저렴하다.

③ 우선주 ETF PFF : 배당금의 안전성을 최우선한 ETF로 연 4.47%의 고배당을 제공한다. 비용은 0.46%로 다소 높은 편이다. 브로드컴, 블랙록, 시티그룹, 웰스파고 등 우량 대기업에서 발행한 우선주 투자로 안전한 대신 주가상승으로 인한 차익을 기대하기는 어렵다. 안정적인 수입이 필요한 은퇴자에게 적합한 ETF다.

2) 테마 ETF

가장 기본이 되는 ETF는 SPY와 QQQ이지만, 특정 섹터를 집중적으로 투자하고 싶거나, 단순한 지수 추종이 아닌 좀 더 액티브한 투자를 원하는 사람들을 위한 ETF도 많다.

일명 "돈나무 언니"로 널리 알려진 아크인베스트먼트의 캐시우드가 운용하는 첨단혁신기업 위주의 ETF ARKK, 제약·바이오·헬스케어에 투자하는 IXJ, 반도체 산업에 투자하는 SOXX, 자율주행·전기차 DRIV, 반려동물 산업에 투자하는 PAWZ, ESG(환경, 사회, 지배구조) 기업에 투자하는 ESGU, 로봇과 인공지능에 투자하는 BOTZ 등 엄청나게 다양한 테마 ETF가 존재한다. 그 외에도 ETF만으로 각 나라별 주식시장에 투자하는 것도 가능하다. 프랑스(EWQ), 브라질(FBZ), 대만(EWT)등 백 가지 이상의 ETF가 존재한다.

Buy and forget(사 놓고, 잊어라)!

미국은 지수투자만 해도 충분히 성공할 수 있는 나라다. 굳이 힘들게 어떤 종목이 더 잘 오를지 머리를 싸매고 공부하지 않아도 된다. 그 이유는 미국에서만 거의 유일하게 끊임없는 '혁신기업'이 나오기 때문이다. 테슬라, 페이스북, 아마존, 애플, 인텔, 구글 등 실리콘밸리를 기반으로 한 세계의 천재적인 창업가들이 모두 미국에서 기업을 공개한다. 구글을 만든 세르게이 브린 역시 러시아 출신이고 테슬라의 창업자 일론 머스크도 남아공 출신이지만 혁신기업이 나올 생태계는 오직 미국만이 최적화되어 있기 때문이다.

앞으로도 이변이 없는 한 미국의 성장은 이어질 것이다. 실제로 과거 90년간 S&P500의 연간 수익률은 8%라는 놀라운 수치를 계속해서 보여 주고 있다. 과거 산업혁명의 시작은 영국이었지만, 그 뒤를 이은 세계의 산업과 경제, 혁신을 선도하는 나라는 단연 미국이었고 이는 이후로 한 번도 바뀌지 않았다. 발명왕 에디슨, 철강왕 카네기, 은행왕 JP모건의 역사가 테슬라의 창업자 일론 머스크, 애플의 창업자 스티브잡스, 페이스북의 창업자 마크 저커버그로 이어지는 역사가 아직도 현재 진행형이라는 것이다.

거듭 이야기하지만, 미국은 수많은 아이디어를 가진 천재적인 창업가들이 세계에서 모여들고 이들에게 투자하기 위한 벤처생태계가 가장 잘 발달한 나라다. 또한, 주식투자 그 자체로 세계 최고 부자 중 하나가 된 워런 버핏이 미국인이라는 것도 미국 주식시장의 성장을 증명한다. 실제로 워런 버핏은 아내에게 자신이 죽은 후 유산으로 미국 국채에 10%를 투자하고 90%는 전부 S&P500지수에 투자하라고 말했다고 한다. 그만큼 버핏은 미국을 대표하는 S&P500지수를 신뢰하고 있다는 것이다. 버크셔 해서웨이 주주총회에서 한 주주가 워런 버핏에게 주식 투자 방법에 대한 질문을 하자, 워런 버핏은 이렇게 답했다.

"S&P500지수를 매수하고 다른 생산적인 일을 열심히 하세요."

단 한 문장의 답변이지만 그것만으로도 인덱스펀드의 장점이 모두 설명된다. 'Buy and forget(사고 잊어버리는 것)'이 되는 자산을 장기투자하는 것이 답이라는 것이다. 시간을 빼앗기지 않으면서 바른길로 가고 싶은 직장인 투자자들이 선택해야 할 길이다.

강남 재건축 아파트가 앞으로도 계속 오를 것이라는 걸 알지만, 비싸서 못 사는 사람들이 많다. 그러나 S&P500지수는 몇만 원만 있어도 살 수 있다. 더구나 부동산보다 월등히 유동성도 높고 매수할 때 취득세를 낼 필요도 없고, 보유에 대한 종부세나 재산세도 없다. 주가상승은 물론 연 1~2%의 배당금(분배금)까지 더해 준다.

국내가 아닌 해외 ETF의 유일한 단점은 해외상장 ETF는 국내

주식계좌로 투자하면 배당소득세, 해외주식계좌로 투자하면 양도세가 있다는 점이다. 국내 주가지수에 투자되는 코스피200 ETF 등은 주식과 동일하게 분류되므로 양도세가 없다는 것이 큰 장점이다. 반면, 국내주식계좌로 해외 주가지수 ETF를 거래하면 수익에 대해서 15.4%의 배당 소득세를 내야 한다(단, 1년 금융소득이 2천만 원을 초과한다면 금융소득종합과세 대상에 포함이 될 수 있다). 국내 주식계좌가 아닌, 해외 주식계좌로 해외상장된 ETF를 매도할 때는 250만 원의 기본공제에 수익금에 대한 22%의 양도세가 있다. 하지만 양도세의 경우, 다음 세 가지 방법으로 줄여 볼 수 있다.

첫째, 결혼한 경우라면 배우자에게 6억 원 한도 내로 증여 가능하고, 증여 이후 높아진 단가로 매도하면 양도세를 없애거나 크게 줄일 수 있다. 이는 미국 개별주식투자 역시 동일한 방법으로 가능하다.

둘째, 매년 250만 원의 공제 범위에 맞게 수익금을 매도하는 방법이 있다.

셋째, 손실 난 해외주식 또는 다른 해외 ETF를 매도해서 상계처리할 수 있다. 예를 들어 애플주식으로 1만 달러 손실, SPY ETF로 2만 달러 이익이 났다고 해 보자. 이런 경우 애플을 전부 매도하고, SPY를 2만 달러 만큼 매도한다면 1만 달러에 대한 수익금만 양도세에 해당한다.

*모든 배당률은 ETF의 주가에 따라 달라질 수 있다.

주식시장은 수많은 악재와 호재가 반복되며 희비가 엇갈리는 곳이다. 자신의 소중한 돈을 지키고, 수익을 내기 위해서는 상당한 노력과 공부가 필요하다는 점을 다시 한번 강조하고 싶다. 특히 매매일지를 써야 실력이 늘어난다는 것을 꼭 기억하자. 만약 그런 노력을 기울이기 어렵다면, 미국ETF 또는 미국 배당성장주에 장기투자하는 것을 추천한다.

주식투자를 하는 이유는 오로지 돈을 벌기 위해서다. 자신이 주식시장에서 돈을 잃고 있다면, 자신의 투자가 왜 잘못되었는지 진지한 반성과 성찰이 꼭 필요하다. 상황에 따라서 '빚을 내가면서라도' 투자해야 하는 시기가 있고, 주식을 보유하기엔 너무 위험한 시기도 있다. 어떤 상황인지 파악하기가 어렵다면, 투자에 신중해야 한다.

　트레이딩과 가치투자 중 우열을 가리기는 어렵지만, 나의 경우 한국 주식시장은 트레이딩 또는 모멘텀 투자로 수익을 내기가 수월했고, 미국 주식시장은 장기 가치투자가 더 좋은 성과를 가져다주었다. 또한, 주식투자의 종목선정을 누군가에게 얻은 정보로 하거나 전문가에게만 의존해서는 절대 실력이 늘지 않는다는 점을 잊지 말고 스스로 장세분석, 종목분석을 통해 실력을 키워나가길 바란다. 각자의 성향에 맞게 투자대상을 선정하고 수익모델을 만들어 나간다면, 험난한 주식시장에서도 좋은 성과를 올릴 수 있을 것이다.

주식투자 잠재력 테스트

주식투자는 매우 치열한 전쟁터와 다름없다. 전쟁에서 승리하기 위한 준비가 얼마나 되어있는지를 체크해 보자.
YES라고 답한 것에 1점, NO라고 답한 것은 0점으로 계산하면 된다.
※ 4번, 7번에 YES를 선택했다면 1점이 아닌 2점으로 채점한다.

	YES	NO
1. 새로운 트렌드에 관심이 많다.		
2. 유상증자와 무상증자의 차이점을 알고 있다.		
3. 손절매를 잘한다.		
4. 매매일지를 꾸준히 쓰고 있다(쓸 수 있다).		
5. 금융전자감독원 전자공시(DART)를 활용할 수 있다.		
6. PER(주가수익비율), PBR(주당순자산비율)을 알고 있다.		
7. 자신만의 수익모델을 갖추고 있다.		
8. 공모주 투자로 신규상장주를 받은 적이 있다.		
9. 현금을 보유하고 기다리고 있어도 전혀 초조하지 않다.		
10. 증권거래세율이 얼마인지 알고 있다.		
11. 국내주식뿐만 아니라, 해외주식투자를 병행하고 있다.		
12. 현재 한국은행의 기준금리와 미국 연준의 기준금리를 알고 있다.		

0~5점 주식투자의 기초부터 차근차근 다져나가는 것이 필요합니다.

6~8점 기본적인 주식투자 정보와 경험이 있지만, 조금 더 노력이 필요합니다.

9~11점 주식투자를 함에 있어 충분한 지식과 경험을 갖추고 있고, 향후에도 노력에 따라 좋은 성과를 거둘 수 있을 것입니다.

12점 이상 주식투자로 큰 성공을 할 수 있는 자질이 엿보입니다. 전업투자자를 꿈꿔보는 게 어떨까요?

RICH WORKER

리치 워커는
화려하게 퇴장한다

은퇴자산편

진정으로 부유해지고 싶다면 소유하고 있는
돈이 돈을 벌어다 줄 수 있도록 하라.
개인적으로 일해서 벌 수 있는 돈은
돈이 벌어다 주는 돈에 비하면 지극히 적다.

- 존 D. 록펠러

1장

국민연금을 배놓고
직장인 재테크를 논하지 말라

그거 정말 받을 수 있는 거 맞아요? 국민연금 고갈되어서 우리가 나이 들면 못 받는다던대요? 왜 내가 노인 연금을 내줘야 해요? 이건 다단계 같아요. 저는 그런 거 안 내고 안 받고 싶어요.

－28세 신입사원 A씨

급격한 저출산 고령화와 연기금 고갈 논쟁은 언제나 뜨거운 이슈를 가져온다. 직장인들에게 있어서 국민연금이란 일종의 애증과도 같은 것이다. 젊을 때는 내고 싶지 않은데 억지로 세금처럼 뺏기는 기분이 든다. 그러다가도 40대가 넘으면 슬슬 국민연금의 필요성을 깨닫는다. 그리곤 은퇴 직전이 되면 유일하게 기댈 버팀목이 되는 경우가 대다수다. 대부분의 직장인이 노후준비가 안 된 상태에서 은퇴한다. 그때 강제로 가입한 국민연금이 반갑게도 든든한 효자가 되어 매달 통장을 채워 준다. 연금공단 통계자료에 의하면 2021년 3월 기준 국민연금의 가입자 수는 약 2,200만 명이고, 연금을 받는 수급자수는 545만 명이나 된다. 그러나 국민연금제도에 대해서 제대로 알고 있는 사람은 극소수다. 제대로 교육을 받은 적도 없고, 나이가 들기 전에는 관심조차 없기 때문이다. 국민연금에 대한 세대 간 갈등은 특히 심하다. 지금 연금을 수급하는 노인들은 연기금이 고갈되든 말든 20~30년 후의 미래니 크게 상관이 없다. 그러나 아직 연금을 받고 있지 않은 직장인들은 불안한 마음을 떨칠 수 없다. 초고령화와 초저출산이 세계 최고 속도로 동시에 진행되는 대한민국에서는 '이대로 가면 내가 늙으면 못 받는 게 아닌가?'하는 의구심이 들기 때문이다. 그럼에도 불구하고 나는 자신 있게 이야기한다. "국민연금이 최고의 재테크입니다"라고.

국민연금의 장점 네 가지

아마 '국민연금'을 재테크로 이야기하는 경우를 본 적은 거의 없을 것이다. 재테크는 부를 쌓기 위한 적극적인 활동을 의미하는데, 국민연금은 앞에서 말한 대로 젊은 시기에 대부분 수동적으로 납입하는 돈이기 때문이다. 하지만 이것이 가장 현실적이면서도 반드시 기억해야 하는 중요한 재테크임에는 틀림없다. 그 이유에 대해 4가지로 짚어 설명할 수 있다.

1. 가장 안전한 노후대비수단이다

국민연금이 안전한지를 이야기하려면 국민연금 고갈의 현실에 대해서 먼저 알아야 한다. 2018년 4차 국민연금 재정계산의 자료에 의하면, 연기금의 고갈은 2057년으로 전망되었다. 그러나 실제 현실은 훨씬 더 심각해서 뚜렷한 연기금의 수익률 제고나 출산율의 급격한 반등이 없는 이상 고갈 시기는 훨씬 더 앞당겨질 것이다. 현재의 비혼과 만혼, 저출산 트렌드는 쉽게 바뀔 가능성이 없어 보인다. 그리고 노인들은 점점 더 오래 살 것이다. 획기적인 연금개혁 없이 이대로 가면 직장인인 우리가 연금을 받을 시기 즈음에 분명 연기금이 고갈되는 것은 기정사실이긴 하다.

정치권에서 논의되는 연금개혁은 일종의 고양이 목에 방울 달기다. 아무도 반기지 않는 주제지만 누군가는 해결해야 하는 일이기 때문이다. 장기적으로는 결국, 많이 더 내고 조금 더 받는 쪽으로 연금제도가 바뀔 것이다. 그럼에도 불구하고 국민연금은 최고의 사회보험제도다. 연금의 안전성 자체는 나라가 망하지 않는 한 유지된다. 언제가 될지는 모르지만 장기적으로는 사회적인 합의가 이루어지며 현재의 연금제도가 개혁될 것이다. 그러나 국민연금의 지급 자체는 걱정하지 않아도 된다.

연금을 못 받는 최악의 경우를 상상해 보자. 그리스처럼 방만하게 국가부채를 늘린 나라가 부도 위기에 놓인 경우에 한해서만 노인들의 연금을 30% 정도 삭감한 게 내가 조사한 자료의 최극단 값이다. 그러나 세계에서 제일가는 일개미 같은 국민성을 가진 대한민국과 제일가는 베짱이 나라인 그리스를 비교하는 것부터가 무리다.

지금 대한민국은 중국, 일본, 독일과 함께 세계 4대 무역흑자 국가다. 대한민국은 제조업에서 대단한 경쟁력을 보이고 있고 수출로 성장하는 나라의 성격상 향후에도 무난하게 외환보유고는 유지될 것이다. 2021년 8월 현재 대한민국의 외환보유고는 4,580억 달러가 넘는다. 그리스 같은 최악의 경우에도 일부 금액이 삭감되는 정도니 국민연금 지급 자체에 대해서는 의심하지 말자. 최악의 상황에 직면했던 1990년대의 공산주의 국가들과 극심한 경제위기를 겪은 남미에서도 연금 지급을 중단한 사례는 없다는 사실을 참고해 볼 필요도 있다.

국민연금을 못 받을 것을 걱정한다면, 연기금 고갈을 걱정하기보다는 나라가 망할지 안 망할지를 걱정하는 게 더 본질적인 고민이 될 것이다. 단언컨대 천성이 부지런하고 욕심이 많은 우리나라 국민성을 감안한다면 국민연금을 못 받는 일은 직장인인 우리가 살아생

전에는 없을 것이라 감히 말할 수 있다.

2. '죽을 때까지' 나온다

의학의 눈부신 발달로 대한민국의 평균수명은 일본과 모나코에 이어서 세계 최상위권이다. 그렇지만 OECD 국가 기준 노인빈곤율 1위인 대한민국은 돈 없이 늙어가는 게 가장 공포가 된 나라이기도 하다. 이런 나라에서 국민연금 수급권을 가지고 있다는 것은 만기가 없는 채권의 이자를 받는 것과 같은 든든함이 있다. 재정적으로 가장 안전한 나라에서(대한민국 S&P 국가신용등급은 AA로 영국, 프랑스와 동일한 등급이다) 사망 시까지 돈을 준다. 국민연금이 죽을 때까지 나온다는 것은 노동력을 상실한 노인에게 있어서 가뭄의 단비와도 같다. 그런데 이 장점을 그 나이가 되어 봐야 안다는 것이 문제다. 젊은 사람들에게 국민연금은 너무 멀게만 느껴지는 미래다. 그러나 100세 시대가 현실이 되는 시기에 65세부터 100세까지 35년간 안정적으로 돈을 받을 수 있다면 그것만으로도 최소한의 삶은 유지가 된다. 100세가 아닌 200세를 살아도 현재의 제도가 유지된다면 연금은 유지된다. 그래도 나이가 들면 혹시 연금을 못 받을지도 모른다고 생각하는 독자도 있을 것이다.

이해를 돕기 위해서 잠깐 기초연금에 대해서 이야기해 보자. 기초연금은 2021년 8월 기준 만 65세 이상 노인 중 재산과 소득 기준 하위 70%라면 누구나 월 30만 원을 받을 수 있는 연금이다(단, 공무원 연금, 사학연금, 군인연금, 우체국연금 등의 수급권자 및 배우자는 제외). 만 65세 이상의 노인들은 대부분 근로소득이 없기 때문에 자산 순으로 줄을 세우게 된다. 대도시 2인 부부가구 기준 집 한 채가 있고, 모든 금융자산이 없고 자동차도 없다고 가정하자. 서울의 중상위권 1채(공시지가 9억 원, 시가 12억 원 상당)를 가지고 있어도 소득 인정액은 255만 원에 불과하다. 기초연금의 부부합산 커트라인이 소득 인정액 270만 원 아래이기 때문에 순자산 12억의 부자 노인도 기초연금을 받을 수 있을 정도다. 즉 기초연금을 안 받기가 더 힘들다는 것이다. 이들이 연금을 한 푼이라도 적립했는가? 아니다. 그런데 나라에서 기초연금을 30만 원씩 주는 이유는 무엇일까?

여기에는 두 가지 이유가 있다. 대한민국은 급격한 산업화와 고령화가 진행되면서 선진국에서 진행된 연금의 사회화가 아직 미진한 상황이다. 부끄럽게도 대한민국의 노인자살률은 OECD 회원국 가운데 1위다. 국민연금의 사각지대와 복지의 부재가 불러온 대한민국의 현실이다. 개인의 노인 빈곤은 개인이 노후준비를 못 해서 그렇다고 생각할 수 있지만, 이런 노인들이 많아지면 그것은 곧 사회 문제가 된다. 곤궁하게 생활하는 노인들이 범죄를 일으키거나 자살을 하는 것은 선진국인 대한민국에서는 절대적으로 막아야 할 일이기 때문이다.

기초연금을 왜 주는지에 대해서 다른 이유 한 가지를 더 들자면 독자들은 인정하지 않을 수도 있겠지만 대한민국은 세금을 많이 걷을 수 있는 부자 나라기 때문이다. 이제는 적어도 굶어 죽을 걱정은 없는 나라다. 즉 연금을 납부하고 안 하고를 떠나서 최소한의 기초적인 생활은 국가에서 보장해 준다는 게 기초연금이다. 기초연금에 대해서 적립금이 있다는 이야기를 들어보았는가? 국민이 낸 세금, 즉 국가의 복지예산으로 부담한다.

자, 다시 국민연금 이야기로 돌아가자. 돈을 전혀 안 낸 노인들에게도 기초연금을 주는데, 자기 돈을 적립한 국민연금을 안 주면 어떤 일이 생길까? 고령화 사회에 가장 많은 유권자인 노인들의 지지를 잃게 되는 것은 명약관화다. 100세가 되어도 선거권은 살아 있고 노인들의 투표율이 가장 높다는 사실을 직시하자. 그런 리스크를 정치인들이 굳이 짊어질 이유가 없다. 결국 국민연금의 부족한 재원은 연금개혁으로 수익성을 보전하거나, 연기금 소진 후 부과식으로 전가되거나, 다른 곳에서 세금을 걷어서 충당하는 식으로 해결될 가능성이 크다. 안전한 배당주를 사도 배당삭감의 가능성이 아주 조금이라도 있고, 가장 입지가 좋은 상가건물을 가지고 있어도 코로나19 같은 위기가 오면 월세가 밀릴 수 있다. 대기업에 다니며 용돈을 보내주는 아들도 본인이 힘들어지면 송금이 끊길 수 있다. 그러나 국민연금은 다르다. 다시금 강조하지만, 국민연금의 가장 큰 장점은 평생 동안 나온다는 것이다.

3. 물가상승률을 반영한다

2021년 대비 2022년 국민연금은 2.5% 수령액이 늘었다. 저성장, 저물가, 저금리의 '3저'는 선진국이 되면 나타나는 현상이지만 저물가 시대라고 해도 화폐가치의 지속적인 하락 자체는 피할 수 없다. 국민연금은 물가상승률이 높으면 높은 대로, 낮으면 낮은 대로 그것을 반영한다. 그렇기 때문에 최대한 연금 수령액을 높인 후 노후를 맞이하면 물가에 대해 걱정할 필요가 없다. 국제유가가 폭등해도, 최저임금이 연 20%씩 올라도, 식자재의 대표격인 대파, 과일, 계란 등의 가격이 폭등해도, 인플레이션에 대한 신경을 안 써도 된다는 것이다.

반대로 물가가 하락하면 국민연금은 삭감될까? 국민연금법 51조에 의하면 법적으로는 물가가 마이너스를 기록할 경우에도 이를 적용하도록 되어 있다. 법의 논리로는 디플레이션이 온다면 연금도 깎일 수 있다는 것이다. 그러나 '국민연금심의위원회'의 심의를 거쳐 기본연금액을 최종결정한다는 것을 감안하면, 심각한 디플레이션이 지속되지 않는 이상 연금하락이 될 가능성은 거의 없어 보인다. 일시적인 디플레이션이 아닌, 돈의 가치가 계속해서 상승하는 디플레이션이 지속되는 경우는 화폐를 무한정 찍어낼 수 있는 현대 자본주의에서는 최악의 상상에서만 가능한 것이다. 그러므로 우리는 디플레이션이 아닌 인플레이션을 걱정해야 한다.

1991년의 100만 원과 2021년의 100만 원의 가치는 엄청나게 다르다. 실질 체감가치는 반의반 토막 이상이다. 내가 초등학생이었던 때의 1만 원은 의미가 있는 돈의 단위였지만, 지금은 점심 한 끼와 커피값을 채우기도 버거운 돈이 되었다. 시중에 나와 있는 사적연금 상품 중 인플레이션을 반영해 주는 것은 없다. 주식과 채권도 시간이 지날수록 가치가 오를 가능성이 크지만 그것은 가능성일 뿐이고 여러 가지 변수를 감안하면 불변의 안전자산이라 확신하지는 못한다. 안전하기로 소문난 공무원연금과 사학연금조차도 2015년 연금개혁에 따라 5년간 연금액이 동결되었던 적이 있다. 법적으로 화폐가치의 하락을 반영해 주는 것은 오로지 국민연금뿐이라는 사실을 잊지 말자.

4. 낸 돈보다 훨씬 더 많이 받는다

세대 간 갈등의 가장 큰 원인이기도 하지만 지금 은퇴한 노인들은 낸 돈에 비해서 훨씬 많은 돈을 평생토록 받는다. 물론 지금 이 책을 읽는 40대 독자와는 상황이 다르다. 지금의 연금수령자들이 낸 돈의 몇 배에서 많게는 수십 배를 받게 되는 이유는 무엇일까?

1988년 초기에 도입된 국민연금제도가 너무나도 가입자들에게 후하게 설계되었기 때문이다. 그러나 2021년 현재도 국민연금가입은 최고의 재테크다. 확률로 생각해 보면 기대값이 50%에 불과한 로또는 강제로 가입시키지 않아도 사람들이 줄을 서서 산다. 그러나 기대값(수익비)이 200%가 넘는 국민연금제도는 비판의 여론이 높다는 게 놀라운 현실이다. 이는 국민연금에 대한 자극적이고 선동적인 기사가 한몫한다. 그러나 충분한 부를 소유한, 재테크에 밝은 사람들의 행동은 지극히 현실적이다. 연금수령나이 직전에 뭉칫돈을 싸들고 국민연금 가입기간을 늘리기 위해 추가 납입을 하고 있다. 그런데 정작 국민연금을 최소금액으로라도 꼭 납부해야 할 사람들은 그 돈으로 로또를 사고 있다.

지금 젊은 세대들은 현재 연금을 수령하고 있는 세대에 비해서 연금 수령 나이도 늦춰졌고(1969년생 이후는 만 65세 이후 가능) 소득대체율(소득대비 받는 연금의 비율)도 40%로 줄었다. 그럼에도 연금은 여전히 이기는 재테크다. 조기 사망하지만 않는다면 말이다. 그런데 미래 세대들은 지금의 노인보다 훨씬 오래 살 가능성이 크다. 의학의 비약적인 발전과 진단기술의 발달로 100세가 아닌 125세 이상을 살 수도 있다. 그렇다면 연금을 30년 가입해서 65세부터 125세까지 60년간 수령할 수도 있다는 것이다. 그러므로 금액의 높고 낮음과 무관하게 반드시 국민연금을 오래 가입해서 수령액을 늘려야 한다. 일하는 노인도 길어야 70대까지다. 103세 할머니가 폐지를 줍거나 95세 할아버지가 경비 일을 할 수는 없는 노릇이다.

배우자와 함께 국민연금을 최대한 오래 가입하자

2021년 국민연금 수급자들의 평균 수령액은 55만 원에 불과하다. 용돈연금이라고 비아냥대는 표현이 빈말처럼 느껴지지는 않는다. 그러나 이는 국민연금 가입기간이 매우 짧거나 소액으로 납부한 사람들이 거의 대부분의 비율을 차지하기 때문이다. 같은 년도 국민연금을 20년 이상 가입한 사람의 수령액 평균은 94만 원 내외로 적지 않은 금액이다. 공무원 연금과 비교하는 사람들이 있는데 국민연금은 개인이 4.5%, 회사가 4.5% 부담해서 9%를 낸다. 공무원 연금의 경우 개인이 9%, 나라가 9%를 부담해서 18%를 낸다. 애당초 내는 비율 자체가 두 배나 되는 데다 가입기간조차 매우 길기 때문에(공무원연금 가입기간은 평균 30.2년) 가입기간이 짧은 국민연금과 동일하게 비교해서는 안 된다.

나 역시 국민연금만으로는 충분한 은퇴자금을 마련할 수 없다고 생각한다. 국민연금을 40년 동안 가입해도 소득대체율 40%에 불과한데 대부분의 직장인들은 길어야 25년 정도 가입하는 상황이다. 국민연금 외에도 퇴직연금, 개인연금, 배당주, 수익형 부동산 등 여러 가지 수익 파이프라인을 추가로 쌓는 것이 가장 이상적인 은퇴의 모습이다. 국민연금은 정확한 의미에서는 금융상품이 아닌, 사회보험제도의 영역에서 가장 기본적인 은퇴를 보장하는 영역으로 생각하자. 직장인이라면 4대 보험이 의무가입이기 때문에 회사에서 국민연금 보험료를 내준다. 게다가 회사에서 절반의 비용을 부담해주므로 직장을 오래 다니기만 해도 기본은 한다. 여기서 중요한 것은 기혼자일 경우 부부합산으로 국민연금 가입기간을 늘리는 게 핵심이다. 맞벌이 부부라면 반복되는 이야기지만 둘 다 회사를 오래 다니면 된다. 만약 배우자가 자녀 육아나 기타 다른 이유로 퇴직했을 경우 또는 프리랜서라면 임의가입을 꼭 해야 한다.

국민연금의 경우 많이 내는 것도 중요하지만 오래 내는 것이 핵심이다. 많이, 오래 낼수록 연금의 가치는 급증한다. 연금 금액은 직장인의 경우 소득에 비례해서 자동으로 납부되므로 임의대로 늘릴 수 없다. 하지만 임의가입자의 경우 2021년 기준 월 최소금액인 9만 원부터 최대금액인 47만 원까지 '원하는 만큼' 가입이 가능하다. 단, 회사에서 절반을 내주는 직장인과는 달리 임의가입자는 100% 본인이 부담해야 한다. 경제적인 여유가 없다면 9만 원으로만 가입하자. 나의 경우 배우자가 20살부터 30대 중반까지 약간의 공백기를 빼고 계속 국민연금을 쌓아왔다. 자녀를 둘 낳고 양육을 위해 일을 그만두면서 임의가입금액을 처음에는 9만 원으로 부담했다. 그러나 100세 이상 사는 여성들의 수명을 고려해 얼마 전 추가납입(추납)과 연금 납부액을 늘렸다.

나는 2021년 상반기 기준 배우자의 임의가입금액 22.5만 원을 함께 부담하고 있다. 더 많이 가입할 수도 있지만 국민연금은 소득분배기능이 있어서 많이 넣을수록 가성비가 낮아지는 측면이 있으므로 치밀하게 고심한 끝에 결정한 금액이다. 적은 금액을 넣을수록 수익비(낸 돈 대비 받는 금액)는 높아지지만 절대적으로 받는 금액이 너무 낮다. 가장 가성비가 좋아지는 구간은 직장인들의 기준소득월액 최고액(2021년 상반기 기준 월 47만 1,000원)의 절반 정도 되는 금액이다. 참고로 직장인의 소득은 매년 조금씩 늘기 때문에 국민연금가입금액도 조금씩 늘지만, 임의가입자들의 경우 소득이 0으로 잡히기 때문에 정해진 금액을 그대로 납부할 뿐 늘어나지 않는다. 향후 내가 퇴직을 하거나, 조기은퇴를 해서 소득이 줄어든다면 나 역시 임의가입을 할 것이고, 소득이 줄어든 만큼 배우자와 나의 임의가입금액을 줄일 수도 있다. 그러나 국민연금 가입기간을 늘리기 위해 부부 모두 가입은 유지할 것이다. 나의 국민연금은 2021년 7월 기준 기준소득월액 524만 원으로 23만 5,500원을 내고 있다. 그러나 그만큼 회사가 동일한 금액을 부담하고 있기 때문에 실제로는 47만 1,000원의 매월 연금액이 쌓이고 있다. 지금과 같은 소득과 가입이 만 60세까지 유지된다면 나는 현재가치의 물가로 세후 141만 원, 배우자는 약 115만 원의 연금을 만 65세 이후 평생 받을 수 있다.

　국민연금공단 애플리케이션이나 홈페이지에서 배우자와 함께 납부금액과 예상수령액을 체크해 보자. 궁극적으로는 아무런 노동 없이 세후 500만 원의 평생 소득을 만드는 것이 직장인 은퇴의 지향점이다. 그러기 위해서는 부부합산 국민연금 200만 원이라는 주춧돌을 튼튼하게 쌓아야 한다. 안정적인 연금소득 월 200만 원의 가치는 정기예금 금리 1%로 24억 원을 은행에 맡겨야 받을 수 있는 큰돈이라는 것을 잊지 말자(이자소득세, 연금소득세는 계산의 편의를 위해서 제외함). 은퇴준비에 있어서 국민연금은 축구로 비유하자면 공격수가 아닌, 결코 뚫려서는 안 되는 골키퍼의 역할을 담당한다. 은퇴자금으로 더 많은 금액, 더 높은 수익률은 공격수를 담당하는 다른 사적연금과 주식 배당주, 부동산에 맡기고 골키퍼는 골키퍼답게 안정감을 유지할 수 있도록 하자. 진정 부자 직장인으로 은퇴하고 싶다면, 가장 기초가 되는 국민연금이라는 성을 단단하고 높게 쌓는 건 기본 중의 기본이다. 그 성이 높고 튼튼할수록 좀 더 다양하고 공격적인 은퇴전략을 세울 수 있기 때문이다.

1. 국민연금은 현시점 가장 안전한 노후대책수단이다.

2. 국민연금은 사망 시까지 지급되므로 만기가 없다.

3. 국민연금은 다른 연금, 금융상품과는 달리 물가상승률을 반영해서 지급된다.

4. 국민연금의 수익비는 200% 이상으로, 가입자는 조기사망 아니면 대부분 이득을 본다.

국민연금 수령액을 최대화하려면?

"혹시 국민연금 수령금액 체크해 보셨나요?"

"아니요. 나중에 못 받는다는 소문도 있고. 그냥 세금이라고 생각하고 잊고 살아요."

직장인들은 국민연금에 그다지 관심을 보이지 않는다. 당장 내야 하는 대출이자와 카드값, 학원비와 통신비가 급할 뿐 수십 년 후 받을 국민연금은 일단 제치고 볼 일이라고 생각한다. 그러나 100세 시대가 눈앞에 다가오는 게 현실이므로, 현재보다는 은퇴 이후의 현금흐름에 좀 더 관심을 가져 볼 필요가 있다. 퇴직 이후 나올 연금을 계속해서 체크하는 공무원들에 비해 일반 직장인들이 국민연금에 관심을 두지 않는 이유는 무엇일까? 그것은 언제까지 직장생활을 할 수 있을지 스스로 예측하기가 힘들고, 실제로 받는 국민연금 수령금액도 공무원 연금에 비해 적기 때문이라고 생각한다. 그렇지만 국민연금 수령액이 낮은 근본 이유는 '적게 내고, 짧게 가입해서'다.

연기금 고갈론이 부각되는 가장 큰 이유 중 하나는 급격히 다가온 저출산 고령화의 원인이 크지만, 그보다 근본적인 이유는 '낸 것보다 지나치게 많이' 주기 때문이다. 그렇다면 직장인은 낸 것보다 많이 받는 국민연금의 수령금액을 늘리는 방법을 잘 알고, 그것을 실천해야 한다. 연기금 고갈 등의 국민연금제도의 문제는 정치적으로 나중에 해결될 일이고, 직장인인 우리는 최대한의 혜택을 얻고 수령금액을 늘리는 데 집중해야 한다. 이번 장에서는 국민연금 많이 받는 방법을 이야기하겠다.

1. 나의 국민연금 납부금액은 얼마일까?

국민연금은 4대보험 중 하나로 준조세의 성격을 띠고 있으며 직장인 기준 월 납부금액은 월소득의 9%(사업장 4.5%, 본인 4.5%)를 자동으로 납부하게 된다. 참고로 공무원 연금의 경우 소득의 18%(국가 9%, 본인 9%)를 납부액으로 부담하고 있다. OECD국가의 공적연금 평균 납부비율은 2018년 기준 미국 12.4%, 일본 18.3%, 독일 18.6%, 영국

25.8%, 프랑스 27.5%로 평균 월소득의 20%를 부담하고 있다. 대한민국의 국민연금 납부액 9%는 한눈에 봐도 선진국 대비 매우 낮은 수준이라는 것을 확인할 수 있다. 아직 사회적인 합의가 미흡하지만, 장기적으로 국민연금 납부금액은 선진국을 따라 올라갈 가능성이 매우 높다.

2. 국민연금 수령 공식이 있을까?

일반적인 재테크의 경우 '나 혼자만' 잘하면 되지만, 국민연금의 경우 연금을 내는 사람들의 평균소득인 'A값'이 중요하다. 이것은 국민연금이 '금융상품'이 아니라 '사회보험'이기 때문이다. 국민연금 수령금액을 결정하는 네 가지 값에 대해서 먼저 알아보자.

▶A값 = 연금수급 전 3년간 전체가입자의 평균소득월액의 평균액 = 2021년 기준 253만 9,734원

▶B값 = 가입자 개인의 가입기간 중 기준소득월액의 평균액

▶N : 국민연금 20년 초과 가입월수

▶비례상수 : 1.3[8]

---

8 비례상수는 소득대체율을 의미하며, 이 책의 주요 독자인 40대를 위해 계산의 편의상 1.3으로 적용한다.

▶소득대체율: 연금액이 개인의 생애평균소득의 몇 %가 되는
지를 보여주는 비율

월 연금 수령액을 연금 가입기간의 월평균 소득으로 나누어서
구한다. 소득대체율 40%의 의미는 근로자의 생애평균임금이 100만
원이라고 할 때, 40년간 국민연금을 납부할 경우 평생 40만 원의 국
민연금을 받을 수 있다는 것을 의미한다.

가입기간	소득대체율	소득대체율 비례상수
1988~1998년	70%	2.4
1999~2007년	60%	1.8
2008~2027년	50%(2008년 이후 매년 0.5%씩 감소)	1.5(2008년부터 매년 0.015 감소)
2028년 이후	40%	1.2

도표를 살펴보면 한눈에 봐도 세대 간 국민연금 가입자들의 불
공평함을 확인할 수 있다. 즉 국민연금의 초기 가입자들(이제 60대가
된 1960년대생들)이 큰 수혜를 본 것이다. 특히 소득대체율 비례상수는
초기 가입자들이 2028년 이후 가입자들의 두 배나 돼서 세대 간 갈등
의 가장 큰 원인이다. 반대로 국민연금 도입 전 직장생활을 했던 사
람들(현재 70대 중반 이상)의 경우는 국민연금 가입기간이 너무 짧았고,

그나마 대부분 소득이 불안정해서 가입 못한 사람들이 상당수다. 실제로 노후준비가 안 된 상황에서 노인이 된 이들은 대부분 기초연금으로 소득 보조를 받고 있다. 반면 밀레니엄 시대 이후 태어난 사회 초년생들은 소득대체율이 1.2로 대폭 깎인 2028년 이후 첫 국민연금 가입을 하게 되므로 국민연금제도에 불만이 클 수밖에 없다. 소득대체율 40%는 이들이 40년간 국민연금을 한 번도 빠짐없이 가입해야 생애 평균소득의 40%를 보장받을 수 있다는 것을 의미한다. 그러나 실제로 직장인들의 평균 국민연금 납부기간은 20년이 채 안 되어서 평소 소득의 20% 내외에 불과한 국민연금 수령액을 받는 게 일반적인 상황이다.

여기서 잠깐, 국민연금 수령액 공식을 살펴보자.

국민연금의 수령액 공식

$$= \text{비례상수} \times (A값 + B값) \times (1 + 0.05 \times 20년 \text{ 초과월수}/12)$$

$$= 1.3(A + B)(1 + 0.05N/12)$$

이 도표로 계산한다고 해도 하단에 첨부한 노령연금 예상월액 표와는 조금은 다른 수치가 나올 수 있다. 자신의 소득이 A값(약 254만 원)과 비슷하고 가입기간이 20년 정도라면 거의 정확하게 맞아떨어지지만, A값과 편차가 크거나 가입기간의 차이가 클 경우 계산식과는 상이할 수 있다. 그 이유는 위에서도 국민연금은 사회보험이기 때문에 소득재분배 기능으로 소득이 적을수록, 가입기간이 낮은 사람이 가입기간을 늘릴수록 가장 효과가 크고, 반대로 고소득이면서 가입기간이 매우 긴 사람들은 수령금액의 증가율이 낮아진다.

즉 고소득자는 어떤 수를 써도 소득대체율 40%를 받기 힘들다. 반대로 소득이 낮은 사람들은 낸 것 대비 훨씬 많은 돈을 받기가 쉽다. 소득이 아무리 높고 오랜 기간 가입을 한다고 해도 현행 제도로는 혼자 가입해서는 국민연금 실수령액 180만 원 이상을 받기 어려운 구조다. 가끔 최고수령액을 받는 사람들이 200만 원을 넘기는 사람들이 있는데, 이들은 소득대체율이 높을 때 가입을 했고, 연기연금을 신청한 사람들이므로 일반적인 경우가 아니다.

따라서 국민연금을 많이 받으려면 위 수령액 공식을 잘 살펴봐야 한다. 국민연금 수령액 공식은 항등식이므로 비례상수값, A값, B값, N값을 늘리면 수령액을 늘릴 수 있다. 그런데 여기서 우리가 결정할 수 있는 것은 비례상수값도, A값도 아닌, B값과 N값이다. 비례상수값은 위의 표를 보면 급격히 떨어지고 있으며, 2028년 이후에는 1.2로 고정되어 있음을 알 수 있다.

A값은 전체 가입자들의 소득이기 때문에 내가 바꿀 수 없다. A값은 상승속도가 완만하지만 국민연금제도가 도입된 이후 연평균

4% 내외로 항상 올랐고, 대한민국 경제가 성장한다면 꾸준히 상승할 것이다. 연평균 4%의 상승은 결코 적은 상승률이 아니며, 한국은행의 목표 물가상승률인 2%의 두 배나 되는 금액이다. 즉 국민연금에 가입한 가입자들의 평균임금은 약 4%씩 매년 증가한다는 의미다.

B값은 나의 노력 여하에 따라서 승진, 이직 등을 통해서 변경의 여지가 있다. B값은 자신의 월소득에 따라 결정되며, 통상 대기업 과장급 정도의 세전연봉 6,300만 원 정도가 되면 국민연금 기준소득월액 상한선에 도달한다. 2021년 7월 1일부터 기준소득월액 상한선이 524만 원으로 올랐으므로 524만 원 × 4.5%인 235,800원이 부과된다.

연봉이 6,300만 원이든 2억 원이든 국민연금은 기준소득월액 상한선에 한번 도달하고 나면 그 이상 연봉이 오른다고 해도 납부금액은 동일하다. A값과 같이 기준소득월액 상한선 역시 매년 4% 정도 오른다. 실제로 2019년, 2020년, 2021년의 기준소득월액 상한선은 각각 486만 원, 503만 원, 524만 원으로 2년간 3.5%, 4.1%씩 안정적으로 오르고 있다(참고로 건강보험료 역시 상한선이 있지만 월소득 1억 정도가 되어야 상한선에 도달하므로 체감하기 힘들다).

N값은 20년 초과 가입월수로 직장 근속연수를 임의대로 조절하기는 어렵지만, 퇴사 이후에도 임의가입자제도 등을 통해서 얼마든지 연장이 가능하므로 실제로 조절 가능한 값이라고 볼 수 있다. 조

기퇴직할 경우 가입기간을 60세까지 연장하고, 60~65세도 희망하면 가입기간을 늘릴 수 있다. N값은 실질적으로 이번 파트의 가장 중요한 숫자이며 핵심이 될 내용이다.

N값은 20년 가입을 기본으로 1년 더 가입하면 5%가 늘어난다. 단, 가입기간이 20년보다 길고, 납부금액이 A값보다 크다면 증가율은 줄어든다. 반대로 가입기간이 적으면 1년마다 5%씩 줄어든다. 통상 첫 취업을 20대 후반에 한 후 가입을 해서 50대 중반에 은퇴한다고 가정하면 장기근속을 해도 직장생활만으로는 30년을 채우기 어렵다. 그러나 국민연금 수령금액을 늘리는 데 가장 가성비가 좋은 것은 B값을 늘리는 게 아니고, N값을 늘리는 것이기 때문에 퇴직 이후 생활비를 줄여서라도 최소가입금액인 9만 원을 내면서 가입기간을 늘릴 수 있도록 하자.

3. 국민연금을 많이 받으려면 어떻게 해야 할까?

크게 다섯 가지로 나누어 설명해 보겠다.

1) 국민연금은 최소가입기간인 10년을 채워야 받을 수 있다. 10년을 못 채우면 낸 돈에 3년 만기 정기예금 이자를 더해서 일시금으로 돌려주는데, 이를 반환일시금이라고 한다. 이 경우 연금수급권을 얻지 못하게 되므로 가치가 적다. 만약 의무가입기간인 만 60세가 넘

었다고 해도 최소가입기간인 120개월을 채우지 못했다면 만 65세 전까지 임의계속가입 신청을 해서 연금수급권을 꼭 만들자.

한 예로, 나는 국민연금 최소가입기간을 못 채우신 장모님께 가입기간 120개월을 채우기 위해 연금공단에 신청을 하시라고 강력하게 권했다. 이 제도의 정확한 명칭은 "임의계속가입"으로 만 60세 이상의 의무가입 나이가 지난 사람만 가능하다. 다행히도 장모님은 연금수령나이 직전에 임의계속가입 신청을 하셨고, 2022년 9월부터 평생토록 국민연금 수급권을 얻게 된다.

2) 1990년대에 국민연금 납부금액을 반환일시금으로 받은 적이 있다면(외환위기 때 반환일시금을 받은 사람들이 많다), 다시 반환일시금 반납제도를 활용해서 반납하고, 예전 소득대체율이 높았던 기간을 살릴 수 있다. 과거 1988~1998년의 소득대체율은 무려 70%에 달했기 때문에 지금 50대 이상의 사람들에게만 해당하는 이야기다.

3) 가입연수가 1년 늘어날 때마다 통상적으로 5%씩 국민연금 수령액이 늘어난다(가입기간에 따라서 조금씩 달라진다). 가입기간이 짧을수록 가입연수에 비례한 수령액은 크게 늘어나고, 반대로 가입기간이 길수록 가입연수에 비례한 수령액의 증가비율은 낮아진다. 다음 표를 한번 보자.

평균소득월액(A값) 2,681,724원 단위 : 원/월

순번	가입기간 중 기준소득월액 평균액(B값)	연금 보험료 (9%)	가입기간						
			10년	15년	20년	25년	30년	35년	40년
1	330,000	29,700	154,530	229,830	305,120	330,000	330,000	330,000	330,000
2	400,000	36,000	158,130	235,170	312,210	389,260	400,000	400,000	400,000
3	500,000	45,000	163,260	242,800	322,340	401,890	481,430	500,000	500,000
4	600,000	54,000	168,390	250,430	332,470	414,520	496,560	578,600	600,000
5	700,000	63,000	173,520	258,060	342,610	427,150	511,690	596,240	680,780
6	800,000	72,000	178,650	265,690	352,740	439,780	526,820	613,870	700,910
7	900,000	81,000	183,780	273,330	362,870	452,410	541,950	631,500	721,040
8	1,000,000	90,000	188,910	280,960	373,000	465,040	557,090	649,130	741,170
9	1,100,000	99,000	194,040	288,590	383,130	477,670	572,220	666,760	761,300
10	1,200,000	108,000	199,180	296,220	393,260	490,310	587,350	684,390	781,430
11	1,300,000	117,000	204,310	303,850	403,390	502,940	602,480	702,020	801,570
12	1,400,000	126,000	209,440	311,480	413,520	515,570	617,610	719,650	821,700
13	1,500,000	135,000	214,570	319,110	423,660	528,200	632,740	737,290	841,830
14	1,600,000	144,000	219,700	326,740	433,790	540,830	647,870	754,920	861,960
15	1,700,000	153,000	224,830	334,380	443,920	553,460	663,000	772,550	882,090
16	1,800,000	162,000	229,960	342,010	454,050	566,090	678,140	790,180	902,220
17	1,900,000	171,000	235,090	349,640	464,180	578,720	693,270	807,810	922,350
18	2,000,000	180,000	240,230	357,270	474,310	591,360	708,400	825,440	942,480
19	2,100,000	189,000	245,360	364,900	484,440	603,990	723,530	843,070	962,620
20	2,200,000	198,000	250,490	372,530	494,570	616,620	738,660	860,700	982,750
21	2,300,000	207,000	255,620	380,160	504,710	629,250	753,790	878,340	1,002,880
22	2,400,000	216,000	260,750	387,790	514,840	641,880	768,920	895,970	1,023,010
23	2,500,000	225,000	265,880	395,430	524,970	654,510	784,050	913,600	1,043,140
24	2,600,000	234,000	271,010	403,060	535,100	667,140	799,190	931,230	1,063,270
25	2,700,000	243,000	276,140	410,690	545,230	679,770	814,320	948,860	1,083,400

26	2,800,000	252,000	281,280	418,320	555,360	692,410	829,450	966,490	1,103,530
27	2,900,000	261,000	286,410	425,950	565,490	705,040	844,580	984,120	1,123,670
28	3,000,000	270,000	291,540	433,580	575,620	717,670	859,710	1,001,750	1,143,800
29	3,100,000	279,000	296,670	441,210	585,760	730,300	874,840	1,019,390	1,163,930
30	3,200,000	288,000	301,800	448,840	595,890	742,930	889,970	1,037,020	1,184,060
31	3,300,000	297,000	306,930	456,480	606,020	755,560	905,100	1,054,650	1,204,190
32	3,400,000	306,000	312,060	464,110	616,150	768,190	920,240	1,072,280	1,224,320
33	3,500,000	315,000	317,190	471,740	626,280	780,820	935,370	1,089,910	1,244,450
34	3,600,000	324,000	322,330	479,370	636,410	793,460	950,500	1,107,540	1,264,580
35	3,700,000	333,000	327,460	487,000	646,540	806,090	965,630	1,125,170	1,284,720
36	3,800,000	342,000	332,590	494,630	656,670	818,720	980,760	1,142,800	1,304,850
37	3,900,000	351,000	337,720	502,260	666,810	831,350	995,890	1,160,440	1,324,980
38	4,000,000	360,000	342,850	509,890	676,940	843,980	1,011,020	1,178,070	1,345,110
39	4,100,000	369,000	347,980	517,530	687,070	856,610	1,026,150	1,195,700	1,365,240
40	4,200,000	378,000	353,110	525,160	697,200	869,240	1,041,290	1,213,330	1,385,370
41	4,300,000	387,000	358,240	532,790	707,330	881,870	1,056,420	1,230,960	1,405,500
42	4,400,000	396,000	363,380	540,420	717,460	894,510	1,071,550	1,248,590	1,425,630
43	4,500,000	405,000	368,510	548,050	727,590	907,140	1,086,680	1,266,220	1,445,770
44	4,600,000	414,000	373,640	555,680	737,720	919,770	1,101,810	1,283,850	1,465,900
45	4,700,000	423,000	378,770	563,310	747,860	932,400	1,116,940	1,301,490	1,486,030
46	4,800,000	432,000	383,900	570,940	757,990	945,030	1,132,070	1,319,120	1,506,160
47	4,900,000	441,000	389,030	578,580	768,120	957,660	1,147,200	1,336,750	1,526,290
48	5,000,000	450,000	394,160	586,210	778,250	970,290	1,162,340	1,354,380	1,546,420
49	5,030,000	452,700	395,700	588,500	781,290	974,080	1,166,880	1,359,670	1,552,460
50	5,240,000	471,600	406,480	604,520	802,560	1,000,610	1,198,650	1,396,690	1,594,740

국민연금 예상월액표

출처: 국민연금공단

앞의 국민연금 예상월액표에서 보는 바와 같이 가입기간이 25년을 넘어가면, 국민연금 수령액의 증가비율이 서서히 감소한다. 기준소득월액과 거의 무관하게 가입기간이 10년에서 15년이 될 때는 25%가 아닌 50%의 수령금액이 늘어난다. 반대로 가입기간이 35년에서 40년이 될 때는 약 15%정도의 수령금액만 늘어난다. 즉 국민연금의 10년 정도에 불과한 사람은 최대한 가입기간을 늘리는 게 좋지만, 국민연금 가입기간이 35년을 넘길 정도로 아주 긴 사람은 기간을 추가로 늘리는 것에 대한 가성비가 떨어진다. 물론 수령액을 늘리기 위해서는 소액으로라도 납부기간을 늘리는 게 중요하다. 국민연금 수령 나이는 만 65세부터다. 만 60세~만 65세까지의 5년 공백 기간도 여력이 된다면, 임의계속가입제도를 이용해서 연금가입기간을 늘리자.

4) 직장인이라면 소득에 비례해서 B값이 정해지므로 B값을 올리는 것은 연봉 인상 또는 승진, 이직 등 소득을 높이는 방법으로만 가능하다. 가능한 한 빠르게 B값을 최대치(기준소득월액 상한선)로 올려놓고(2021년 기준 연봉 6,300만 원) 오래 회사를 다니는 것도 좋은 방법이다. 국민연금 만점공식은 기준소득월액 상한선을 최대한도의 기간으로 넣으면서 달성이 가능하기 때문이다.

5) 직장은 맞벌이를 못 해도, 국민연금은 노후에 맞벌이가 가능하다. 현행제도로는 혼자서는 아무리 소득이 높고 가입기간이 길어도 국민연금 수령금액을 180만 원 이상 받을 수 없다(연기연금제도는 제외). 그러나 기혼자라면 노력해서 부부합산 수령금액을 200만 원 이상 만드는 것은 그리 어렵지 않다. 국민연금제도는 고소득자보다는 저소득자에게 더 유리한 구조이므로, 소득이 적다고 해도 제도의 장점을 잘 이용한다면 충분한 수령금액을 만들어낼 수 있다. 부부 모두 맞벌이를 최대한 오래 하면서 가입기간과 납부금액을 함께 늘리는 게 가장 좋다. 하지만 자녀 양육이나 기타 이유로 그게 어렵다면 배우자의 임의가입을 통해서 배우자 가입기간을 최대한 늘릴 수 있다.

국민연금은 사회보험이기 때문에 수령액을 높이기 위한 전략적인 접근이 필요하다. 혼자서 국민연금을 고액으로 가입하는 것보다 부부가 적당한 금액으로 나누어서 각각 오래 가입하는 것이 가장 좋은 전략이다. 백지장도 맞들면 낫다는 속담처럼 국민연금도 부부동반 가입을 하는 것이 효과 만점이다. 또한 조기사망 등 특정한 경우를 제외한다면, 국민연금은 단점보다는 장점이 훨씬 많은 재테크다. 앞에서도 언급했듯 국민연금 고갈의 원인에는 급격한 저출산, 고령화도 있지만 궁극적으로는 낸 돈보다 훨씬 많이 돌려준다는 게 더 큰 이유로 작용한다. 이렇게 한 번 정도 노후에 받게 될 연금 수령액이 얼마나 될지 살펴보고 나면, 조금은 관심이 생긴다.

굳이 '직장인 20억 만들기 프로젝트'의 하나로 '국민연금'을 넣은 것은 그만큼 노후대비에 있어 매우 중요한 부분을 차지하기 때문이다. 우선 관심을 갖고 내가 받을 연금을 챙겨 보자. 큰 부자가 되는 데 있어서 국민연금 수령액은 얼마 안 되는 돈일 수 있지만, 뒤집어 생각해 볼 때 내가 노년이 되어 아무것도 할 수 없는 상황에서 '아무것도 하지 않아도' 매월 일정 금액이 나온다면, 이는 큰 버팀목이 될 수 있다.

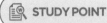 STUDY POINT

1. 국민연금의 수령액은 가입기간과 납입금액, 소득대체율 세 가지에 의해 결정된다.

2. 가장 효과적인 수령금액 증액 방법은 가입기간을 최대한 늘리는 것이다.

3. 직장인 가입자가 아니라면, 임의가입을 통해 가입기간을 늘리자.

4. 혼자 국민연금 수령액을 늘리기보다는 부부합산으로 늘리는 것이 효과가 크다.

국민연금 제대로 알고 똑똑하게 활용하라

2,200만 명의 가입자가 있는 국민연금이지만, 국민연금제도의 활용법은 그리 알려지지 않았다. 국민연금제도의 장단점을 명확하게 파악하고 나면, 효율적으로 이 제도를 이용할 수 있고 젊을 때부터 전략적으로 조금만 관심을 가진다면 훨씬 풍요로운 노후를 맞이할 수 있다. 더 이상 자녀에게 노인부양을 기대하기는 힘든 시대인 만큼 더더욱 자신의 노후준비를 스스로 챙겨야 한다. 이제는 "효자보다 연금이 낫다"라는 격언이 진실이 될 만큼 연금의 시대가 열리고 있다. 즉 나의 노후를 봉양해 주는 것은 연금이고, 그중에서도 가장 듬직한 역할을 하는 것이 국민연금인 것이다.

나는 이번 장에서 즐거운 인생의 후반전을 위한, 친절한 국민연금 사용설명서를 정리해 보려고 한다. 각자 상황에 따라 취사선택해서 효율적으로 활용하길 바란다.

1. 국민연금 가입자

국민연금 가입자는 크게 네 가지로 나뉜다.

▶사업장가입자 : 1인 이상의 근로자가 있는 사업장 등 일반적으로 직장인에 해당하는 경우다. 사업장가입자의 경우 50%

의 국민연금을 사업자가 추가로 부담해 준다는 장점이 있다.

▶지역가입자 : 국내에 거주하는 18세 이상 60세 미만의 국민(사업장가입자가 아닌 사람)이며 자영업자나 프리랜서에 해당한다.

▶임의가입자 : 사업장가입자나 지역가입자가 될 수 없는 사람으로 기업에 근무하다 퇴직 후 가입을 계속하는 경력단절 여성, 또는 소득이 없어도 가입자격을 유지하려는 만 18세 이상의 고등학생 등 1, 2번에 해당하지 않는 유형이다.

▶임의계속가입자 : 60세에 도달하여 국민연금 가입자의 자격을 상실하였지만 가입기간이 부족해서 연금을 받지 못하거나 가입기간을 연장해서 더 많은 연금을 받고자 하는 경우 65세까지 신청으로 가입할 수 있다.

2. 국민연금 수령 나이

연금개혁 이후 국민연금 수령 나이는 세대별로 달라진다. 이 책의 독자들이라면 주로 1969년 이후의 출생자들이 대부분일 것이고, 만 65세 이후부터 수령이 가능하다.

출생연도	수급 개시 연령		
	노령연금	조기노령연금	분할연금
1952년생 이전	60세	55세	60세

1953~56년생	61세	56세	61세
1957~60년생	62세	57세	62세
1961~64년생	63세	58세	63세
1965~68년생	64세	59세	64세
1969년생 이후	65세	60세	65세

국민연금 수령 나이 　　　　　　　　　　　　　　　　출처: 국민연금공단

2022년 기준으로 1960년생의 경우, 63세(만 62세) 생일이 지난 달부터 국민연금 수령이 가능하다(가령 1960년생인 김 씨의 생일이 5월 7일이라고 한다면, 2022년 6월 25일부터 첫 국민연금 수령이 가능하다).

3. 국민연금 예상수령액

국민연금 공단 홈페이지와 모바일 애플리케이션인 '내곁에 국민연금'을 통해서 국민연금 예상수령액 조회가 가능하다. 반년에 한 번 정도는 자신과 배우자의 은퇴자금을 체크하면서 부부합산 200만 원 이상의 세후 수령액을 만들어 낼 수 있도록 노력하자.

4. 국민연금 조기수령

국민연금 수령조건인 가입기간 10년을 채운 경우 소득이 없거나, 2021년 기준 월평균 소득이 A값(국민연금 가입자들의 3년 평균 월소득 - 2021년 기준 2,539,843원) 미만에 한해 신청이 가능하다. 이 경우 최대 5

년 더 먼저 국민연금을 수령할 수 있지만 최대 30%까지 수령금액이
줄어든다. 1년 더 먼저 받을 때마다 6%씩 금액이 줄어든다. 조기수
령 감액비율에 대해 조금 더 구체적으로 살펴보자. 예상 수령금액을
100만 원으로 했을 때 조기수령 시뮬레이션은 다음과 같다.

청구연령	지급율(6%씩 하락)	수령금액
1년 일찍 수령	94%	94만 원
2년 일찍 수령	88%	88만 원
3년 일찍 수령	82%	82만 원
4년 일찍 수령	76%	76만 원
5년 일찍 수령	70%	70만 원

　　즉 국민연금을 제 나이에 받는다면 100만 원을 받을 사람이, 5년
먼저 수령을 시작한다면 70만 원만 받게 된다는 것이다. 평균수명이
길어진 만큼 국민연금 조기수령은 최대한 미루는 것이 좋지만, 상황
이 여의치 않을 경우에는 조기수령을 선택할 수도 있다는 것을 알아
두자.

　　국민연금 감액을 피하기 위해서는 가급적 적은 월급을 받더라
도 재취업을 하는 것이 가장 바람직하다. 취업이 어렵다면, 퇴직연금
(만 55세 이후 수령 가능)이나 개인연금(만 55세 이후 수령 가능)을 먼저 수령
하고 생활비로 쓰면서 시간을 벌고 추후에 국민연금 수령금액을 온

전히 다 받는 것이 좋은 방법이 될 수 있다.

5. 국민연금 연기연금제도

조기수령과는 반대되는 개념으로, 최대 5년까지 국민연금수령을 미루고, 더 많은 수령금액을 받는 방식이다. 실제로 최근 국민연금 최고수령액(월 227만 원)을 받는 가입자가 연기연금제도를 최대한 활용한 경우다. 조기수령과는 반대로 원래 정해진 수령액 대비 매년 7.2%(매월 0.6%)씩 수령금액이 늘어서 최대 36%까지 더 받을 수 있다. 예상 수령금액을 100만 원으로 했을 때 연기연금 증액비율은 다음과 같다.

청구연령	지급율(7.2%씩 증가)	수령금액
1년 늦게 수령	107.2%	107만 2천 원
2년 늦게 수령	114.4%	114만 4천 원
3년 늦게 수령	121.6%	121만 6천 원
4년 늦게 수령	128.8%	128만 8천 원
5년 늦게 수령	136%	136만 원

연기연금제도의 시뮬레이션을 계산해 보면 13년 11개월이 손익분기점이다. 즉 만 65세에 받을 사람이 만 70세로 연기연금을 미루고, 만 78세 11개월 이후까지 생존한다면 이득을 보는 셈이다.

각자의 경제 상황이 제일 중요하겠지만, 연기연금을 신청하기보다는 제때 받는 것이 더 낫다는 게 나의 생각이다. 최대한 뒤로 미루는 것이 수익률의 관점에서 더 높다는 것은 동의하지만, 갑작스럽게 병치레를 하거나 건강이 악화될 수도 있기 때문이다. 연기연금으로 조금 더 많은 수령액을 받으려다가 평생 연금 납부만 한 채 한 번도 받지 못하고 사망할 수도 있다.

가장 바람직한 경우는 만 60세까지 국민연금 의무가입기간을 채우고, 5년간 임의가입제도를 통해서 가입기간을 늘린 다음, 만 65세부터는 연기연금을 무시하고(소득이 없거나 A값보다 낮다는 가정하에) 최대한 많은 수령금액을 사망 시까지 받는 것이다. 실제로 남성보다 여성이 6년 정도 더 산다고 한다. 그렇다면 여성이 연기연금의 손익분기점인 80세 이상까지 살 가능성이 높다. 남성과 여성의 연금개시 나이가 동일하기 때문에 생활비가 크게 부족하지 않는 여성이라면 연기연금을 고려해 볼 만하다. 그러나 남성이라면 아무래도 여성보다 수명이 짧기 때문에 제때 수령하는 편이 낫겠다.

6. 국민연금 감액제도

국민연금공단에 가장 심한 민원이 들어오는 부분이 국민연금 감액제도에 관한 부분이다.

연금수령 나이가 지났다고 해도 취업을 해서 소득이 있거나 사업소득이 있다면 국민연금이 일정 기간(최대 5년간) 감액된다. 단, 소득이 있다고 무조건 감액이 되는 것이 아니고, A값을 넘는 소득을 얻고 있는 경우에 한해 소득에 비례해서 조금씩 줄어든다. 실제로는 근로소득 공제 전 기준 월 약 350만 원(연봉기준 약 4,203만 원) 이상이어야 국민연금이 감액되고, 그 금액 역시 5만 원이 채 안 된다. 그러나 연금이 깎인 노인들의 민원과 항의는 매우 격렬하다. 힘들게 납부해서 타는 연금인데 소득이 있다고 깎는다는 것을 받아들이기 어렵다는 것이다. 실제로 연금을 받을 연령의 노인들이 취업하는 사례는 자주 있는 일이지만, 연봉 기준 4,200만 원을 넘는 경우는 2%가 채 되지 않는다고 한다. 이런 경우에 한해서만 취업 기간에 맞춰서 연기연금제도를 신청하는 것을 추천한다. 감액제도는 최장 5년간만 이루어지므로, 충분한 소득 또는 사업소득이 있다면 연기연금제도를 이용해서 연금수령액도 높이고 감액도 피할 수 있다.

7. 국민연금 추가납입제도(추납)

국민연금 가입 이력이 1개월 이상인 경우에 한해 군복무, 기초생활 수급, 경력단절, 해고 등의 이유로 국민연금의 납입이 중단된 가입자들을 대상으로 추가납입할 수 있는 기회를 제공하는 제도다. 앞서 강조했듯이 국민연금 재테크의 가장 큰 핵심은 '가입금액'보다 '가입기간'이므로, 최대한 가입기간을 늘리기 위해서 국민연금 가입기간의 공백이 있다면 추가납입제도를 활용하는 것이 좋다.

실제로 발 빠른 부모들은 국민연금을 가입 최소 나이인 만 18세인 고등학교 3학년부터 소액으로 가입시키고 그 금액을 대신 넣어 준다. 실제로 국민연금공단의 자료에 의하면 2021년 10대 국민연금 임의가입자는 3,921명으로 2017년보다 4.5배나 늘어난 것으로 나타났다. 10대들이 국민연금에 가입하는 것은 당연히 가입기간을 늘리기 위해서고, 한 살이라도 어릴 때 가입하는 게 유리하기 때문이다. 따라서 만 18세 이상의 자녀가 있다면 소액(최소가입금액 월 9만 원 내외)으로 국민연금에 가입시키자. 도중에 힘들면 납부를 중단해도 된다. 중간에 공백 기간이 있더라도 필요에 따라 나중에 '추납'하면 되기 때문이다. 반대로 국민연금 가입 이력이 없는 사람이라면, 추납제도를 이용하고 싶어도 할 수가 없다. 추납보험료는 전액을 일시에 납부할 수도 있고 금액이 클 경우 월 단위 최대 60회 분할 납부가 가능하다.

8. 국민연금 반납제도

국민연금 반납제도는 과거 수령했던 반환일시금이 있는 경우 다시 납부해서 가입기간을 살릴 수 있는 제도다. 반납은 국민연금 연금액 산정 시 과거의 소득대체율을 반영해 주므로 소득대체율이 높았던 과거의 가입기간을 복원시키면 그만큼 연금수령액도 대폭 증가한다.

9. 반환일시금

반환일시금은 국민연금에 더 이상 가입할 수 없게 되었으나 연금수급요건을 채우지 못한 경우 그동안 납부한 보험료에 이자를 더해 일시금으로 지급하는 급여를 의미한다. 반환일시금의 지급요건은 다음과 같다.

> (1) 가입기간 10년 미만인 자가 60세가 된 경우
> (2) 가입자 또는 가입자였던 자가 사망하였으나 유족연금에 해당하지 않는 경우
> (3) 국적을 상실하거나 국외로 이주한 경우

만 60세가 되어도 가입기간 10년 미만인 경우 반환일시금을 받을 수 있지만, 국민연금 임의계속가입제도를 통해서 가입기간을 늘려 연금수령권을 얻을 수 있다.

10. 유족연금

국민연금을 내고 있거나 받고 있는 사람이 사망하는 경우 남은 유족에게 연금을 지급하는 제도다. 유족에게 연금을 남길 수 있는 경우는 두 가지다. 연금을 받기 전에 사망하는 경우, 그리고 연금을 받는 도중에 사망하는 경우다.

먼저, 연금을 받기 전에 사망하는 경우에는 가입기간이 10년 이

상이거나, 연금보험료를 낸 기간이 가입기간의 3분의 1을 넘거나, 사망일 기준으로 5년 중 3년 이상 연금보험료를 냈어야 유족연금을 남길 수 있다. 이 세 가지 조건 중 하나라도 해당하지 않는다면 반환일시금이 지급되며, 그동안 납부한 국민연금 보험료에 이자를 붙여 일시금으로 지급된다. 연금에 비해서는 큰 손해라고 할 수 있다. 국민연금을 꼬박꼬박 원천징수하는 직장들이라면 해당 가능성이 작지만, 참고해서만 알아두자.

그다음, 국민연금을 받는 도중에 사망하는 경우다. 이때 유족연금의 수령액은 사망한 수급권자의 가입기간에 따라서 달라지는데, 다음 표와 같다.

유족연금 급여수준	
가입기간	**금액**
10년 미만	기본연금액의 40% + 부양가족연금액
10년 이상~20년 미만	기본연금액의 50% + 부양가족연금액
20년 이상	기본연금액의 60% + 부양가족연금액

유족연금 급여수준   출처: 국민연금공단

표에서 보듯이 사망한 수급권자의 가입기간에 따라 수급권자가 받던 금액의 일부를 유족연금으로 받게 된다. 참고로 국민연금 조기수령 또는 연기연금제도를 이용하다 사망한 경우라고 해도, 유족연

금의 금액은 기본연금액(연금을 정상적인 나이에 수령할 때 받는 금액)을 기준으로 정해진다는 것을 알아두자. 그렇다면 유족연금을 받을 수 있는 사람은 누구일까? 다음 표를 한번 보자. (1)에서 (5)까지 순서대로 유족연금을 받을 수 있다.

> (1) 배우자(사실혼 배우자 포함)
> (2) 자녀(25세 미만 또는 장애등급 2급 이상)
> (3) 부모(배우자의 부모 포함, 60세 이상 또는 장애등급 2급 이상)
> (4) 손자녀(19세 미만 또는 장애등급 2급 이상)
> (5) 조부모(배우자의 조부모 포함, 60세 이상 또는 장애등급 2급 이상)

유족연금을 받는 사람이 사망하게 되면, 그 수급권은 소멸한다. 단, 일반적인 재산 상속과는 달리 직계부모나 자손이 아닌 형제나 친척은 유족이 될 수 없다.

유족연금제도의 큰 문제점은 국민연금을 모두 납부하는 맞벌이 가정의 불이익이 크다는 점이다. 남편이 먼저 사망하는 경우 아내가 2021년 기준 A값 이상의 소득이 있다면 3년 동안만 유족연금이 지급되고, 55세까지 지급이 정지된다. 반대로 남편이 혼자 외벌이로 가정을 부양해 왔다면 아내가 계속해서 유족연금을 받게 된다. 소득이 있는 아내의 입장에서는 남편이 낸 보험료에서 받는 유족연금의 수령

여부를 본인의 소득으로 인해 제대로 받지 못하는 것에 대해서 큰 불만을 가질 수밖에 없다.

또 유족연금제도의 단점은 유족연금을 받게 될 사람이 국민연금을 받고 있다면 100% 전부 중복해서 받을 수 없다는 점이다. 그런 경우 두 가지 중 하나를 선택해야 하는데 다음과 같다.

1. 본인의 국민연금을 포기하고 유족연금을 선택하는 방법
2. 본인의 국민연금을 수령하고 유족연금의 30%를 추가하는 방법

이와 관련해 두 가지 사례를 살펴보자. 여기서는 사망한 수급자가 20년 이상 국민연금에 가입했다고 가정한다.

사례1) 오랜 기간 중견기업에 근무하다 퇴직한 부부

남편은 100만 원, 부인은 80만 원의 국민연금(노령연금)을 각각 받고 있다. 100만 원의 연금을 받는 남편이 먼저 사망할 시, 100만 원의 60%에 해당하는 60만 원이 유족인 부인에게 지급된다. 그런데 부인은 이미 80만 원의 국민연금을 받고 있기에 둘 중 하나를 선택해야 한다.

[본인의 수급권을 포기하고 유족연금을 선택할 시 60만 원 vs 본인의 국민연금을 선택할 시 80만 원 + 유족연금 60만 원의 30%인 18만 원 = 98만 원]

▶ 부인의 국민연금을 선택하고, 유족연금이 감액된 30%를 받는 것이 합리적이다.

위 두 사례를 살펴보면 1번의 경우 남편이 평생토록 넣어 온 국민연금의 유족연금 수급권이 너무 적은 금액(국민연금수령액 × 0.6 × 0.3 = 18%)으로 남편이 받을 돈의 18%밖에 못 받는다는 큰 단점이 있다.

2번의 경우는 1번보다는 조금 덜 억울하지만, 전업주부로서 10년을 가입해 국민연금 수급권을 만들어 낸 노력과 금액 자체가 무의미해진다는 결론이 나온다. 그럴 거면 차라리 수급권을 얻기 위해 10년간 국민연금 넣을 돈으로 개인연금을 넣는 게 더 나은 선택이 될 수 있다(개인연금의 경우 종류에 따라 약간 차이는 있지만 대부분이 금융자산으로 인정되고, 상속과 이전이 가능하다). 즉 국민연금 낼 돈으로 개인연금에 가입했다면 남편의 유족연금 60%와 본인의 개인연금 100%를 모두 받을 수 있기 때문이다.

결국 1번의 사례든 2번의 사례든 맞벌이 부부 또는 국민연금 수급권을 모두 가진 부부라면 배우자 사망 시 자신의 국민연금 전부 또는 배우자의 유족연금을 추가로 포기해야 한다. 이런 점이 국민연금 제도의 가장 큰 단점이라 할 수 있다. 주의할 점은 최근 고령화 시대가 되면서 황혼 이혼과 재혼이 드물지 않은 상황인데, 유족연금은 본래 자신의 것이 아니었기 때문에 재혼 시 수급권이 소멸한다. 또한 재혼 후 다시 이혼한다고 해도 다시 살아나지 않는다는 점에 주의해야 한다. 그러므로 재혼 가능성이 있으며 자신이 국민연금 수급권을 가지고 있고, 유족연금 중 1번과 2번을 선택해야 하는 상황이라면 금액이 다소 적어도 자신의 연금을 수령하는 것이 나을 수 있다.

국민연금의 유족연금은 배우자가 공무원인 경우 달라진다. 국민연금을 넣는 직장인 부부라면 위에서 단점으로 지적한 감액비율을 그대로 적용받게 되지만, 국민연금과 공무원연금을 받는 부부 또는 공무원연금을 받는 공무원 부부의 경우는 더 적은 감액비율을 적용받는다. 공무원의 유족연금비율은 30%가 아닌 50%고 자신이 국민연금 수급자라면 전액을 받을 수 있기 때문이다. 즉 같은 연금끼리는 중복급여 금지조항이 있으므로 서로 다른 연금이 더 유리하다.

맞벌이 부부의 유족연금 사례

남편 연금 100만 원, 부인 연금 100만 원인 상황에서 남편이 먼저 사망하여 배우자가 유족연금을 받는 것으로 가정한다. 이때 남편의 연금 가입기간은 20년 이상이다.

부부 국민연금
: 부인 100만 원 + 남편 유족연금의 30% (100 × 0.6 × 0.3 = 18만 원) = 118만 원

부부 공무원연금
: 부인 100만 원 + 남편 유족연금의 50% (100 × 0.6 × 0.5 = 30만 원) = 130만 원

남편 국민연금, 부인 공무원
: 부인 100만 원 + 남편 유족연금(60만 원) = 160만 원

11. 국민연금 크레딧제도

국민연금 크레딧제도의 취지는 출산, 군복무 등 "사회적으로 가치 있는 행위에 대한 보상으로 국민연금 가입기간을 추가로 인정해주는 제도"며 실업 상황에 놓인 가입자에게는 복지 차원의 보조금 지급이라고 볼 수 있다. 국민연금 수급권을 얻기 위해서는 가입기간 10년(120개월)을 채워야만 한다. 그런데 가입기간이 10년이 채 못 되어도 국민연금 크레딧제도를 이용하면, 가입기간을 늘릴 수 있다. 또한 이미 수급권이 있는 사람이라고 해도 더 많은 연금수령을 받을 수 있으므로 알아두자.

1) 출산크레딧제도

출산크레딧은 2008년 1월 1일 이후에 둘째 자녀 이상을 얻은 경우(출산, 입양) 국민연금 가입기간을 추가로 인정해 주는 제도다.

출산크레딧(2008.1.1. 이후 출산·입양한 자녀부터 인정)

2자녀 이상 출산 시 가입기간을 추가로 인정하고 해당기간의 소득은 A값의 전액을 인정함.

자녀 수	2자녀	3자녀	4자녀	5자녀 이상
추가 인정기간	12개월	30개월	48개월	50개월

출산크레딧   출처: 국민연금공단

자녀가 2명인 경우 12개월이다. 3명 이상인 경우 둘째 자녀에 인정되는 12개월에 셋째 자녀 이상 1명마다 18개월을 추가해 최대 50개월까지 가입기간을 추가로 인정받을 수 있다. 그리고 출산크레딧 제도는 부모 모두 양육권에 대한 동등한 권리를 부여하므로, 1인에게 가입기간 전체를 인정해 주거나 추가 가입기간을 서로 균등하게 나눌 수 있다. 이런 경우 부부별로 가입기간을 누구에게 몰아주는 게 좋을지 고려해 볼 필요가 있다. 한 사람에게 몰아줄 수도 있고, 둘 다 반반씩 가입기간을 인정받을 수도 있다.

가장 기본적인 크레딧 재테크는 국민연금 가입기간이 짧은 사람, 국민연금 수령액이 높은 사람에게 몰아주는 것이 이득이다. 국민

연금 가입기간 1년마다 약 5%의 수령액이 늘어나므로 출산크레딧 제도는 국민연금 수령액을 늘릴 수 있는 좋은 기회다. 국민연금 가입 기간에 따라 증가하는 수령액은 소득이 높든 낮든 비슷하기 때문에 소득이 높은 배우자에게 몰아주는 것이 유리하다. 가령 국민연금 수령액이 50만 원인 부인의 수령금액이 5% 늘어나면 52만 5천 원을 받지만, 100만 원인 남편의 수령금액이 5% 늘어나면 105만 원이 되기 때문이다. 단, 다음 두 가지 조건을 고려해야 한다.

첫째, 남성보다 여성의 평균수명이 6세 정도 더 높다는 점을 감안해(2019년 기준 평균수명 남자 80.3세, 여자 86.3세) 여성에게 몰아주는 것이 더 유리할 수도 있다.

둘째, 여성 배우자의 연령이 남성보다 평균 3세 정도 어리다는 점을 감안하면 남편이 사망한 후 10년 정도 혼자 살 가능성이 높다.

정리하자면, 남편과 부인의 수령액 차이가 크다면 남편이 받는 게 유리하지만, 수령액 차이가 비슷하다면 부인에게 몰아주는 것이 낫다.

2) 군복무크레딧제도

군복무크레딧은 2008년 1월 1일 이후 입대하여 병역 의무를 이행한 사람에게 6개월의 국민연금 가입기간을 추가로 인정해 주는 제도다. 6개월 이상의 복무기간이 있다면, 현역병뿐만 아니라 사회복무요원, 전환복무자, 상근예비역, 국제협력봉사요원, 공익근무요원도 가능하다. 단, 병역 의무를 수행한 기간에 군인연금, 공무원연금 등 다른 공적 연금에 가입한 이력이 있다면 크레딧 대상에서 제외된다. 군복무 중에 국민연금에 가입해서 보험료를 냈다고 해도 상관없이 가입기간을 더해 준다는 장점이 있다.

※출산크레딧과 군복무크레딧은 국민연금을 청구할 때 신청한다는 점을 기억해 두자.

3) 실업크레딧제도

실업크레딧제도는 국민연금 가입자 또는 가입자였던 구직급여(실업급여) 수급자 중 희망자에 한해 보험료를 지원해 주는 제도다. 실업으로 인해서 국민연금 미납 시 25%를 본인이 부담하는 경우에 국가에서 75%를 지원한다. 실업크레딧제도는 1인당 구직급여 수급기간 중 생애 최대 12개월까지 지원된다. 단, 일정 수준 이상의 재산보유자 또는 고소득자에 대해서는 지원이 제한될 수 있다. 실업크레딧의 지원 대상은 만 18세 이상 만 60세 미만의 구직급여를 받는 사람에 해당하고, 국민연금 보험료를 납부한 이력이 있어야 한다. 혹시 실업의 어려움을 겪고 있다면, 실업크레딧제도를 꼭 활용하도록 하자.

12. 국민연금분할

고령화 사회가 되면서 황혼 이혼이 급증하고 있다. 노후가 길어진 만큼 더 이상 남의 눈치를 보거나 가족을 위해 희생하기보다는 자신의 삶을 살고 싶은 노인들이 많아졌다. 고령 이혼 건수가 급증하면서 분할연금을 받는 사람 역시 늘어나고 있다. 실제로 2010년 대비 2018년 분할연금 수급자는 8년 만에 6배나 늘었다. 부부 각자가 국민연금을 납부해 왔다면 이는 재산분할의 대상이 되지 않고, 이혼 후에도 각자 연금을 받으면 된다. 그러나 부부 중 한쪽만이 연금에 가입되어 있다면 국민연금 역시 분할 대상이 된다. 2021년 6월 기준 분할연금 수급자의 88.7%가 여성이고 남성은 11.3%에 불과하므로, 연금을 나눠야 하는 것도 남자들이 대부분이다.

분할연금 대상이 되기 위해서는 혼인 기간 5년 이상 함께 살면서 연금을 납부한 기간도 5년 이상이 되어야 한다. 또한 가입자의 나이가 연금수령 나이에 해당할 때부터 연금분할이 가능하다. 이혼한 배우자와 분할연금 신청자가 모두 노령연금 수급연령에 도달해서 분할연금 수급권을 확보한 후에는, 재혼하거나 이혼한 배우자가 사망해서 노령연금 수급권이 소멸하더라도 그와 상관없이 분할연금을 받을 수 있다. 그러나 분할연금 수급권을 얻기 전에 이혼한 배우자가 사망해서 노령연금 수급권이 소멸하거나, 장애 발생으로 장애연금을 받으면 분할연금을 받을 수 없다. 분할연금 금액은 수급권자의 연금액 중 혼인 기간에 해당하는 연금액의 50%를 받을 수 있지만, 당사자 간 협의나 재판을 통해 그 비율을 정할 수 있다.

> **STUDY POINT**
>
> 1. 국민연금 조기수령과 연기연금제도를 통해 수령나이를 조절할 수 있다.
> 2. 추가납입제도를 통해 가입기간을 늘려서 국민연금 수령금액을 크게 늘릴 수 있다.
> 3. 유족연금제도는 국민연금의 가장 큰 단점이며, 특히 맞벌이 부부에게 불리하다.
> 4. 크레딧제도를 통해 2자녀 이상 출산, 군복무경력으로 가입기간을 늘릴 수 있다.

2장

내게 유리한 퇴직연금을 선택하라

퇴직연금은 우리에게 어떤 의미가 있을까. 어떤 직장인이든, 회사에 입사하고 1년이 지나면 퇴직금이 쌓이기 시작한다. 퇴직금이란 근로자가 일정 기간(1년 이상) 근로를 제공하고 퇴직하는 경우 지급되는 일시 지급금을 이르는 말이다. 보통 근무한 1년에 대해 30일분 이상의 평균임금을 지급한다. 과거에는 회사가 도산해 버려서 근로자가 받아야 할 퇴직금을 못 받는 경우가 있었다. 이를 보완하기 위해 회사에서 준비해야 할 퇴직금(퇴직충당금)을 금융기관에서 보관해 안전성을 추구하도록 한 제도가 퇴직연금제도다. 잦은 이직을 하든 한 회사에 장기근속을 하든, 퇴직연금은 직장인의 노후를 대비할 수 있는 좋은 기회이므로 자세히 살펴보려고 한다. 먼저, 퇴직연금제도의 종류에 대해 알아보자. 퇴직연금제도는 크게 '확정급여형(DB)'과 '확정기여형(DC)' 두 가지로 나뉜다.

퇴직연금제도의 종류

1. 확정급여형(DB, Defined Benefit)

DB형은 예전의 퇴직금제도와 거의 비슷하다. 차이점은 퇴직금을 회사계정이 아닌 외부의 금융기관에 위탁한다는 점뿐이다. 직장인의 퇴직 직전 3개월 평균임금과 근무년수를 곱해서 퇴직금이 결정된다. 가령 김 부장의 퇴직 직전의 평균임금은 600만 원이고, 30년을 근무했다면, 600 × 30 = 1억 8,000만 원이 나온다. 여기서 중요한 것은 단지 월급뿐만이 아닌 연차수당 등 정기적으로 지급되는 것은 모두 평균임금에 포함된다는 사실이다.

DB형의 퇴직연금이라면 근로자는 수익률에 신경 쓸 필요는 없고, 연봉과 근속연수를 올리는 데만 집중하면 된다. DB형은 연봉인상률이 투자수익률보다 높고, 장기근속인 경우에 유리하다. 신입사원 때 적립될 퇴직금 역시 부장급으로 받을 수 있기 때문이다. 김 부장이 30년을 근무했는데 부장으로 근무한 기간은 3년밖에 안 된다고 해도, 3년 치가 아닌 30년 치를 부장 임금으로 퇴직금을 지급한다. 일반적으로 나이에 비례해서 연봉이 올라가지만, 최근에는 임금피크제의 도입 또는 성과에 따라 연봉이 깎이는 경우도 있으므로 그런 경우라면 성과연봉제로 바뀌기 전 DB가 아닌 DC로 전환하는 것이 좋다.

DB형 = 확정급여형

- 정해진 퇴직급여(퇴직 직전 3개월 평균임금 × 근무년수)
- 기존 퇴직금제도와 유사하나 사외 적립으로 안전성 확보
- 기업에서 관리, 운용리스크와 수익을 기업에서 책임짐

2. 확정기여형(DC, Defined Contribution)

DC형은 퇴직연금 운용지시를 근로자 자신이 직접 한다. 회사가 매년 연봉의 1/12만큼의 자금을 넣어 주면, 주식과 안전자산 비중을 스스로 조절할 수 있다. DC형이라고 해도 아직은 원금보장형의 비중이 높다. 몇 년 전까지만 해도 퇴직연금은 펀드만 가입이 가능했지만 지금은 ETF로도 거래가 가능하다. 단, 퇴직연금의 특성상 안전성이 중요하므로 위험자산에는 70% 이하만 투자 가능하고, 직접적인 주식투자 종목선택은 불가능하다.

이전의 DC형 퇴직연금의 대부분은 원금이 보장되는 안전자산 위주의 투자였지만, 최근 들어 연 2% 내외의 평균 수익률에 만족하지 못한 투자자들이 위험자산으로 자산을 옮기는 현상이 뚜렷해졌다. 최신 트렌드는 미국 나스닥100지수와 미국 S&P500지수를 추종하는 ETF가 인기다. 예금보다는 더 나은 수익률을, 주식보다는 안정

적인 것을 원하는 투자자라면 중위험 중수익의 리츠REITS도 관심가져 볼 만하다. 리스크 회피를 우선으로 한다면 원금이 보장되는 ELB도 있다. 또 최근 가장 유행하는 TDF(타깃데이트펀드, 생애주기별로 주식과 채권의 투자비율을 자동으로 조정해 주는 펀드)는 은퇴가 가까워질수록 주식 비중을 낮추는 방식으로 운용되므로 주식의 수익률과 채권의 안전 성을 동시에 추구할 수 있다는 장점이 있다. 자신의 성향에 맞게 원금보장형, 채권형펀드, 채권혼합형펀드, 주식형펀드, 해외ETF 등 다양한 상품을 공부해 보자.

> ### DC형(Defined Contribution) = 확정기여형
> - 총임금의 1/12를 매년 적립
> - 근로자가 직접 운용지시(펀드, ETF)
> - 리스크와 수익 모두 근로자 책임

회사에서 자신의 퇴직금이 어떤 형태로 쌓이고 있는지 혹시 모른다면 다시 한번 확인해 보자. 회사마다 운용상황이 다른데, DB와 DC가 선택 가능한 직장도 있고, 특별한 일이 없으면 DB로 적립하는 회사도 많다. 나의 경우 현재 퇴직연금이 DB형으로 적립되고 있다. DC형으로의 전환에 대해서 진지하게 고민했지만, 당분간은 임금상승률이 나쁘지 않을 것 같고, 이미 다른 자산으로 주식에 투자하고 있는지라 포트폴리오 배분 차원에서 DB형을 유지하고 있다. 국

민연금 편에서 살펴봤듯이, 직장인의 평균임금 상승률 A값은 약 4%로, 2%의 물가상승률을 상회한다. 더구나 승진을 할 경우 그 상승폭은 훨씬 커질 수 있다. 단, 선택권이 주어진 경우 DB에서 DC로 변경은 가능하지만, DC에서 DB로는 되돌아올 수 없다. DB형으로 퇴직연금을 운용하고 있다면, 금융위기 수준의 주식시장 폭락이 다시 반복되어서 위험자산에 적극적으로 투자할 타이밍이 오거나, 임금피크제가 적용될 경우 DB형에서 DC형으로 갈아탈 기회가 된다.

처음부터 DC형을 선택하는 것이 유리할지, DB를 유지하다 DC로 갈아타는 것이 유리할지, 계속 DB로 가는 것이 유리할지는 직장인들이 각자 상황에 맞게 선택하면 된다. 참고로 DB가 유리한 직장인은 대기업 근로자, 장기근속, 임금상승률이 높은 경우이며, DC는 중소기업 근로자, 단기근로자, 이직이 잦은 직장인들이 선호한다.

또 다른 퇴직연금, IRP

IRP는 개인형 퇴직연금 Individual Retirement Pension 으로 근로자가 이직할 때 받는 퇴직금을 지속적으로 운용할 수 있는 퇴직연금이다. IRP는 직장인들이 이직할 때 퇴직금을 받고 나서 목돈을 그대로 소비해버리고 노후자금으로 사용되지 못하는 단점을 해소하기 위해 퇴직금의 연속성을 유지하고자 도입되었다. IRP의 용도는 두 가지다.

첫째, 퇴직 시 또는 이직 시 퇴직금을 받아 보관하고 운용하는 계좌로 쓰인다.

둘째, 연간 1,800만 원 한도 내에서(세액공제는 연 700만 원) 퇴직금과 별도로 운용하는 노후자금 운용 용도로 쓰인다. 운용 기간에는 개인연금과 같이 과세이연 혜택이 있고, 퇴직급여를 받을 때 연금 또는 일시금을 선택해서 수령할 수 있다. IRP는 연금으로 수령할 경우 연금저축과 동일하게 3.3~5.5%의 세제혜택을 준다. 2020~2022년 한시적으로 50세 이상은 가입 한도가 700만 원에서 900만 원으로 늘었다.

IRP는 그 특성상 퇴직연금 DC, 연금저축과 유사한 점이 많다. 연금저축에 대해서는 다음 파트에서 상세히 설명할 것이므로, 여기는 공통점과 차이점에 대해 간략하게 살펴보겠다.

① IRP와 퇴직연금 DC

공통점	차이점
▶개인이 직접 운용 가능, 위험자산 70% 까지 투자 가능	▶IRP는 개인연금처럼 자신이 원해서 필요분에 따라 적립, DC는 의무적 가입
▶중도인출이 법적 사유를 충족할 때만 가능하며 사실상 어려움	▶IRP는 세액공제가 되지만 DC는 세액공제가 안 됨
▶금융사 이전 가능하며 5년 이상 가입, 55세 이상 수령 가능	▶DC는 회사에서 비용 부담, IRP는 개인 부담
▶금융기관 이전 가능	
▶연금으로 수령 시 5.5~3.3% 저율과세	

② IRP와 연금저축

공통점	차이점
▶세액공제 가능(IRP 700만 원, 개인연금 400만 원, IRP + 개인연금 = 700만 원 한도) ▶55세 이후 연금전환 가능 ▶연금으로 수령 시 5.5~3.3% 저율과세	▶IRP는 중도인출이 어렵지만, 개인연금저축은 언제든지 가능 ▶IRP는 위험자산 70%까지, 연금저축 펀드는 100%까지 투자 가능 ▶IRP는 근로소득자만 가능, 연금저축은 누구나 가입 가능

퇴직연금은 어떻게 수령하는 게 유리할까?

퇴직연금은 가능한 한 연금으로 수령하자. 세금 측면으로 볼 때 일시금보다 연금이 유리하기 때문이다. 연금으로 받게 되면 퇴직소득세의 30%를 절약할 수 있다. 가급적 퇴직금을 연금으로 받아서 스스로 노후준비를 하라는 정부의 의도가 반영된 것이다.

퇴직소득세 절약뿐만 아니라 퇴직연금을 IRP계좌로 입금하고 만 55세부터 연금으로 수령하면 5.5~3.3%의 저율과세가 가능하다. 그러나 일시금으로 받는다면 16.5%의 기타소득세를 내야 한다. 그러나 금융감독원의 자료에 의하면 2020년 만 55세 이상 퇴직한 사람들의 연금개시계좌는 연금수령비율 3.3%에 불과하고 96.7%의 사람들이 일시금으로 수령한 것이 실제 현실이다. 그러나 금액기준

28.4%가 연금수령금액이고, 71.6%가 일시금이라는 것은 소액인 경우 연금으로 받기엔 너무 작다는 것이다. 실제로 일시금 수령은 평균 1,600만 원에 불과했다. 반대로 연금으로 수령한 경우는 1억 9,000만 원으로 퇴직연금의 금액이 클수록 연금으로 수령하고 있다는 것을 확인할 수 있다.

목돈이 필요하다면, 퇴직연금의 금액을 나누어서 받을 수도 있다. 개인연금과 퇴직연금의 합산 월 수령액이 100만 원 이하로 조절이 가능한 범위 내에서 적당히 필요한 자금은 일시금으로, 나머지 자금은 IRP를 통한 연금지급으로 나누는 것도 좋다. 가령 퇴직금이 2억 원이라면, 1억 원은 일시금으로 수령해서 아파트 대출을 갚는 데 쓰고, 1억 원은 연금으로 수령하는 방법으로 대출에 대한 심리적 부담을 덜 수 있다는 것이다.

📝 **STUDY POINT**

1. 퇴직연금제도는 DB, DC로 나뉘며 각자 제도상의 장단점이 뚜렷하다.
2. IRP를 통해 추가적인 노후대책이 가능하며, 세액공제도 가능하다.
3. 퇴직연금은 연금으로 수령하는 것이 세금에 있어서 크게 유리하다.

3장

지금 우리에게
왜 개인연금이 필요한가?

국민연금과 퇴직연금에 이어서 3중 보장제도로 불리는 것이 바로 '개인연금'이다. 국민연금은 재직 시 강제로 가입시켜 주는 준조세나 마찬가지고, 퇴직연금 역시 회사 퇴직 전까지는 손대기 어려운 묶여있는 돈이다. 그러나 개인연금은 100% 본인의 의사에 따라 자유롭게 납입이 가능하다. 아직 은퇴가 멀게 느껴지는 직장인에게 개인연금이란 먼 미래를 대비하는 노후수단이라기보다는, 연말정산의 소득공제 효과를 노린 절세수단에 가깝다.

그렇다면 정부가 개인연금에 세제혜택을 듬뿍 주는 이유는 무엇일까? 가난한 노인이 많아질수록 국가는 큰 부담을 안게 된다. 급속한 산업화로 인해 고령화의 속도가 세계 1위인 우리나라의 경우 그 부담은 더 말할 필요가 없을 것이다. 국가의 입장에서는 개인이 스스로 노후준비를 할 수 있도록 동기부여 차원에서 세제혜택을 주고, 또 개인연금을 장려한다. 세제혜택뿐만 아니라 실제로도 개인연금은 직장인의 노후대비 필수 아이템이다. 앞에서도 보다시피, 국민연금은 소득대체율의 40%(실제로는 가입기간이 짧아서 20% 내외에 불과)밖에 안 되고, 사회보험의 특성상 본인이 원하는 만큼 수령금액을 적극적으로 늘리기가 어렵다. 퇴직연금 역시 근속기간이 긴 대기업에서 정년까지 다녀도 100세까지 살 노후자금을 마련하기에는 턱없이 부족하다. 여기에 개인연금의 존재 이유가 있다. 개인연금은 100% 본인이 상품을 선택할 수 있고, 납입금액도 조절할 수 있으므로 그야말로 개인연금답게 운용할 수 있다.

그렇다면 개인연금에 대해 좀 더 구체적으로 알아보자.

개인연금은 곧 연금저축이다

개인연금이란 세제적격연금과 세제비적격연금으로 나뉜다. 세제적격과 비적격의 여부는 세액공제여부의 차이라고 할 수 있는데, 여기서는 연말정산 시 세금혜택을 받는 세제적격연금에 대해서만 다룬다. 세제적격연금은 공통적으로 '연금저축'이라는 단어를 포함하고 있으니 이에 유의하도록 하자. 이 책에서는 '개인연금 = 연금저축'으로 이해하면 된다.

1. 연금저축의 특징

연금저축은 직장인, 자영업자, 공무원 등 누구나 가입할 수 있고 연간 최대 400만 원까지 세액공제가 가능하다. 또한 위험자산 투자 한도에 제한이 전혀 없으며, 일부 인출도 자유롭다는 장점이 있다. 연금저축 관련 상품은 신탁, 펀드, 보험 등으로 나눌 수 있지만, 신탁은 2018년부터 판매가 중지되면서 가입이 불가하므로 현재는 펀드와 보험만 가입이 가능하다.

2. 연금저축의 종류

1) 연금저축펀드

증권사에서 주로 취급하는 연금저축펀드는 납입방법, 납입기간이 자유롭다. 납입하다가 여유가 없으면 중단도 쉽다. 특히 약간의 펀드 운용 보수 외에는 수수료가 없다는 것이 큰 장점이다. 가입상품 역시 국내주식형, 국내채권형, 해외채권형, 해외주식형, 원자재 상품 등 다양한 상품이 있다. 상품을 고를 때는 펀드의 규모가 큰 지수형 인덱스펀드를 선택하는 것이 장기적으로 수익률에서도, 비용에서도 이득이다.

2) 연금저축 ETF

증권사에서는 인덱스펀드 이외에도 ETF로 자유롭게 개인연금 거래를 할 수 있다. 좀 더 다양하게 공격적으로 특정 섹터를 투자하려는 성향의 직장인들은 이를 고려해 볼 필요가 있다. 운용보수, 환매 시간 등의 제약이 있는 연금펀드보다 ETF는 좀 더 적극적인 운용이 가능하며 실시간으로 매매가 이루어지므로 시장의 변화에 신속한 대응이 가능하다.

3) 연금저축보험

보험사에서 주로 취급하는 연금저축보험은 원금보장이 가능하며 안정적인 이율을 선호하는 사람들이 가입하지만, 중도인출이 불가능하다. 보험사에서는 확정된 공시이율을 매월 공시하고 있으며, 이는 시중금리에 연동된다. 또한 연금저축보험의 경우 사업비를 따로 부과하므로 이 점을 꼭 체크하도록 하자. 연금저축펀드는 자유납입이 가능하기 때문에 돈이 없으면 납부를 중지하거나 유예할 수 있지만 연금저축보험은 납입중지나 일시납이 어렵다.

이 책에서는 연금저축펀드, 연금저축 ETF투자에 대해서 주로 다룰 것이다.

3. 연금저축의 한도

개인연금의 가입한도는 매년 1,800만 원으로 400만 원이 아니다. 400만 원은 세액공제를 해 주는 인정 범위에만 해당한다. 그러므로 여력이 된다면 연금저축의 한도를 400만 원에 구애받지 말고 추가로 더 가입하도록 하자. 400만 원을 넘는 추가금액은 일반 펀드처럼 필요할 때 찾아 쓸 수도 있다. 세액공제 받은 것이 없기에 토해낼 것도 없기 때문이다.

나의 경우, 가입 금액은 700만 원에서 회사에서 보조해 주는 IRP(개인형퇴직연금)를 제외한 금액만큼 매년 납입한다. 예를 들어 IRP가 400만 원이라면 300만 원만큼만 연금저축펀드에 가입하는 것이다. 그 이유는 700만 원 세액공제의 한도를 전부 받기 위해서다(IRP + 연금저축 = 700만 원 한도. 단, 연금저축은 400만 원을 넘을 수 없음).

4. 개인연금의 장점

개인연금의 가장 큰 장점은 다음 세 가지 정도로 요약할 수 있다.

첫째, 국민연금의 정상적 수령나이(60대 초중반)까지 소득 공백기를 견딜 수 있게 한다.

정년까지 다니고 정년 이후에도 왕성하게 일을 하는 사람들도 있지만, 대부분의 직장인들은 50대 초중반 정도가 체감 정년이다. 50

대 중반이면 한창 생활비가 많이 들어갈 시기고, 자녀들이 독립하지 않았으며, 국민연금을 받기에는 5~10년 가까이 남아 있기에 그야말로 소득 크레바스(근로소득은 끊기고, 연금소득은 아직 기간이 남아 있는)에 빠질 가능성이 높다. 그런 경우 개인연금이 큰 도움이 될 수 있다. 개인연금의 수령나이는 만 55세로 직장인들의 체감 정년과 맞아떨어진다. 개인연금의 수령 금액만으로 생활비를 전부 해결하기는 힘들겠지만 어려운 시기에 생활비 대용으로 쓸 수 있는 연금이 있다는 것만으로도 심리적으로 큰 도움이 된다.

둘째, 국민연금과는 달리 해지 또는 중도인출이 가능하다.

개인연금 역시 수령나이가 될 때까지 가급적 해지를 해서는 안 되지만, 아주 위급한 경우에는 긴급자금 용도로 사용할 수 있다(연금저축은 가능, IRP는 불가능). 가령 급하게 병원비를 내거나 수술을 해야 하는 상황이 닥친다면 개인연금을 해지해서라도 쓸 수 있다는 게 장점이다. 그동안 연말정산을 통해 돌려받은 세금을 토해내야 하지만 그래도 급전을 마련할 수 있는 마지막 수단이 될 수 있다. 가입된 연금저축금액이 2,000만 원인데, 500만 원의 수술비가 필요하다면 1,500만 원은 남겨두고 500만 원만 찾아 쓸 수도 있다.

셋째, 세액공제 금액이 크다.

현존하는 금융상품 중 연금저축만큼 세금을 절세할 수 있는 상품은 없다. 이렇게 개인연금에 파격적인 혜택을 주는 이유는 위에서도 강조했듯 스스로 노후준비를 하라는 정부의 강력한 의지가 반영된 것이다. 연봉이 오르고 공제항목이 많지 않다면 직장인의 연말정산이 13번째의 월급이 아닌, 세금폭탄이 되는 경우가 비일비재하다. 세액공제 한도는 전부 다 채워서 세금을 최대한 절세할 수 있도록 하자. 연봉 5,500만 원 이하의 직장인이라면 실제로 400만 원을 가입해 연 66만 원의 세금을 돌려받을 수 있는데, 이는 주가 상승의 수익이나 이자를 제외하고도 연 16.5%의 수익률을 이미 가지고 시작하는 것과 마찬가지다.

개인연금만 잘 활용해도 노후가 든든하다

개인연금은 스스로 운용이 가능하므로 주식과 채권의 특성에 대해 알아둘 필요가 있다. 위험자산과 안전자산의 비중조절은 개개인의 투자성향, 위험선호도, 은퇴연령에 따라 다양한 조합이 가능하므로 정답은 없다. 주식이 날카로운 창이라면, 채권은 튼튼한 방패역할을 한다. 가장 기본적인 내용만 정리해 보았다.

1. 주식

주식은 대표적인 위험자산이고 리스크에 취약하지만 장기적으로 투자했을 때 가장 수익률이 높다. 그러나 주식은 강세장, 약세장, 횡보장을 반복하므로 주식 비중을 높일 경우 장기적으로 하락세가 지속된다고 해도 스트레스를 견딜 수 있는 정신력이 필요하다. 주식도 국내주식, 해외주식, 특정 섹터 ETF 등 다양한 투자처가 있다. 가장 추천하고 싶은 것은 미국 S&P500지수다. 해외주식계좌로 S&P500지수를 추종하는 SPY, VOO, IVV 등에 투자하면 22%의 양도세를 내야 하지만 개인연금계좌로 이 지수를 추종하는 상품을 투자한다면 3.3~5.5%의 저율과세가 가능하기 때문이다. 또한 연금저축펀드와 ETF를 선택할 때는 투자 내용이 복잡하거나 수수료가 비싸고, 유행을 타는 상품은 제외하는 것이 좋다.

2. 채권

원금보장이 중요한 직장인이라면 원금보장형 CMA나 RP, 국공채 등 채권 위주의 투자가 적합하다. 과거 채권금리가 5%를 넘나들 때만 해도 채권형 상품이 주식시장의 폭락 때 상당한 수익률 방어의 역할을 하고 있었지만, 2021년 기준금리가 채 1%가 안 되는 상황에서 채권의 방어능력이 많이 줄어들었다. 주식과 함께 투자하며 변동성을 줄여 줄 자산은 채권 외 뚜렷한 대안이 없기 때문에 여전히 혼합형 펀드 등이 자산배분의 매우 중요한 수단으로 쓰인다. 단, 채권형으로 연금저축에 가입한다고 해도 채권 역시 금융상품이기에 금리 인상기에는 손실이 날 수 있다는 점에 유의해야 한다. 채권가격과 금리는 반비례 관계이므로 금리가 내릴 때는 채권가격이 오른다. 쉽게 말해서 금리가 5%에서 1%로 내리는 시기에는 채권형 상품을 들고 있으면 이득을 본다. 채권가격이 오르기 때문이다. 반대로 금리가 1%에서 5%로 오르는 시기에는 채권을 들고 있으면 손실이 난다.

2020년 코로나 금융위기 이후 미국은 제로금리 및 돈풀기로 경제위기를 극복했지만, 2022년부터 금리인상이 예고되어 있다. 자연히 한국은행 역시 0.5%의 기준금리에서 1% 이상으로 금리를 점진적으로 올리고 있다. 이런 금리인상 시기에는 채권형 상품이 확정금리를 받는다는 것을 제외하고는 실익이 없다는 것을 알아야 한다. 즉 채권형 상품에 가입한다고 해도 충분히 금리가 오른 상황에서 투자해야 한다는 것이다. 금리인상이 완료되고 나서 채권형 연금저축의 비중을 늘린다면 확정이자 금액도 크고, 금리하락 시기에 채권가격 상승으로 추가적인 수익이 가능하다. 물론, 세계에서 가장 큰 국채시장인 미국에서의 10년 국채의 금리가 2022년 3월 기준 2.3% 내외, 30년 국채금리가 2.4% 내외라는 점을 감안할 때 점진적인 금리인상은 유지되겠지만 장기적으로 저금리 시대가 이어질 것임은 확실해 보인다.

채 부장의 운용전략

나의 경우 연금저축펀드는 100% 한국주식 인덱스로만 운용한다. 매월 일정금액 적립식으로도 납입이 가능하지만, 나는 지수가 급락할 때마다 조금씩 사 모으는 방식으로 연간 납입한도를 채우고 있다. 연금저축은 자유적립식으로 투자가 가능하기 때문에 주가지수가 연말까지 계속 오른다면 어쩔 수 없이 연말에 한도를 다 채워야 하지만, 연중 주가지수가 큰 폭으로 조정을 받을 시 과감하게 들어간다. 어차피 장기적으로 들고 갈 것이고, 개별 종목은 망해도 지수는 망하지 않기에 심리적인 스트레스도 적다. 실제로 2020년 3월 팬데믹으로 인한 급락 시 나는 3월 18~20일에 소액으로 분산해서 연금저축을 납입했고, 결과적으로 바닥에서 주식을 매수한 셈이 되어 1년 만에 100% 이상의 수익률을 올렸다. 스스로 매수 타이밍과 금액을 결정할 수 있다는 점이 연금저축펀드와 ETF의 가장 큰 장점이다.

1. 개인연금 세제혜택

개인연금의 세액공제는 직장인에게 있어서 절대 빼놓을 수 없는 세금 절약의 기회다. 최대한 젊었을 때부터 연금저축의 한도까지 꽉 채워 세금 절약과 장기투자 복리효과의 두 마리 토끼를 꼭 잡을 수 있도록 하자.

종합소득 과세표준	세액공제한도	공제율
5,500만 원 이하	400만 원	16.50%
5,500 ~ 1억 2,000만 원	400만 원	13.20%
1억 2,000만 원 초과	300만 원	13.20%

세액공제율 출처: 금융감독원통합연금포털

- 근로소득만 있는 경우로 가정했음.
- 총 급여액이 1억 2,000만원 이하인 50세 이상의 연금저축계좌 가입자에 대해서는 세액공제 한도
가 600만 원으로 2백만 원 인상됨(2022.12.31까지).

위 도표를 참조하면 소득이 낮을수록 세액공제 한도가 더 크고, 적용되는 세율도 더 높으므로 연금저축 한도까지는 매년 말까지 채울 수 있도록 하자.

① **연봉 5,500만 원 이상의 경우**
- 매년 400만 원까지 13.2% 세액공제를 받을 경우
  연간 400만 원 납입할 경우 : 400 × 13.2% = 52만 8천 원

② **연봉 5,500만 원 이하의 경우**
- 매년 400만 원까지 16.5% 세액공제를 받을 경우
  연간 400만 원 납입할 경우 : 400 × 16.5% = 66만 원
- IRP 한도까지 더해서 세액공제를 받는 경우
  연간 연금저축 400만 원 + IRP 300만 원 가입 시 [700 × 16.5% = 115.5만 원]이라는 큰 금액의 절세가 가능하다(IRP한도 700만 원, 연금저축 한도 400만 원).

2. 개인연금 세제혜택 조건

개인연금의 경우 5년 이상 가입하고, 55세 이후에 연금으로 수령하며, 연금수령 시 일정 한도 내에서 연금으로 수령해야 한다는 조건이 있다. 일정 한도를 정하는 이유는 연금의 취지에 맞게 한 번에 큰돈을 찾아 쓰지 말고 기간을 길게 나누어서 수령하라는 의미다. 즉 55세에 퇴직을 했다고 해서 전액을 일시불로 찾게 되면 10%가 넘는 금액에 대해서는 16.5%의 기타소득세가 부과된다. 단, 연금수령가능 나이인 55세에서 10년이 지난 후에 수령한다면 그때부터는 전액을 일시불로 받아도 3.3~5.5%의 낮은 세율로 과세된다.

3. 개인연금의 주의점

연금저축을 통해 연금을 수령한다고 해도 1년에 1,200만 원이 넘는 수령액, 즉 월 100만 원이 넘어가면 연금수령액 전액이 종합소득합산과세 대상에 들어가므로 이 점에 주의해야 한다. 소득이 있는 경우라면 개인연금 수령액을 100만 원 이하로 조절해야 한다. 가령 연금저축 평가액이 1억 8천만 원이라면 10년으로 나눠 받으면 매년 1,800만 원의 수령액이 되므로 한도인 1,200만 원을 넘겨 종합소득과세 대상이 된다. 이런 경우라면 수령 기간을 15년 이상으로 늘려서 매년 1,200만 원 또는 그 이하의 수령액으로 조절해야 한다.

연금저축한도를 가득 채워 매년 400만 원씩 30년을 납입해야 수익금을 제외하고도 1억 2천만 원이므로 실제로 종합소득합산과세 걱정을 크게 할 필요는 없다. 연간 1,200만 원 이상을 받게 되면 그 이상의 수령금액은 기타소득으로 잡혀 16.5%의 세금이 부과된다.

4. 개인연금의 상속

국민연금과는 다르게 연금저축의 가입기간은 5년 이상이며, 배우자의 연령이 만 55세 이상이라면 연금저축승계가 가능하고, 3.3~5.5%의 저율과세가 가능하다. 그 조건에 부합하지 않는다고 해도 금융자산으로 분류되어 상속이 가능하다(단, 연금저축보험의 종신연금형의 경우 예외이며 확정연금형의 경우도 최저보증기한 한도까지만 상속인에게 연금이 지급된다).

연금수령 신청 가능 조건

: 만 55세 이상이면서 최초입금일 기준 5년 경과

*연금소득세율

- 중도해지할 경우 : 16.5%(지방소득세 포함)

- 만 55세 ~ 만 70세 미만 수령 시 : 5.5%

- 만 70세 이상 ~ 만 80세 미만 수령 시 : 4.4%

- 만 80세 이상 수령 시 : 3.3%

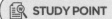

STUDY POINT

1. 연금저축은 최대 400만 원(50세 이상은 2022년까지 600만 원) 한도의 세액 공제가 가능하므로 절세효과가 크다. 개인형퇴직연금^{IRP} 한도를 추가하면 최대 700만 원까지 소득공제가 가능하다.

2. 연금저축은 55~65세의 소득공백기를 견뎌낼 수 있는 든든한 자산이다.

3. 연금저축의 수령은 10년 이상 길게 나눠서 인출하면서 저율과세를 최대한 활용하자.

4. ISA계좌를 개인연금저축으로 이전한다면 추가적인 절세효과가 가능하다.

4장

주택연금은
직장인의 최후 보루다

대한민국의 노인 빈곤율이 세계 1위인 것은 공적연금의 부실과 급속한 고령화도 있지만, 집 한 채를 전부로 은퇴하는 사람들이 대부분이기 때문이다. 그러나 의외로 대한민국의 노인들이 그렇게 가난하지는 않다. 가령, 서울의 15억짜리 고가아파트에 사는 노인인데 국민연금 50만 원을 받는 것 이외의 소득이 없다고 하자. 이런 경우, 실제로는 적지 않은 자산을 보유하고 있지만 노인 빈곤율 공식에는 빈곤 노인으로 잡힌다. 노인 빈곤율은 자산stock이 아니라 현금흐름, 즉 캐시플로우cash flow의 관점에서 평가를 하기 때문이다. 실제로 고가주택에 재산세와 종부세가 늘어나면서 은퇴 노인들의 불만이 높아졌다. 이런 경우 가진 집을 팔고 더 싼 지역으로 이동하면 되지 않겠느냐, 라고 이야기하는 사람들이 있다. 그러나 평생을 살아온 터전을 쉽게 바꾸는 것은 노인들에게는 쉽지 않은 선택이다. 비단 고가주택이 아니라고 해도, 집 한 채가 전부인 고령 노인들은 재취업도 어렵고 약간의 국민연금 또는 기초연금 외에 현금흐름을 만들어 내기가 어렵다. 이런 경우 선택지는 두 가지다.

첫째, 집을 처분하고 더 저렴한 집으로 옮긴 후 남은 금액을 생활비로 만들거나 수익형 자산을 만드는 것.
둘째, 가진 집을 유동화해서 집을 담보로 매월 일정 금액을 받는 것.

여기서 둘째 선택지가 주택연금이다. 100세 시대가 현실화된 시대에 직장인들이라면 주택연금에 대한 기본적인 내용은 숙지할 필요가 있다. 앞 장에서 과도할 정도로 국민연금, 퇴직연금, 개인연금의 중요성을 강조했다. 소득이 끊기는 노년기에 노후 빈곤만큼은 피해야 한다는 점을 강조하고 싶었기 때문이다. 만약 앞에서 말한 3가지 연금이 충분히 준비되지 않았다면, 마지막으로 선택할 수 있는 것이 바로 주택연금이다.

대한민국 국민에게 내 집 한 채는 단순히 투자자산과 거주지만이 아닌, 그 이상의 정신적인 가치를 지닌다. 또한 내 집 한 채만큼은 사후에도 자녀에게 물려주고 싶은 게 대한민국 부모의 마음이기도 하다. 그러나 현실적으로 장성한 자녀들에게 생활비를 매달 받는 것도 쉽지 않은 일이고, 생활비가 부족해 어려움을 겪고 있다면 주택연금이 최후의 보루가 될 수 있다.

주택연금은 주택을 담보로 한 마이너스 통장의 개념이기에 실제로 은퇴자산이 넉넉한 계층은 가입하지 않는다. 앞에서도 강조했듯이, 생활비가 부족하고 집 한 채가 전부인 노인들이 고심 끝에 선택하는 종착지인 것이다. 집을 담보로 한 은행 대출은 소득 증빙이 필요하다. 소득이 없는 노인들은 대출을 얻기도 힘들고, 소득이 있어도 매달 원리금을 부담해야 하므로 집을 담보로 생활하는 것도 쉽지 않다. 생활자금대출은 1억 원까지만 되기 때문에 지속적인 현금흐름을 만들어 낼 수도 없다. 또한 70세가 넘으면 취업도 대단히 어려워서 집 한 채가 전부인 은퇴 노인들이라면 약간의 국민연금, 기초연금으로는 생활이 불가능하므로 주택연금가입을 고려하게 된다.

주택연금제도는 2007년 처음 대한민국에 도입되었고, 얼마 전까지만 해도 자신의 집을 담보로 연금을 받는다는 것에 대해서 꺼리는 노년층들이 많았다. 그러나 점점 주택연금가입자는 늘어나고 있고 현금흐름이 막힌 노년층들에게는 이 제도가 점점 대중화되고 있다. 장단점이 명확한 제도인 만큼 구체적으로 알아보자.

주택연금 제대로 알기

주택연금이란 만 55세 이상의 대한민국 국민이 자신의 소유 주택을 주택금융공사에 담보로 맡기고 매월 연금방식으로 노후생활 자금을 받는 국가 보증의 금융상품이다. 대출받아서 집을 사는 것을 '모기지론'이라고 하는 것처럼, 집을 담보로 일정 금액을 받는 것을 '역모기지론'이라고 하는데, 주택연금이 이와 같다. 2020년 말 기준 8만 명 이상이 가입했고, 가입자의 평균 연령은 72.3세다. 평균 주택 가격은 약 3억 700만 원으로 평균 월 지급금은 103만 원이다(서울의 경우 4억 2,900만 원, 평균 월 지급금은 139만 원으로 다소 높다). 가입자의 대부분이 종신지급방식을 택했고(64.1%), 정액형(71%)을 선호했다. 주택연금의 가입조건은 아래와 같다.

① 부부 중 한 사람이 만 55세 이상일 것(근저당권 설정일 기준)

② 부부 중 한 사람이 대한민국 국적일 것(외국인 단독 또는 외국인 부부는 가입 불가)

③ 공시가격 9억 원 이하 1주택 소유일 것(단, 보유주택 합산 공시가격이 9억 원 이하라면 다주택자도 가능, 공시가격 합산 9억 원 이상이라면 3년 내 1채 매도 조건으로 가입 가능)

④ 모든 종류의 법적인 주택은 전부 다 가입 가능(주거목적 오피스텔도 가능). 가입자 또는 배우자가 실제로 거주하고 있는 집에 한해 가능하며, 전세나 월세를 주고 있을 경우에는 가입 불가능(단, 부부 중 한 명이 거주하며 주택의 일부를 보증금 없는 월세로 주고 있는 경우라면 가입 가능). 상가주택의 경우 전체 면적 중 주택 부분이 50% 이상이라면 가입 가능

주택연금의 금리는 다음 두 가지 중 하나로 선택이 가능하다.

[CD금리 + 1.1%]
[COFIX금리 + 0.85%]

2022년 1월 기준 CD금리는 1.46%, COFIX금리는 1.69% 정도이므로 양호한 조건이다. 주택연금은 단순한 금융상품이 아닌 노인들의 주거안정을 도모하는 정책형 상품이기 때문이다. 즉 CD금리를 기준으로 계산해 보았을 때 [1.46 + 1.1 = 2.56%], COFIX금리를 기준으로 한다면 [1.69 + 0.85 = 2.54%]이므로 1월 기준 3.5% 내외인 일반 주택담보대출보다 훨씬 좋은 조건이다. 그러나 초기주택연금가입 시 주택가격의 1.5%의 보증료와 매년 0.75%의 보증료가 부과되는 것이 크다. 만약 5억 원의 집을 담보로 주택연금에 가입한다면, 가입비만 750만 원인 셈이고, 연금지급 총액(대출잔액)에 가산된다. 상속의 관점에서 볼 때는 불리하다. 하지만 노부부가 사망 시까지 평생 일정 금액을 지급 후 남으면 유족에게 돌려주고, 부족하면 그 리스크를 주택금융공사가 지는 것에 대한 비용이므로 수긍할 수 있다. 주택연금은 가입자가 매우 오래 장수하거나 집값이 폭락하는 경우 주택금융공사가 손해를 보게 되는데, 이런 리스크에 대한 비용으로 볼 수 있다.

주택연금 지급은 수령방식과 기간에 따라 다양한 선택지가 존재한다. 대부분 종신지급방식으로 정액형을 선호하는 편이지만, 점점 받는 금액을 줄여가는 전후후박형도 많이 늘어나는 추세다. 다음 표를 살펴보자.

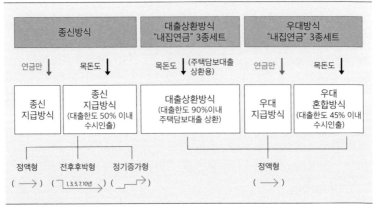

주택연금 수령방식　　　　　　　　　　　　　　　　출처: 주택금융공사

주택연금 종신방식의 수령방법도 세 가지가 있다. 정액형(일정 금액을 평생 받는 것), 전후후박형(초기에는 수령액이 크고 점점 줄어드는 것), 정기증가형(점점 받는 금액이 늘어나는 것) 등 세 가지가 있는데, 인플레이션을 감안하면 정액형을 택한다고 해도 실제 수령금액은 조금씩 줄어든다고 생각해야 한다. 다만 60대보다는 70대가, 70대보다는 80대가 생활비를 적게 쓴다는 점을 감안한다면 실제로 종신지급방식의 정

액형이 가장 합리적인 선택지로 생각된다.

종신방식: 월지급금을 종신토록 지급받는 방식

- 종신지급방식: 인출한도 설정 없이 월지급금을 종신토록 지급받는 방식
- 종신혼합방식: 인출한도(대출한도의 50% 이내) 설정 후 나머지 부분을 월지급금으로 종신토록 지급받는 방식

※ 단, 신탁방식 주택연금으로 가입 시, 임대차보증금 반환의 목적으로 90%까지 설정가능(최초가입시점에서만 설정가능)

확정기간방식: 고객이 선택한 일정 기간 동안만 월지급금을 지급하는 방식

- 확정기간혼합방식: 수시인출한도 설정 후 나머지 부분을 월지급금으로 일정기간 동안만 지급받는 방식

※ 확정기간방식 선택 시 반드시 대출한도의 5%에 해당하는 금액은 인출한도로 설정

월지급금 지급방식   출처: 주택금융공사

월지급금의 지급방식은 보통 종신방식과 확정기간방식 두 가지 중에서 선택하게 된다. 여기서 종신방식은 월지급금을 인출한도 설정 없이 종신토록 지급 받는 방식이다. 종신혼합방식은 대출한도의 50% 이내에서 인출한도를 설정 후 나머지를 종신토록 지급 받는 형식이다. 또 확정기간방식은 고객이 선택한 일정 기간만 월지급금을 지급 받는 방식이다. 종신혼합방식은 도중에 갑작스러운 목돈이 필

요한 경우에도 중도 해지 외의 다른 방식으로 개별 인출제도를 활용할 수 있고, 연금을 받는 도중에 자녀 결혼비 또는 입원비가 필요한 경우 일정한 한도 내에서 인출이 가능하다는 장점이 있다.

자신과 배우자가 언제까지 살지 알 수 없기에 종신방식을 드는 게 일반적이며 이미 기존의 주택담보대출이 있는 경우 대출상환방식으로 대출상환 후 남은 보증잔액에 대한 주택연금도 수령이 가능하다(단, 이 경우 대출상환금액에 대한 미래이자까지 함께 설정되므로 수령금액이 많이 줄어든다).

📑 **STUDY POINT**

1. 대한민국 노인빈곤율 1위의 원인은 자산의 부족이 아닌, 현금흐름의 부족이다.
2. 저가주택 한 채가 전부인 은퇴 노인에게는 주택연금도 좋은 대안이다.
3. 평균 주택연금가입 나이는 70대 초반이며, 종신형과 정액형이 가장 선호된다.
4. 주택연금의 수령기간과 수령금액은 조절이 가능하다.

주택연금은 얼마나 받을 수 있을까?

주택연금에 대해서 관심을 가지는 사람들이 가장 알고 싶은 것은 '내가 과연 얼마나 받을 수 있을까?'다. 먼저 주택연금의 가입조건은 연장자 기준이지만, 수령나이는 연소자 기준으로 정해진다는 것을 알아 둘 필요가 있다. 고령의 배우자가 먼저 사망해도 주택금융공사는 남겨진 배우자에게 평생토록 일정금액을 지급해야 할 의무가 있기 때문이다. 가령, 남편이 75세고 부인이 69세라면 부인의 나이를 기준으로 연금액은 결정된다.

주택연금의 수령금액은 나이와 주택가격에 따라 다르다. 나이가 많을수록, 주택가격이 높을수록 수령액은 늘어난다. 연소자 기준 70세에 가입한다고 가정할 경우, 주택가격 1억당 30만 원 정도를 수령한다고 보면 된다(종신형, 정액형 기준). 즉 70세에 5억 원 주택을 주택연금으로 가입한다면 매월 150만 원을 평생토록 수령하게 된다. 주택의 가격에 비해서 기대했던 것보다는 적은 금액을 받는 것에 실망하는 사람들이 있지만, 이는 평생토록 지급 받는다는 것과, 자신의 집에서 평생 부부가 실거주할 수 있다는 것을 고려하면 나쁘지 않은 조건이다.

5억 주택을 담보로 매월 150만 원을 수령한다면, 다른 제비용을 무시하고 집을 주택금융공사에 맡김으로써 매년 3.6%의 대가를 받는다고 생각할 수 있다(5억 × 3.6% = 1,800만 원). 그러나 실제로 자신의 집에서 평생 실거주를 하는 가치 역시 더해야 한다. 만약 같은 조건의 집을 월세로 빌린다고 가정하면, 지역에 따라 차이는 있지만 시가 5억 원의 집은 보증금 3천만 원에 월세 120만 원 정도의 시세가 일반적이다(연수익률 2.88%). 즉 자신의 5억 원짜리 집에서 사는 기회비용이 보증금을 무시해도 매월 120만 원의 실질 가치가 있다는 것이다. 그렇다면 주택연금의 실질 가치는 150만 원 + 120만 원 = 270만 원으로 적지 않은 수령금액이라는 점을 알아 둘 필요가 있다.

일반주택(종신지급방식, 정액형)　　　　　　　　　　　　　　단위: 천 원

연령	주택가격								
	1억 원	2억 원	3억 원	4억 원	5억 원	6억 원	7억 원	8억 원	9억 원
50세	122	244	366	489	611	733	856	978	1,100
55세	160	320	480	640	800	960	1,120	1,280	1,440
60세	212	424	636	849	1,061	1,273	1,486	1,698	1,910
65세	253	507	760	1,014	1,268	1,521	1,775	2,028	2,282
70세	307	614	921	1,228	1,535	1,843	2,150	2,457	2,675
75세	378	756	1,135	1,513	1,892	2,270	2,649	2,893	2,893
80세	478	957	1,435	1,914	2,392	2,871	3,229	3,229	3,229

주택연금 수령액　　　　　　　　　　　　　　　　　　　출처: 한국주택금융공사

주택연금 신탁방식

다음 가상의 사례를 살펴보자.

80세 김 씨는 아내와 공동명의로 된 5억 원 상당의 주택을 담보로 매달 180만 원 내외의 주택연금을 받고 있다. 그런 상황에서 지병을 앓고 있던 아내가 먼저 세상을 떠났다. 곧바로 주택연금수령이 중단되었고, 김 씨는 주택연금을 계속 수령하기 위해서는 자녀의 동의를 받아야 된다는 것을 알게 되었다. 그런데 10여 년 전 김 씨와 관계가 악화된 아들이 반대를 했기 때문에 주택연금이 중단되었다. 아들은 배우자 사망에 대한 자신의 상속지분을 당당하게 주장하고 있고, 이는 법적으로 유효하다. 김 씨의 명의로 있던 주택을 배우자를 위해서 공동명의로 변경한 것이 이런 결과를 낳게 된 것이 가장 후회스러웠다. 김 씨는 몇 년간 받아 온 연금을 토해내는 것 말고도 거주하고 있는 집에서도 쫓겨나야 할 위급한 상황에 닥치게 되었다.

만약 공동명의가 아니라 A씨의 단독명의였다면 이런 일이 발생하지 않았을 것이다. 그러나 공동명의가 트렌드가 된 지금은 한 명이 사망하면 유산 상속에 있어서 자녀의 동의가 필요하다. 자녀가 반대할 경우 난처한 상황이 생기는 경우가 많으므로 확인해 볼 필요가 있다. 2021년부터는 이런 상황을 막기 위해서 주택연금가입자가 사망

해도 자녀 동의 없이 연금 수급권이 배우자에게 넘어가는 신탁방식의 상품도 도입되었다.

신탁방식 주택연금   출처: 한국주택금융공사

실제로 최근 이혼, 재혼, 사별이 늘어나면서 가족관계가 복잡해지고 있고, 자신의 몫을 당당하게 주장하는 사람들이 많아지는 추세이기 때문에 주택연금가입 시 미리 자녀의 동의를 받는 절차는 꼭 필요하다. 또 만에 하나라도 있을 분쟁을 막기 위해 신탁방식으로 가입하는 것을 고려해 보자.

장단점이 뚜렷한 주택연금, 현명하게 활용하자

마지막으로 주택연금의 장·단점과 활용 팁^{Tip}에 대해 간단히 설명해 보려고 한다.

1. 주택연금의 장점

평생 가입자와 배우자 모두에게 거주를 보장하고, 부부 중 한 사람이 사망한다고 해도 감액 없이 평생 일정 금액을 수령할 수 있다. 이 첫 번째 조건, 거주를 보장한다는 것이 가장 중요하다. 은퇴 노인도 어디에선가는 항상 거주해야 한다. 자신의 집에서 평생 사망할 때까지 살면서 돈을 받는다는 점이 주택연금의 가장 큰 장점이다. 기회비용의 측면에서 볼 때 은퇴준비가 충분히 안 된 노인들이 전세와 월세로 거주하는 것은 쉽지 않다. 전세의 경우 상당수의 목돈이 묶여야 하고, 2년마다 금액을 올려 줘야 한다. 월세의 경우 알토란 같은 현금이 매월 빠져나간다. 삶의 질에 거주의 안전성이 미치는 요인은 매우 크기 때문에, 현금흐름이 부족한 노인들의 선택지가 될 수 있다.

또한 국가가 연금 지급을 보증하므로 지급 중단 리스크는 없다. 나중에 부부 모두 사망 후 주택을 처분해서 정산할 때, 연금수령액이 집값을 초과해도 상속인에게 추가비용을 청구하지는 않는다. 반대로 처분 후 금액이 남는다면 상속인에게 남은 금액을 돌려 준다(상속인은 그동안 받은 주택연금 비용과 보증료 등 제비용을 부담할 시 주택을 소유할 수도 있다). 집값 하락에 대한 리스크가 없다. 기본적으로 인플레이션으로 인해서 집값은 조금씩 오르는 게 정상이지만, 향후 인구감소 및 도심집중현상을 감안할 때 집값은 양극화될 가능성이 크다. 따라서 지방의 환금성이 낮은 저가주택의 경우 가입이 이득일 수 있다. 또 빈곤하게 오래 사는 것에 대한 두려움을 해소해 줄 수 있다. 정부보증으로 120세를 살아도, 200세를 살아도 정해진 금액이 계속 나온다. 아무 노동 능력이 없는 노인들에게는 자신의 집을 소유하면서 현금흐름을 만들 기회가 된다.

2. 주택연금의 단점

주택연금가입 후 집값이 급등해도 받는 금액은 늘어나지 않기 때문에 상실감이 생길 수 있다. 단, 주택연금가입 후 집값이 오른다고 해도(받은 금액과 비용을 제하고) 상속인에게 남은 금액이 가는 구조기 때문에 상속 시 남겨진 자산은 늘어난다. 물론, 주택연금 해지를 할 수도 있지만 적지 않은 보증료 손실을 봐야 하고, 동일 주택으로 재가입하려면 3년이라는 시간이 걸린다. 여기서 주택의 가격이 크게 올랐다면, 집을 갈아타는 방식으로 월지급금을 높이는 방법이 가능하긴 하다. 국민연금의 경우 물가상승률이 반영되어 연금도 증액되지만, 주택연금은 인플레이션이나 집값의 상승을 반영하지 않는다. 홍콩, 미국 등 다른 선진국에서도 주택연금은 물가를 반영해 주지 않는다. 실제로 화폐가치 하락에 대한 반작용으로 극히 외진 지역이 아닌 이상 주택가격은 인플레에 자연스럽게 상승하는 게 일반적이므로, 정부와 주택금융공사는 손해를 볼 가능성이 작다. 주택연금가입 시 1.5%의 보증료, 매년 0.75%의 보증료에 대한 부담이 크다. 보증료는 연금지급총액(대출 잔액)에 가산된다. 또한 수령금액에 대해서 월 복리로 비용이 부담되기 때문에 오래 살수록 상속으로 남겨지는 자산은 급격히 줄어들게 된다.

3. 주택연금 활용 팁

70세 이후 완전히 사회활동을 접고 소득을 창출할 수 없을 때 최대한 늦게 가입하는 것이 좋다. 60대까지는 아직 근로소득을 만들어 낼 수 있고, 국민연금, 기초연금의 수령나이가 만 65세(세대에 따라 다름)라는 점을 감안하면 실질적으로 주택연금의 가입 여부는 70세 정도에 판단하는 것이 적당하다. 실제로 주택연금의 가입자들은 3중 보장(국민연금, 개인연금, 퇴직연금)의 안전장치가 부실하고, 자녀들의 도움을 받기도 어려운 고령 노인들이 대부분이다. 주택연금은 자신의 집을 담보로 마이너스 이자를 내는 역모기지론이므로 일반적인 연금 상품과는 다르다.

정부의 주택연금가입 장려는 고령화의 공포와 고령자들의 소비 급감, 경기침체를 막기 위한 의도가 있다. 실제로 주택금융공사의 조사에 따르면, 주택연금에 가입한 노인들은 수령금액의 대부분을 소비하는 것으로 알려졌다. 연령이 낮을수록, 주택의 상승이 기대되는 상황이라면 주택연금가입은 장기적으로 손해다(단, 75세 이상이라면 지급금액 자체가 많이 올라가므로 생활비가 부족하고 저가주택에 한해서 가입을 고려해 볼 만하다). 주택연금을 든 집도 가입자가 요양원에 들어가거나, 자녀가 모시고 살 경우 월세를 놓을 수 있다. 또한 주택가격의 산정 시 시가로 평가되는데, 거래가격을 산정하기 어려운 단독주택이나 노후주택의 경우 감정평가를 새로 받아서 최대한 인정가액을 높이는 과정이 필요하다. 평균수명이 늘어나면서 주택연금의 수령금액이 줄어들 수 있다는 점을 감안해야 하고, 나이를 한 살이라도 더 먹고 가입할수록 수령액이 늘어난다는 점을 체크하자.

🔎 STUDY POINT

1. 주택연금의 가장 큰 장점은 평생토록 수령액을 지급 받으며, 배우자 사망 시까지 보유주택에서 거주할 수 있다는 것이다.
2. 저가주택, 매각이 어려운 주택, 투자가치가 낮은 주택의 경우 가입이 유리하다.
3. 자녀의 유무, 노후생활비의 수준, 건강상태에 따라 가입의 유·불리가 가려진다.
4. 요양원 입소, 자녀의 집에서 실거주할 경우 보증금 없는 월세 전환이 가능하다.
5. 주택연금은 최대한 늦게 가입하는 것이 수령금액, 인플레이션 방어에 유리하다.

지금까지 국민연금, 퇴직연금, 개인연금, 주택연금의 4대 은퇴자산에 대해서 이야기했다.

지금 충분한 근로소득이 있고, 건강하다 해도 30~40년 후까지 그것이 이어지기는 어렵다. 다행인 것은 직장생활만 꾸준히 오래 해도 기본적인 은퇴준비는 가능하며, 부채가 없는 자가 주택 1채만 있어도 주택연금으로 노후에 마지막 안전판을 마련할 수 있다는 사실이다. 과도하게 은퇴준비를 하기보다는 지속적으로 가능한 만큼 준비를 하는 것이 좋다. 4대 은퇴자산 이외에도 월세를 받을 수 있는 수익형부동산(상가, 상가주택, 지식산업센터 등)과 배당주, 저작권 등 다양한 소득 파이프라인을 가지고 있다면 한층 더 풍족하고 안정적인 노후 생활을 보낼 수 있을 것이다. 나의 노동력은 언젠가 쇠퇴하더라도, 내가 가진 은퇴자산은 점점 더 풍성하게 자라나게 하는 것이 노후준비의 핵심이라는 것을 잊지 말자.

RICH WORKER 노후준비 점검표

근로소득이 없는 노인들은 준비된 자산과 연금으로만 살아나가야 한다.
다음 표를 통해 은퇴 이후의 준비가 얼마나 되어 있는지 확인해 보자.
YES라고 답한 것에 1점, NO라고 답한 것은 0점으로 계산하면 된다.
※ 4번, 7번에 YES를 선택했다면 1점이 아닌 2점으로 채점한다.

	YES	NO
1. 나의 노후생활비를 진지하게 계산해 본 적이 있다.		
2. 매년 개인연금의 소득공제 한도까지 전부 납입하고 있다.		
3. 국민연금 예상수령액을 조회해 본 적이 있다.		
4. 은퇴를 대비해 배당금, 월세 등 자본소득을 준비하고 있다.		
5. 직장을 가급적 오래 다닐 생각이다.		
6. 지난달 국민연금 납부금액을 알고 있다.		
7. 자가를 소유하고 있으며, 주택연금제도를 알고 있다.		
8. 배우자와 맞벌이를 하고 있다.		
9. 은퇴 후 삶에 대한 구체적인 계획이 있다.		
10. 현 직장에서 은퇴한 이후에도 다른 일을 할 예정이다.		
11. 검소한 생활을 하고 있으며, 수입과 지출관리에 철저하다.		
12. 실비보험을 가입하고 있다.		

0~4점 노후준비가 불안합니다. 가난하게 오래 살지 않기 위해서 은퇴준비에 많은 관심과 노력이 필요합니다. 아직 늦지 않았으니 너무 걱정마세요!

5~8점 노후준비를 하고 있지만 충분하지 않습니다. 조금 더 노력해 보는 게 어떨까요?

9~12점 은퇴 이후를 대비해서 잘 준비하고 있습니다. 이대로만 해도 충분합니다.

13점 이상 철저하게 노후준비가 된 당신은 미래의 금퇴족(노후자금이 충분해 여유로운 생활을 하는 부유한 은퇴자)이 확실합니다!

20억은 부자 리그의 입장권이다

모든 직장인은 바쁘다. 회사 일에 가정까지 돌봐야 하는 직장인에게 재테크 공부까지 하라니… 가혹하다 싶기도 하다. 하지만 앞에서 계속 얘기했던 대로 그 노력은 절대 우리를 배신하지 않는다. 우리가 얼마나 적극적으로 투자에 임하고 노력하느냐에 따라 은퇴 전후의 상황은 완전히 달라질 것이다.

평균수명이 길어지고 평생 직장이 사라진 요즈음 우리에게는 직장에서와 재테크에서의 성공 두 가지가 모두 필요하다. 근로소득만으로는 자산의 성장을 일구기 어렵고, 자본소득만 추구해서는 변동성이 심한 자산시장의 특성상 생활의 안정성이 떨어진다. 직장생활의 긴 과정은 자신의 근로소득을 조금씩 자본소득으로 바꾸어 나가는 과정이다. 근로소득을 유지하면서 자본을 늘리고, 추가 소득을 올리는 것이 분명 쉬운 일은 아니지만 불가능한 것도 아니다.

직장에서도 인정받고 재테크에도 끊임없는 공부를 통해 투자형 직장인인 '리치 워커'가 된다면, 노후가 두렵지 않음은 물론 언제든 내가 원하는 방향으로 삶을 이끌어 갈 수 있다는 사실에 훨씬 여유롭고 당당해질 것이다.

이때 주변의 성공스토리를 나와 비교하면서 지나치게 조급해하지 말기를 바란다. 상투적인 표현 같지만, 직장생활과 투자는 단거리 경주가 아닌, 장거리 마라톤이다. 인내하며 투자할 곳을 찾다 보면 반드시 좋은 기회가 온다. 그것은 직장에서의 성공기회일 수도 있고, 재테크에서의 성공기회일 수도 있다. 적어도 이 책을 읽는 독자들은 '직장인은 부자가 되기 어렵다'라는 선입견에서 벗어나 부자가 되는 징검다리를 꼭 건넜으면 한다. 먼저, 급여를 통해 안정적으로 생활을 유지하면서 모은 종잣돈으로 20억이라는 부자 리그의 입장권을 따내는 것을 목표로 삼아 보자. 무엇보다 직장인으로서 직장에 다니는 한 그 기회는 항상 열려 있다는 것을 잊지 않았으면 한다.

이 책을 읽는 대한민국의 모든 직장인이 소득과 자산 쌍두마차를 힘차게 달려, 부유한 직장인 '리치 워커'의 삶을 살 수 있길 진심으로 바란다.

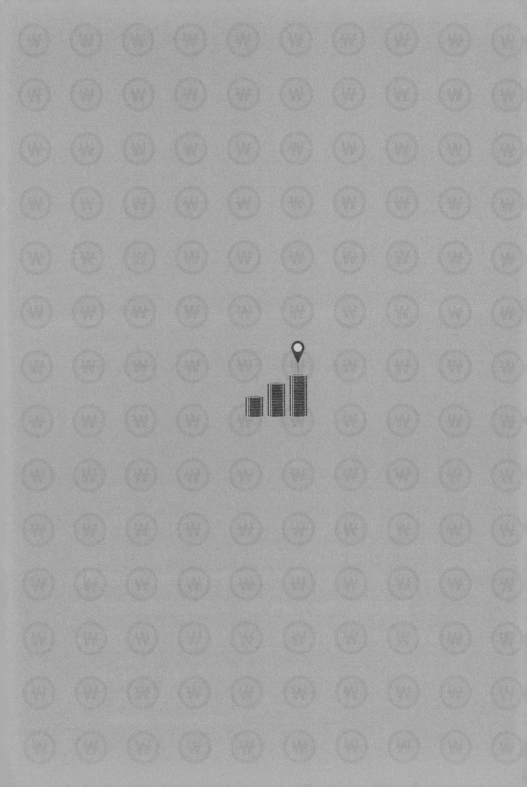